감사하기 시작하면,

우리 마음은 그 즉시 5분 전에 비해,

3시간 전에 비해,

어제에 비해 평화로워진다.

오늘도,
굿은 땡큐

.

오늘도, 골든 땡큐

1판 1쇄 인쇄 2016. 2. 26.
1판 1쇄 발행 2016. 3. 4.

지은이 이현수

발행인 김강유
편집 조혜영 | 디자인 조명이
발행처 김영사
등록 1979년 5월 17일(제406-2003-036호)
주소 경기도 파주시 문발로 197(문발동) 우편번호 10881
전화 마케팅부 031)955-3100, 편집부 031)955-3250 | 팩스 031)955-3111

값은 뒤표지에 있습니다.   ISBN 978-89-349-7383-6 03180

독자 의견 전화 031)955-3200
홈페이지 www.gimmyoung.com   카페 cafe.naver.com/gimmyoung
페이스북 facebook.com/gybooks 이메일 bestbook@gimmyoung.com

좋은 독자가 좋은 책을 만듭니다.
김영사는 독자 여러분의 의견에 항상 귀 기울이고 있습니다.

이 도서의 국립중앙도서관 출판시도서목록(CIP)은 서지정보유통지원시스템 홈페이지
(http://seoji.nl.go.kr)와 국가자료공동목록시스템(http://www.nl.go.kr/kolisnet)에서
이용하실 수 있습니다.(CIP제어번호 : CIP2016004577)

오늘도,
골든 땡큐

이현수 지음

김영사

.
.
.

격랑의 하루가 아니었다면 얼마나 감사한가.

격랑의 하루였어도 아직 낙담하기는 이르다.

우리에겐 감사의 의식이 남아 있다.

거창하게 할 필요도 없다.

이 밤을 지나게 해주어서 감사하다는 말 한 마디면 충분하다.

그렇게 내일이 시작된다.

2006년 말, 나는 갑자기 우울해졌다. 약을 먹을 정도까지는 아니었지만 많이 힘들 때는 이틀에 한 번꼴로 울기도 했다.

회복을 위해 노력하던 중 우연히 감사가 강력한 치료 효과가 있음을 알게 되었다. 내가 효과를 본 것은 물론이다. 3년 후 완전히 회복하여 내가 어떻게 나을 수 있었는지를 연구하기 시작했으니 말이다. 아울러 '감사 테라피'라는 이름을 붙여 기존의 상담 기법에 섞어 다른 사람들에게도 효과가 있는지를 검증해보았다. 효과는 예상대로 좋았다. 아니, 예상보다 훨씬 더 좋았다.

다만 예상하지 못했던 것은, 감사 테라피의 난이도였다. 내 딴에는 감사가 아주 쉬운 일이라고 생각했다. 가만히 앉아서 감사만 하면 되기 때문이다. 물론 일단 시작하면 100% 효과가 있었다. 그러나 어떤 이들에게는 시작하는 것 자체가 힘든 일이었다. 그러다 보니 정작 감사를 할 때까지 너무나 많은 시간이 걸리는 것이 감사 테라피의 가장 큰 문제였다.

감사 테라피가 효과를 보기 위한 핵심 전제는 모든 문제의 원인을 자신에게 있다고 봐야 한다. 그래야 모든 것을 내려놓고 감사를 시작할 수 있다. 부모, 형제, 배우자, 상사, 친구에게 원인이 있다고 생각하면 도저히 감사할 수가 없다. 물론 그들은 분명 원인을 제공했을 것이다. 하지만 그들이 제공한 원인을 받을 것인지 말 것인지의 선택권은 내게 있다. 만약 이 선택권을 당신의 것으로 받아들인다면, 초대장을 드려보고 싶다. 초대 글은 딱 한 줄이다.

세상에서 가장 어려운 마음 치료법을 배워 보시겠습니까?

감사가 어려운 이유는, 원리가 복잡하거나 실행이 어려워서가 아니라 마음을 새로 먹어야 하기 때문이다. 우리는 마음이 아플 때 다른 사람에게 약을 달라거나 위로해달라고 하는 등 쉬운 방법만 찾으려 한다. 스스로 해결할 생각을 하지 못하고 심지어 두려워하기까지 한다. 스스로 마음을 관리한다는 것이 처음에는 두렵기도 하고 자신도 없겠지만, 일단 끝까지 해보겠다는 의지만 갖고 오신다면 생각보다 쉽고 재미도 있을 거라고 자신 있게 말씀드린다.

당신이 이 초대를 받아들인다면, 그동안 어떤 인생을 살아왔든 인생의 조각조각을 모아 빛나는 금으로 만들 수 있게 될 것이다.

내 인생의 금을 만드는 감사,
골든 땡큐의 세상에 들어오신 것을 환영합니다.

이혁수

차 례

·
·
·

타인의 도움을 받지 않고도 스스로 문제를 해결할 수 있는 힘이

당신에게 있다. 당신의 전두엽을 믿으라.

지금까지 살아오면서 겪은 숱한 어려움을 이겨내고,

때로는 죽을 뻔했던 수많은 고비에서 살아난 당신 자체가

훌륭한 전두엽을 갖고 있다는 증거이다.

전두엽 회로가 열리면, 당신도 마음의 보물지도를 손에 넣을 수 있다.

Part 1

마음의
보물지도

당신은 전두엽을 갖고 있다

골   든   땡   큐

인생 솔루션
각본

우리는 살아가면서 몇 가지 문제 해결 각본을 갖게 된다. 하지만 대부분의 사람들은 아동기 때 접해본 각본에만 의존해 지금의 문제를 해결하려 한다. 여기에서 여러 부작용이 발생한다. 장난감 칼로 고기를 써는 것처럼 도구가 잘 맞지 않기 때문이다.

아동기 때의 각본을 몇 가지 살펴보자. 스크립트 1의 출연자는 엄마와 아기이다. 아기가 걷다가 넘어져 무릎에서 피가 난다. "으앙… 엄마…" 하자 엄마가 쏜살같이 달려와 무릎을 호호해주고 약도 발라주며 "괜찮아, 괜찮아" 한다. 스크립트 2의 출연자는 여러 공주와 왕자 그리고 동물이다. 왕자가 사과를 먹고 죽을 뻔한 백모 공주를 구한다, 왕자와 요정 그리고 동물들이 힘을 합쳐 평생 설거지만 할 뻔했던 신모 여인을 부엌에서 탈출시킨다, 왕자가 수면장애가 있는 공주를 100년 만에 깨운다, 우렁각시가 밥도 못 먹고 죽을 뻔한 총각에게 밥을 해준다 등의 스토리가 연속적으로 펼쳐진다. 아이였을 때 문제를 해결했던 방법, 동화와 드라마에 나오는 문제 해결 방법이 다인 줄 알고 자란 우리들은 성인이 되어서도 유사한 스크립트를 반복한다. 어렸을 때 습득한 각본이 우리의 운명이라 여기고 생각 없이 그 사이클로 들어간다. 스크립트 3의 단골 주연은 회장님, 상무님, 팀장님 등 돈과 권력을 가진 사람들이다. 그리고 나를 포함한 그 외의 사람들은 조연이나 엑스트라에 불과하다.

세 개의 스크립트의 공통점은 내 문제를 타인이 해결해준다는 것이다. 나의 기쁨과 슬픔은 모두 그들의 손에 달려 있다. 그들은 소중하기도 하고 무섭기도 해서 나는 양가감정을 갖게 되고 때로는 그들의 비위를 맞추느라 너무 힘들다. 결혼을 하면, 남자는 아무 말 하지 않고 맛있는 밥이나 차려놓는 우렁각시를 바라고, 여자는 미소만 지은 채 백마에 태워 궁전으로 데려가는 왕자를 바라지만, 현실은 너무도 다르기에 상대의 말 한 마디, 행동 하나에 기쁨과 슬픔의 롤러코스터를 탄다.

어른이 되었다면 스크립트를 바꾸어야 한다. 내가 주인공이다. 나의 기쁨과 슬픔은 내 손에 달려 있다. 더 정확하게 말하면 내 마음에 달려 있다. 물론 쉬운 일은 아니다.

30년 동안 형에 비해 차별대우를 받았다고 느껴온 한 남자는 첫 상담에 이어 두 번째 상담 시간에도 내내 부모에 대한 원망을 늘어놓았다. 이미 2년이나 다른 데서 심리상담을 받았다는데 아직도 원망의 보따리가 한가득이었다. 그의 말대로 부모님은 상식을 벗어날 정도의 편애를 한 것이 사실이었으며, 그는 정말 많이 힘들었을 것이다. 나는 고개를 끄덕이며 계속 듣고 있다가 "그래요. 얼마나 힘들었을지 이해가 갑니다. 자, 그러면 어떻게 할까요? 부모님께 복수할까요?"라고 물었다. 그는 흠칫 놀라는 표정으로 "아뇨, 그렇게까지는 할 수 없죠. 뭐 복수할 정도로 그렇게 나쁘셨던 것은 아니에요"라고 말했다.

"그래요. 저도 그렇게 생각합니다. 그럼 복수할 게 아니라면, 원망에 관해서는 앞으로도 얘기할 시간이 많을 테니 일단 살 길을 먼저 찾아보면 어떨까요?"

그는 그게 맞을 것 같다고 대답했다.

"자, 그런데 ○○님을 30년 동안이나 힘들게 하셨던 부모님은 아무래도 ○○님의 문제를 해결해주시기가 쉽지 않아 보이거든요."

"당연합니다. 우리 부모님 머릿속에는 형밖에 없거든요. 나한테는 눈곱만큼의 관심도 없죠."

"그럼 부모님은 못 하실 테고, 누가 이 문제를 해결해야 할까요?"

그는 잠시 생각하더니 갑자기 눈을 동그랗게 뜨고 납득할 수 없다는 듯한 표정으로 되물었다.

"나더러 하라구요? 아니, 내가 왜요? 부모님 때문에 내가 이렇게 되어 있는데 내가 무엇을 할 수 있단 말입니까?"

이 남성의 마음이 아마도 우리의 마음일 것이다. 자신의 문제를 스스로 해결해야 한다는 말에 질겁하는 이유는 다른 사람의 도움 없이도 문제를 해결할 수 있다는 자신감이 없기 때문이다. 하지만 걱정할 것 없다. 성인이라면 스스로 문제를 해결할 수 있는 강력하고 예리한 도구, 즉 고기를 썰 수 있는 진짜 칼을 이미 갖고 있다. 그것은 바로, 우리 뇌에서 사고 능력을 담당하는 '전두엽'이다. 다른 사람에게 의존하지 않고도 우리가 이미 갖고 있는 전두엽을 잘 쓰면 많은 문제를 해결할 수 있다. 전두엽은 예리한 칼의 속성만 갖고 있는 것이 아니라 '전두엽 맘'이라고 불러도 될 정도로 아주 지혜롭고 마음이 넓다. 아래 그림에

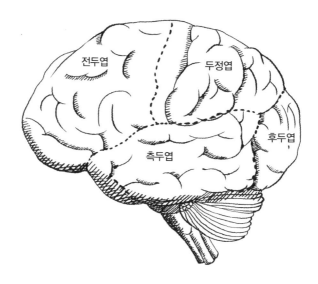

인간 뇌의 전두엽 영역

제시된 전두엽 영역은 마음의 보물을 얻을 수 있는 보물지도이다.

보물지도인 전두엽에 대해 좀 더 자세히 알아보기 전에 먼저 짚고 넘어갈 것이 있다. 당신이 생각하는 마음의 보물은 무엇인가? 만약 보물이 돈, 명예, 성공이라면 다른 자기계발서를 읽는 것이 빠를 것이다. 이 책에서 말하는 보물은 '마음의 평화'이기 때문이다.

고통 속에 있어본 사람이라면 왜 마음의 평화가 가장 귀중한 보물인지 대번에 알 것이다. 고통 속에서 단 1분이라도 평화를 맛본 사람은 그 평화를 세상의 어떤 것과도 바꾸려 하지 않는다. 그렇다고 해서 마음 부자가 물질 부자가 되지 못하는 것은 절대 아니므로 섣불리 실망하지는 말자. 마음의 평화를 먼저 가져야 재물도 더 오래가고 더 가치 있게 사용할 수 있다고 말하는 것뿐이다.

마음이 평화로운 사람이 돈을 번다 치자. 당연히 잘 벌 수밖에 없다. 마음 관리에 너무 많은 에너지를 쏟지 않아도 된다면 그 에너지는 온전히 전두엽으로 보내져, 돈이 어디에 있는지 그것을 어떻게 내 것으로 만들 수 있는지 그러기 위해 생활을 어떻게 정리하고 무엇을 참아야 하는지, 사고뇌가 척척 돌아가 원하는 것을 수월하게 이루어낼 수 있다.

다만 마음의 평화를 맛본 사람은 돈과 성공을 얻지 못했다 해도 미련이 거의 없다. 지구에서 큰 부자로 산다는 것은 많은 재산을 관리하기 위해 끊임없이 신경을 써야 하는 일이므로, 평화로운 마음을 유지하기 힘들다. 마음 부자가 내면의 평화를 포기하고 물질 부자가 되겠다는 선택을 하기란 어려울 것이다.

마음이 먼저 부자이면, 재물이 있으면 기분 좋게 잘 관리해볼 것이고 없으면 재물보다 더 가치 있는 일에 집중하며 알차게 시간을 보낼 것이다. 마음이 먼저 부자이면, 미인이 아닌 내게 반한 남자를 '눈 한 번 높네'라고 생각하며 즐겁게 만나볼 것이고, 그런 남자가 아직 나타나지 않았다면 연예인이 될 것도 아닌데 몸매 관리한다고 맛있는 빵 앞에서 손을 억지로 잡아당길 필요 없이 즐겁게 먹으면서 나의 다른 매력거리를 찾는 데 몰두할 것이다. 마음이 먼저 부자이면, 결혼을 하면 가정을 천국으로 만들려고 노력할 것이고 결혼을 하지 않으면 인간의 지고의 가치인 자유를 만끽하며 하루하루 즐겁게 살 것이다.

마음이 부자이면 한마디로, 손해 볼 일이 전혀 없다. 이래도 좋고 저래도 좋다. 이 말은 이래도 흥, 저래도 흥 하면서 되는대로 산다는 의미가 아니다. 오히려 그 반대이다. 이래도 즐거움이 있어서 최선을 다하고 저래도 또 다른 즐거움이 있어서 열정적으로 산다는 뜻이다. 어디를 가든 의미를 찾을 수 있고 누구를 만나든 기분 좋게 있다가 올 수 있다.

미혼 여성들 중 놓쳐버린 남자로 인해 우울해하는 사람을 많이 본다. 마음을 먼저 부자로 만들면 우울할 일이 없다. 신이 다 뜻이 있어서 헤어지게 한 거라며 오히려 다행으로 생각한다. 반대로, 어찌하다 보니 다른 여자들이 별로 탐내지 않는 남자와 결혼을 했다면 지금부터는 그들이 부러워하게끔 깨가 쏟아지게 사는 것이 이 길로 들어선 내가 즐겁게 해볼 일이다. 남들에게 사이 좋은 가족이라는 것을 인위적으로 보이기 위해 아이와 남편을 휘어잡는 것이 아닌, 가족이 정말 즐겁게 사는 삶을 만드는 것이다. 누가? 바로 당신이 말이다.

마음이 부자이면, 돈이 많은 것도 아니고 잘생긴 것도 아니고 공부를 잘하는 것도 아닌데 범접할 수 없는 매력이 있다. 이런 매력을 가진 사람은 주변에서 함부로 대하기 힘들다. 매력의 비밀이 내적인 당당함이기 때문이다. 이래도 좋고 저래도 좋으면 원하는 것을 반드시 얻기 위해 안달하지 않아도 되니 비굴해질 일이 없다. 이런 매력은 사실 누구나 가지고 있다. 다만 앞에서 봤던 성장기 시절의 편협된 솔루션 각본에 사로잡혀 그 매력을 잠시 상실했을 뿐이다. 특히 부모의 잘못된 양육으로 인해 생긴 마음의 상처는 열등감과 낮은 자존감을 키워 자신의 매력을 회복하는 데 큰 걸림돌로 작용한다.

그렇지만 다행히도 해결 방법이 있다. 전두엽을 잘 쓰면 된다. 전두엽은 어디에서 구해야 하는가? 이미 당신이 갖고 있다. 당신이 생각하는 보물이 내 생각과 일치하고 전두엽을 잘 쓰는 것의 중요성을 이해했다면, 보물을 찾을 준비는 끝났다. 이제 전두엽에 대해 좀 더 자세히 알아볼 차례이다.

전두엽의
힘

　　　　　　　전두엽이 인간에게 얼마나 중요한
영역인지 선명하게 알게 해준 것은 안타깝게도 뇌 손상 환자의 사례를
통해서였다. 1848년 미국의 철도노동자인 피니어스 게이지Phineas Gage
는 쇠파이프가 왼쪽 눈 밑에서부터 머리 위쪽까지 사선으로 관통하는
사고를 당했는데, 천만다행으로 목숨을 건져 걸을 수 있었고 자신에게
일어난 일을 자세히 기억하고 말할 수 있었다. 그러나 예전의 진지하
고 부지런하고 열정적이며 책임감이 높았던 게이지는 사고 후 무책임
하고 무계획적이며 타인에 대한 배려가 없고 폭력적인 성격으로 바뀌
었다. 결국 게이지는 직장에서 해고되고 12년 동안 힘겹게 살다가 간
질 발작으로 생을 마감하였다.

게이지의 사례가 발표되기 전까지는 학자들도 전두엽 부위에 손상을 입은 환자들의 특징을 충분히 이해하지 못했다. 표면적으로는 말도 잘하고 예전에 하던 일도 곧잘 하는 것처럼 보였기 때문이다. 하지만 전두엽이 손상되면 스스로 계획을 세우거나 실행하지 못하며 욕구를 통제하지 못해 대인관계가 무너지고 결국 인간다운 삶을 살지 못하게 된다.

환자들의 사례만 있는 것은 아니다. 심리학자 월터 미셸Walter Mischel은 정상적인 아동을 대상으로 한 실험에서 전두엽의 중요성을 일찌감치 파악했다. 그가 1968년에 행했던 '마시멜로 실험'은 그 자체로도 아주 훌륭했지만 첫 실험 참가자들을 정기적으로 추적했다는 점에서, 또한 이후 전 세계의 많은 학자들을 통해 반복 검증이 되었다는 점에서 매우 가치 있는 연구이다.

미셸은 4세 어린이 600명에게 마시멜로를 한 개씩 나누어주면서 "당장 먹지 않고 15분을 참으면 한 개를 더 주겠다"고 한 후 아이들의 행동을 관찰했으며, 이 아이들이 15세가 되었을 때 재관찰했다. 그런데 11년 전에 즉각적인 욕구를 참았던 아이들이 욕구를 참지 못했던 아이들에 비해 더 논리적이고 계획적이며, 성적과 대인관계, 스트레스 관리에서 뛰어난 능력을 발휘하고 있다는 사실을 발견했다. 미셸은 이런 결과를 토대로, 욕구를 참고 미래를 준비할 수 있는 '만족지연 능력'이 성공의 지표라고 확신 있게 말했으며, 더 나아가 '만족지연'에 성공했던 아이들이 상위 수준의 사고 전략('나는 마시멜로를 먹지 않기로 했지!' '마시멜로 생각이 나지 않게 노래를 해야지!' '참았다가 나중에 두 개를 먹는 상상을 해야지!')을 썼다는 것을 알아냈다. 즉, 만족을 지연시키는 것은 사고의 힘이었다.

마시멜로 이야기는 여기서 끝나지 않았다. 40년 후 이제는 성인이 된 이 아이들을 재관찰했을 때 만족지연 성향과 자기조절 능력이 여전히 유지되고 있었고, 생활 수준이 높았으며, 건강 상태도 양호했고, 행복한 가정을 꾸리고 있었다는 종단적 연구를 통해 '사고의 힘'이 실로 가공할 만한 수준이라는 것을 확인할 수 있었다. 또 한 번의 40년이 지난 후에도 마시멜로 이야기는 계속 진행 중일 것이다.

미셸이 중요하게 본 '사고 능력'이 바로 전두엽의 기능이었다는 것은 2000년대에 들어 fMRI (Functional Magnetic Resonance Imaging: 자기공명영상. 뇌 혈액에서 산소를 운반하는 헤모글로빈의 농도 변화를 측정해 특정 영역의 신경세포 활동을 확인하는 방법) 등의 뇌영상기법을 통해서도 선명하게 확인되었다. 미셸의 연구를 재검증한 연구자 중 한 명인 유니버시티칼리지런던의 베네데토 데 마르티노Bennedetto De Martino는 참가자들에게 만족지연 과제를 주면서 그들의 뇌 활동을 촬영했다. 만족지연을 할 수 있는 사람은, 독자들도 이미 답을 아셨겠지만, 전두엽 영역에 불이 반짝였다. 반면, 만족지연에 실패한 사람은 감정중추인 편도체 영역에 불이 반짝였다.

이쯤에서 전두엽과 편도체를 간단하게나마 구분하고 가자. 옆 페이지의 그림은 우리 뇌의 전두엽과 편도체 영역이다. 지금 당신이 차분하게 이 책의 내용을 따라가고 있다면 이성적으로 생각하는 상황이므

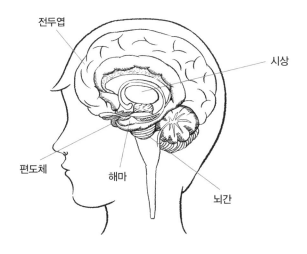

전두엽

시상

편도체

해마

뇌간

인간 뇌의 전두엽과 편도체 영역

로 전두엽이 많이 활성화되고 있다. 반면, 어제 직장 상사가 토요일인 데도 불러냈던 일이 떠올라 부르르 주먹을 떨면서 읽던 책을 집어던진 다면 편도체가 많이 활성화되고 있는 것이다. 전두엽은 사고중추, 편도체는 감정중추라고 이해하는 것도 좋겠다. 이 책에 간간이 소개되는 뇌과학 연구들을 보면 전두엽, 전전두엽, 전두피질, 전전두피질, 복내측 전전두피질, 대뇌피질 등의 여러 가지 명칭이 나오는데 모두 사고중추인 전두엽 영역을 가리키는 것임을 이해하자. 이런 다양한 명칭들을 '전두엽'이라는 하나의 용어로 통일해 쓸 수도 있겠지만, 특정 연구를 인용할 때는 연구자늘이 쓰는 용어를 그대로 쓰려고 한다. 읽기에 산만하고 다소 불편할 수도 있겠지만 먼저 양해를 부탁드린다.

뇌영상기법이라는 강력한 도구를 손에 넣은 학자들은 다양한 연구를 시도했다. 앞의 사례인 게이지의 뇌를 컴퓨터 그래픽 작업을 통해 100년 만에 복원하기도 했는데, 사고 후 인간다운 삶을 살지 못했던 게이지의 뇌에서 가장 두드러지게 손상된 부위는 추측했던 대로 (복내측) 전전두피질이었다. 복내측 부위란 아래쪽과 안쪽의 영역을 말한다. 충동적인 살인자들의 뇌를 스캔한 연구도 있다. 살인자는 자신이 하는 행동을 제대로 인식하거나 반성하지 못했는데, 스캔 결과 이들은 스트레스를 받으면 편도체 부위는 활발하게 활동하지만 전두엽 부위는 거의 활동하지 않았다. 스트레스 상황에서 전두엽 기능이 제대로 작동하지 않아 본능적인 행동만 하게 되는 것이다.

살인자들을 예로 든 것이 좀 극단적이기는 하지만, 전두엽보다 편도체가 더 활발하게 움직이는 것은 일반적으로 어린이와 청소년에게서도 볼 수 있는 특징이다. 고려대학교 심리학과 김학진 교수는 강한 감정을 유발하는 이미지를 볼 때 어린이는 주로 편도체가 많이 반응하는 반면, 나이가 든 사람일수록 편도체의 반응은 점차 줄어드는 대신 복내측 전전두엽 영역의 반응이 증가한다고 하였다. 경험이 부족한 어린이는 감정을 성숙하게 조절하지 못해 통제되지 않은 형태로 감정을 표출하지만 여러 가지 상황을 경험하면서 점차 능숙하게 조절하는 방법을 익히게 된다. 그는 아이들이 성장하면서 뇌 속에 이런 조절 흔적을 남기게 되는데 그 부위가 바로 복내측 전전두엽 영역일 것이라고 말했다. 아마도 정신과 환자들은 이 흔적이 제대로 만들어지지 않았거나 크게 손상된 사람들일 것이다. 실제로 불안장애, 그중에서도 공황장애는 편도체의 급격한 흥분성을 특징으로 하는 질환이며, 조현병(정신분열병)과 외상후스트레스장애PTSD 환자를 뇌영상기법으로 연구한 결과, 편도체 주변 영역은 과활성화되는 반면 전두엽 영역은 저활성화되는 것이 관찰되고 있다.

미셸의 마시멜로 실험에서 만족지연에 성공했던 아이들은 양육 환경에서 이 조절의 흔적이 있었거나, 가능성은 좀 희박하지만 그 한 번의 실험으로 흔적이 만들어진 것이다. 이 아이들은 뇌 속에 만들어진 조절의 흔적을 따라 이후에도 크고 작은 만족지연 상황에서 늠름하게 대처하여 마침내 인생에서도 성공했다.

연구 결과가 그렇다면, 전두엽의 기능을 높이는 것이 심리치료의 목표 중 하나가 될 것이다. 실제로 그런 접근을 하고 있다. 조금 전에 언급했던 PTSD는 치료가 무척 어려운 정신질환이다. 수십 년 전에 일어난 사건인데도 환자들은 그것을 떠올리는 것만으로 여전히 극심한 불안을 느끼며 고통스러워한다. 유대인 대학살에서 살아남은 사람들에 대한 한 연구에서는 생존자 중 4분의 3이 50년이 지나도 여전히 PTSD 증상을 갖고 있다고 보고했다.

연구자들은 나머지 4분의 1에 해당하는 사람들, 즉 PTSD 증상이 나타나지 않은 사람들을 연구하여 치료 방법을 모색했다. 연구자 중의 한 명인 데니스 샤니Dennis Charney는, 편도체에 각인된 원래의 두려움은 완전히 사라지지 않지만 전전두엽피질이 '편도체가 다른 뇌 영역에게 두려움에 반응하도록 명령하는 것'을 직극적으로 어누름으로써 두려움을 느끼지 않게 된다고 설명한다. 즉, PTSD와 같은 심각한 정서질

환도 사고중추인 전두엽의 힘으로 치료할 수 있다는 말이다.

한때 기승전결 시리즈가 인기를 모은 적이 있다. '기승전결'의 마지막 '결'을 간절히 원하는 것, 좋아하는 사람, 대세에 해당하는 단어로 바꾸어서 부르는 것이다. 기승전'술', 기승전'치킨', 기승전'연아' 등으로 말이다. 나는 '전'을 '전두엽'으로 바꾼 '기승전두엽'을 많이 하기를 제안한다. 지금 이 책을 읽고 있는 당신은 십중팔구 어른일 것이다. 전두엽이 손상되지도 않았을 것이다. 살인자는 더더욱 아닐 것이다. 그렇다면 이제부터 전두엽을 잘 쓰기만 하면 된다.

오늘 하루 전두엽에 더 많은 불이 들어왔는가, 편도체에 더 많은 불이 들어왔는가. 오늘 하루뿐 아니라 너무도 오랜 시간 동안 편도체에 더 많은 불이 들어왔다고 해도 걱정할 것 없다. 내일부터는 전두엽 쪽에 더 많은 불이 켜지도록 다시 시작하자.

전두엽
가동하기

　　　　　　　이제 본격적으로 전두엽을 가동해
보도록 하자. 전두엽을 '가동한다'라는 표현을 쓰니 마치 전두엽이 우
리 의지에 의해 100% 움직인다는 느낌을 받을 수도 있겠다. 하지만
전두엽은 사실 대단히 빠른 속도로 작동하며 어떤 때는 우리가 채 인
식하기도 전에 작동하기도 한다.

　내게 아주 멋지고 용감하고 친절한 흑기사가 있다 치자. 그의 이름
은 로미이며 역사와 전통을 자랑하는 뼈대 있는 가문의 견공이다. 어
느 날 로미와 숲으로 산책을 갔다. 오랜만에 야외에 나온 로미는 기분
이 너무 좋아서 잠시 수인의 곁을 떠니 흰 토끼를 쫓아가본다. 그 순간
내 등 뒤에서 큰 곰 한 마리가 나타나 앞발을 번쩍 들고 포효한다. 곰

이 나를 덮치려는 순간 나는 "로미!" 하고 외친다. 눈 깜짝할 순간에 로미는 번개같이 날아와 곰과 맞선다. 나는 무서워서 손으로 얼굴을 감싼 채 땅에 엎드린다. 한참 후에 정신을 차려보니, 로미가 곰을 멋지게 처치해서(나는 그 과정을 모른다) 곰은 이미 도망을 갔다. 나는 다행히 살아났다.

전두엽이 움직이는 것도 로미와 유사하다. 우리가 할 일은 그저 "전두엽!" 하고 외치는 것이 다일 수도 있다. 하지만 이름이나마 부를 수 있다는 것은 엄청난 시간이다. 편도체는 이름을 부를 시간조차 없다. 편도체는 인간의 생존과 직결된 감정센터이므로 의지가 개입할 시간이 거의 제로이다. 보는 즉시, 듣는 즉시 느끼는 것이 편도체이다.

전두엽을 가동하려면 어떻게 해야 할까? 의식적으로 '생각'을 하면 된다. 우리가 생각을 할 때는 반드시 전두엽이 가동되기 때문이다. 문제 상황에 부딪히면 '지금 무슨 상황이지? 나는 어떻게 해야 하지?' 하고 생각하라. 전두엽이 즉시 가동된다. 지금 우울하고 불안하다면 '내가 지금 왜 이러지? 무슨 생각을 하는 거지?' 하고 생각하라. 내가 지금 부정적인 감정을 느끼고 있다면 100% 부정적인 사고를 하고 있는 것이다. 그 사고의 방향을 틀어주면 부정적인 감정도 가라앉는다.

예를 들어 직장 상사가 내 욕을 했다 치자. 이때 내가 괴로운 이유는 '그 사람이 내 욕을 했다'는 사실 때문이 아니라 '그 사람이 내 욕을 해서 분하고 불안하다'는 감정이 야기되기 때문이다. 그렇다면 왜 '분하고 불안한' 감정이 야기되는 것일까? 이런 생각들을 먼저 하기 때문이다.

'고작 그따위 인간이 내 욕을 해?'

'그 사람의 말을 들은 다른 사람들까지 나를 나쁘게 봐 직장에서 불이익이 생기면 어떡하지?'

이 시점에서 생각을 바꿔보자. '사람은 무슨 생각이든 할 자유가 있지. 나를 나쁘게 볼 수도 있잖아? 그 사람이 내 욕을 했다고 해서 내가 죽는 것도 아니잖아? 그 사람이 내 행동을 잘못 오해했을 수도 있잖아? 그 사람이 성격이 나빠서 그럴 수도 있잖아? 그 사람이 나한테만 그러는 것은 아니잖아?'라는 식으로 '생각'을 꼼꼼하게 하다 보면 분한 감정이 많이 가라앉는다. 또한 '한 개인의 험담만 듣고 직장에서 나에게 나가라고 한다면 어차피 오래 다닐 만한 직장이 아닌 거겠지. 만약의 경우를 대비해 다른 곳도 알아볼 필요가 있겠군. 정말로 그런 일이 발생한다면 노조에 알려서 정확하게 시시비비를 가려볼 필요도 있겠고…'라고 생각하면 불안도 많이 가라앉는다.

긍정적으로 생각하면 긍정적인 감정이 생기고 부정적으로 생각하면 부정적인 감정이 생긴다. 너무도 단순한 원리이다. 우리의 애물단지인 청소년들은 때로는 우리보다 월등한 솔루션을 내놓기도 한다. 그들은 긍정이고 부정이고 복잡한 생각을 하지 않는다. 얘네들은 딱 한 마디로 세상을 평정한다.

"개무시!"

이 화끈한 무시법은 비록 예의 바르지는 않더라도 자신이 세상의 주인이라는 것을 알리기에는 더할 나위 없다. 누가 무슨 말을 하든 내가 무시하겠다는데 기분 나쁠 것도 없다. 하지만 성인이라면 그래도 품위 있게 문제를 해결해야 하므로 계속 진도를 나아가자.

쥐에게 특정 주파수의 소리와 전기충격을 짝지어 여러 번 제시하면 쥐는 그 소리만 들어도 움츠러든다. 곧 전기충격이 올 거라는 것을 알기 때문이다. 이 과정을 전문용어로 '공포 반응이 학습되었다'라고 표현한다.

이번에는 소리만 들려주되 전기충격을 주지 않는 시행을 여러 번 반복하면 쥐는 이제 소리를 듣고서도 더 이상 움츠러들지 않는다. 전문용어로 '공포반응이 소거되었다'라고 표현한다. 자, 그런데 쥐가 이 소거학습을 할 때면 복내측 전전두피질의 반응이 점차 증가한다. 피질 반응이 증가했다는 것은 무슨 뜻일까? 쥐가 '어? 이번에는 전기충격이 안 오네? 우연인가? 한 번 더 기다려보자. 어? 진짜 안 오네? 이제 전기충격은 없구나. 그러면 안심해도 되겠네'라고 반응하는 것처럼, 전두엽에서 생각을 한다는 의미이다.

인간의 세계는 영문도 모른 채 실험실에 놓인 쥐의 처지와는 비교할 수 없을 정도로 복잡하기 때문에, 전두엽의 기능 또한 훨씬 정교하다. 크기가 다른 것은 물론이다. 서울대학교 의대 서유헌 교수는 생쥐의 전두엽 크기가 우표만 하면 인간의 전두엽 크기는 A4용지 4장에 해당한다고 재미있게 비유하기도 했다. 그렇게 큰 전두엽을 갖고 있는데도 생쥐가 하듯이 "어머, 아프네? 어머, 이번에는 안 아프네?"라고만 한다면 한마디로 직무유기이다.

인간이라면 전두엽을 가동하는 데 최소한 다음 세 가지 단계는 갖추어야 한다.

1) 질문해본다 : 지금 무슨 상황이지? 어떻게 해야 하지?
2) 답을 찾는다(주변 인물, 인터넷, 상담 등) : 찾은 방법이 긍정적인 방향이고 자신과 타인이 윈윈하는 방법이면 거의 옳다고 보면 된다.
3) 구체적인 실행 방법을 계획한다.

이번에는 실전 연습이다. '누가 내 험담을 한 상황'을 해결해보자.

1) 질문해본다 : 그 사람이 정말 '내 욕'을 했나? '그 사람'이 정말 그랬나? 혹시 다른 사람이 옮긴 말은 아닌가? 욕을 했다면 나는 어떻게 해야 할까?
2) 답을 찾는다 : 지난번에도 비슷한 일이 있었으니 이번에는 내 입장을 명확하게 얘기하자. 어떻게 얘기하는 것이 좋을까? 선배의 조언을 토대로, 무작정 "당신 정말 이럴 거야?" 하지 않고 차분하면서도 단호한 태도로 "당신이 했던 말 때문에 내가 많이 힘드니 앞으로 이런 일이 반복되지 않기를 바란다"고 말하기로 결정했다. 이렇게 하면 상대방도 기분이 아주 나쁘지는 않을 것 같고 나도 목적을 달성할 수 있을 것 같다(윈윈).
3) 구체적인 실행 방법을 계획한다 : 내일은 마감날이어서 바쁠 것 같으니 모레 오전 11시경 비교적 한가한 시간에 가서 말하자. 그래도 긴장되니 거울 앞에서 몇 번 연습해보자. 그 사람이 그런 적이 없다고 하면 오해해서 미안하다고 하자. 사실이라고 한다면 사과를 받고, 다음번에는 지적하고 싶은 것이 있으면 감정적으로 말하지 말고 명확하게 짚

어달라고 하자.

기분이 한결 나아졌는가? 자신감이 좀 생겼는가?
그렇다면 오케이, 고!

투쟁과 도피
그리고 제3의 대안

'누가 내 험담을 한 상황'은 대부분 경험해보았을 것이다. 그리고 앞에 나온 것처럼 많은 대처 방법을 생각해보았을 것이다. 하지만 막상 행동을 하려면 뒷일이 무서워 용기를 내지 못한다. 회식 자리에서 만취를 핑계 삼아 "네가 잘나면 얼마나 잘났어?"라고 해보기도 하지만 다음날 아침에는 어젯밤 집 나갔던 정신이 어김없이 돌아와 인사고과의 공포를 경험하곤 한다. 그래서 참아보기로 하지만 너무 억울하다.

이렇듯 우리는 늘 투쟁과 도피의 갈등을 겪는다. 투쟁하자니 불안하고 포기하자니 속이 상한다. 투쟁과 도피의 갈등은 인간에겐 아주 어릴 때부터 시작되었을 정도로 뿌리 깊은 충동이다. 물론 어린아이들은 정신 기능이 미숙하여 투쟁과 도피가 아닌 자율성과 의존성 사이에서 갈등이 시작된다. 아이들은 생후 두 살만 되어도 한편으로 엄마의 절대적인 보호를 받고자 하면서 다른 한편으로는 혼자의 힘으로 세상을 경험하고자 하는 대립적인 욕구를 느낀다. 부모가 의존과 자율 사이에서 왔다 갔다 하는 아이의 욕구를 이해해 때로는 강력하게 보호해주고 때로는 스스로 해보게끔 해주면 아이는 이 시기를 잘 극복해 성숙해진다. 하지만 부모가 아이의 자율성을 의식적으로든 무의식적으로든 거부하여 "엄마 말을 잘 들어야지, 네 맘대로 하면 나쁜 사람이야"라는 메시지를 과도하게 주면 아이는 자신의 자율성에 대해 죄책감을 느끼고 독립성을 포기하게 된다. 그러나 독립성의 욕구 또한 선천적인 것이기 때문에 자신의 의지가 자주 억압되면 무력감과 분노를 경험하게 된다. 그리고 성인이 되어 사회에서 만난 권위적인 대상은 부모와 동격이기 때문에 어렸을 때 경험했던 의존성과 자율성 사이의 갈등이 도피와 투쟁의 양극단을 선택하게끔 몰아붙인다. 그 사람에게 투쟁하고자 하는 자율성의 욕구와, 그렇게 하면 안전하지 않으므로 그냥 도피하자는 의존성의 욕구가 팽팽하게 맞서는 것이다.

하지만 꼭 투쟁과 도피의 양극단을 선택해야 하는 것은 아니다. 제3의 선택을 할 수도 있다. 나를 모욕한 사람에게 가서 따지고자 하는 최종적인 목표는 마음 편히 있고 싶어서이다. 그런데 그 전에 이미 마음이 편해진다면? 굳이 따질 필요도 없다.

'누군가가 내 험담을 한 상황'은 자존심이 상하는 상황이다. 인간에게는 자존심이 목숨만큼이나 중요한 가치이다. 목숨을 잃으면 몸이 죽고 자존심이 다치면 마음이 죽는다. 마음이 죽으면 내가 세상에 없는 것과 마찬가지이기 때문에 그렇게 기를 쓰며 울고불고 분해한다. 속이 좁아 그 정도도 못 참는 것이 아니다. 그런데 마음이 편해지는 아주 좋은 방법이 있다. 전두엽에서 상황을 '괜찮다'고 판단하면 된다.

자존심이 상하는 상황은 실험실에서 쥐가 전기충격을 받는 상황과는 좀 다르다. 전기충격은 실재의 고통이다. 그러나 누가 나를 모욕한 것은 실재의 고통이 아닌데도 심장을 벌렁거리게 하며 고통스럽게 만든다. 이는 전두엽이 발달한 존재만이 느낄 수 있는 무형의 고통이다. 인간이 전두엽이라는 강력한 도구를 갖게 된 대신에 허구의 고통을 느끼는 대가를 치르게 된 것은 참으로 아이러니하다.

허구의 고통은 곧 우울, 불안 등의 신경증이라는 결과로 나타난다. 허구가 극심해져서 현실적인 논리가 완전히 무너지는 것이 바로 정신병이다. 이 단계에 들어서면 허구의 증상을 증명하기 위해 제2, 제3의 허구를 정교하게 만들어나간다. '그 사람이 나를 모욕했다'에서 끝나는 것이 아니라 '그 사람이 나를 내쫓기 위해 국정원 요원을 시켜 감시하고 일부러 컴퓨터를 망가뜨렸다'고 생각한다.

'허구'라는 표현을 쓰니 "나는 정말로 고통스럽다니까요. 마음이 아려 죽겠단 말입니다"라며 억울해하는 분들이 있을 것이다. '허구의 고통'의 뜻은 원인이 실재하지 않는다는 뜻이지 고통 자체가 없다는 뜻은 아니다. 누군가로부터 비난을 들었을 때 전기충격을 받은 것도 아닌데 정신적 충격을 받는 것은 뇌에 '위험하다'라는 메시지가 전해졌기 때문이다. 위협적인 상황이라고 판단하면 신체는 선천적으로 프로

그램된 생체보존기제를 즉각적으로 가동시킨다. 이때 분비되는 엄청
난 스트레스 호르몬들이 온몸의 세포를 파괴하고 고통을 유발한다.

지금까지의 내용을 아래에서 한 번 더 정리해보자.

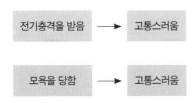

하지만 여기에는 오류가 있으며 아래와 같이 수정되어야 한다.

전기충격을 받았을 때 고통을 느끼는 것은 당연하다. 물리적 충격은
1초의 지연도 없다. 하지만 모욕을 받았을 때 고통을 느끼는 것은 중간
에 '위험하다'라는 메시지가 개입되어 정신적 충격을 받았기 때문이다.
그렇다면 이 메시지를 해제하면 된다. '괜찮다, 별거 아니다'라는 메
시지를 주면 뇌 속의 경보체제는 꺼지고 고통은 잦아든다. 그런데 '위
험하다'라는 메시지를 준 것은 바로 나인데 우리는 모두 다른 사람에
게 달려가 왜 경보를 끄지 않느냐며 난리를 친다.

분명 상대방은 내 험담을 하여 기분이 나빠지게 하는 원인을 제공했다. 하지만 이 말에는 오류가 있다. 그 사람은 결코 나의 기분을 나쁘게 할 수 없다. 내 기분을 나쁘게 하는 것은 오직 나만 할 수 있다. 내 기분을 좌우하는 것은 나의 뇌가 하는 일이기 때문에, 따라서 기분을 나쁘게 하는 원인을 받아들일 것인지 말 것인지의 선택권은 내게 있다.

상대가 직접 나의 기분을 나쁘게 하려면 나는 그와 뇌를 공유해야 할 것이다. 하지만 신은 인간에게 1인 1뇌를 부여하셨다. 자신의 생각과 감정의 책임이 본인에게 있다는 것에 대해 이보다 더 명확한 증거가 어디 있으랴. 쌍둥이라도 얼굴만 비슷할 뿐 각자 하나씩의 뇌를 갖고 태어나며 예외적으로 뇌가 붙어서 태어난 삼쌍둥이조차도 각자의 영역은 분명히 있다.

불의에 투쟁을 하지 말라는 것이 아니다. 필요하면 투쟁도 하고 때론 도피도 해야 한다. 다만, 투쟁을 하든 도피를 하든 죄 없는 자신의 속을 고통스럽게 해서 싸움의 결과를 보기도 전에 내가 먼저 죽을 수는 없다. 그리고 투쟁과 도피 중 한 가지만 선택할 필요 없이 제3의 대안, 전두엽이 긍정의 메시지를 주도록 하는 방법이 있음을 알자는 것이다.

'누군가가 내 험담을 한 상황'에서 내게 선택을 하라고 한다면, 주저 없이 제일 먼저 전두엽으로 하여금 긍정의 메시지를 전송하게 할 것이다. 투쟁은 끝이 없다. 누군가가 나를 건드려서 내가 투쟁을 하면, 그다음엔 그 사람이 또 내게 투쟁을 한다. 〈스타워즈〉 시리즈가 계속 나오는 이유이다. 반면 도피를 선택할 경우 외부의 투쟁은 종료할지 모르지만 내 안의 투쟁은 여전히 지속된다. 무엇보다도 도피는 인간의 본성과 거리가 먼 것이라고 생각한다. 도피하고 싶었다면 세상에 태어나지도 않았을 것이다.

두 개의 사실
: 아웃 팩트와 인 팩트

　　　　스트레스 상황에서 '괜찮다'라는 메시지를 주면 뇌 속의 경보체제가 꺼져 고통에서 벗어날 수 있다고 앞서 말했다. 답은 간단하지만 아직도 확신이 잘 들지 않을 것이다. 그가 '내 험담을 한 것'은 절대로 '괜찮은' 것이 아닌데 어떻게 '괜찮다'라는 메시지를 줄 수 있단 말인가. 부정적인 감정을 불러일으키는 엄연한 팩트 아닌가. 그러나 이제부터는, 주인에게 허구의 고통을 인식하게 해준 전두엽이 제대로 은혜를 갚을 때이다. 전두엽은 팩트를 팩트가 아닌 것으로 감쪽같이 변화시키는 놀라운 능력을 지녔다. 전두엽은 팩트가 부정적이라도 '긍정적'이라고 판단하면 알겠나고 빈이 들인다. 그리고 '아무 문제 없다'라는 메시지를 온몸에 퍼뜨린다. 그러면 상처에서 회복되는 것은 이제 시간문제일 뿐이다.

간단히 확인을 해보자. 친구와 길을 가고 있는데 학교 선배를 우연히 만났다. 반가운 마음에 인사를 하려는데 이 선배가 "하이고, 못 보는 사이에 폭삭 늙어버렸네. 이젠 지나가는 개도 안 쳐다보겠다"라고 하는 것이다. 부아가 치밀어 선배에게 한바탕 따지려는데 친구가 나를 막고 황급히 귓속말을 한다.

"참아, 참아. 작년에 교통사고로 뇌를 좀 다쳤다고 하더라."

순간, 모든 것이 멈춘다.

'아무 문제 없다.'

선배가 욕을 한 '아웃 팩트'는 여전하지만 전두엽에서 지각하는 '인 팩트'는 '아무 문제 없다'로 정리된다. 전두엽의 마술이다.

전두엽이 마술을 부리기 시작하면 모든 상황은 순식간에 종료가 되며 때로는 기적도 일어난다. 신라시대에 사셨던 원효대사님은 한국에서 공식적으로 인증된 최초의 전두엽 마술사셨지 싶다. 다들 알다시피, 원효대사님은 당나라로 유학 가던 길에 하룻밤 묵었던 절에서 밤중에 맛있게 먹은 물이 사실은 해골 속에 담긴 물이었다는 것을 알게 되자, 모든 것은 마음에서 비롯된다는 것을 깨닫고 가던 길을 유턴했다. 나는 원효대사님의 깨달음보다 해골물을 먹고도 충격에 빠져 돌아가시지 않았다는 점이 더 위대하다고 생각한다. 나 같으면 1주일 내에 세균 감염으로 죽었을 것이다. 원효대사님의 전두엽에서 온몸에 전해진 메시지는 대단히 강력했으리라.

'괜찮다. 달고 맛있는 물이었다. 법석 떨 것 없다.'

전두엽의 마술은 원효대사님처럼 도를 많이 닦은 사람들에게만 일어나는 것이 아니다. 나는 평범한 영웅들의 얘기를 수도 없이 보고 들었다. 이 영웅들은 예전에는 '개똥쑥을 먹고 씻은 듯이 병이 나았다 카더라는 아무개 씨' 정도로만 알려졌지만, 현대에는 각종 미디어의 영향으로 좀 더 많이 세상에 알려지고 있다. 청국장을 직접 만들어 먹고 유방암을 치료했다는 여성, 바다에서 직접 채취한 홍합을 매일 먹고 폐암을 치료했다는 남성 등 과학적으로는 말도 안 되는 기적의 삶을 사는 사람들이다. 이들의 숫자가 늘어나다 보니 의학적으로 검증되지 않은 약에는 관심조차 두지 않았던 의사들도 이제는 한두 명씩 텔레비전 건강 프로그램의 패널로 나와 이 약들의 의학적 원리를 설명하는 모습을 심심찮게 볼 수 있다.

그럼에도 이들의 얘기가 작위적이라고 의심이 든다면 좀 더 과학적인 현장에서 일어나는 사례들을 살펴보자. 나는 대학병원 정신과에서 20년 동안 있으면서 논문 심사를 많이 했다. 의학 논문이다 보니 신약 효과를 검증하는 논문이 많았다. 신약 효과를 검증하기 위한 연구의 전형적인 실험 설계는 이렇다. 항암 효과가 이미 검증된 A라는 약이 있다 치자. 신약 B의 효과를 검증하려면 A약을 복용한 집단과 유사하게 B약을 먹은 집단도 증상이 감소했다는 데이터를 제시하면 된다. 그런데 효과가 검증된 약이 아직 없는 상태라고 해보자. 완전히 새로운 약을 개발했는데 비교할 대상이 없는 것이다. 이런 경우 일차적으로는 동물연구를 하지만, 사람을 대상으로 효과를 검증할 때는 한 집단에게는 신약을, 다른 집단에게는 위약을 준다. 물론 지금은 실험 윤리를 준수하기 위해 환자들에게 미리 정보를 준다. "당신은 신약을 먹을 수도 있고 위약을 먹을 수도 있습니다. 하지만 당신이 어떤 약을 먹게 될지는 당신도 의사도 간호사도 모릅니다. 동의하십니까?"라는 내용의 동의서도 받아야 한다.

다시 본론으로 돌아가, 위약집단보다 신약집단의 증상 감소율이 '의미 있게' 크면 신약 효과가 검증됐다고 인정한다. 여기서 '의미 있게'는 미리 설정해놓은 통계적인 기준선을 통과한다는 뜻이다. 기준선을 설정하는 이유는, 위약집단에서도 증상이 감소되는 사람이 나오기 때문이다. 따라서 위약집단의 증상 감소를 우연히 발생한 오류로 보고 신약집단에서 이 오류치를 넘어서는 현저한 차이의 결과를 보여야 약의 효과가 있다고 인정한다.

실험 상황에서 보면 위약집단은 그저 조연일 뿐이다. 하지만 다른 측면에서 한번 생각해보자. 우리의 관심은 가짜 약을 먹고도 나은 사람들이다. 위약집단의 치료 효과는 단순히 '몸이 좀 나아진 것 같아요'의 주관적인 보고를 통해 확인되는 것이 아니라 진짜 약을 복용한 환자들과 똑같이 혈액검사 등을 거친 후 여러 가지 생리적 지표를 통해 확인이 된다.

그동안은 '플라시보 효과'일 뿐이라고 하면서 마치 미신에 취약한 사람인 양 학자들의 관심을 받지 못했지만, 이제는 이들이 낫게 된 기제를 과학적으로 규명해봐야 한다고 생각한다. 최근 이런 연구들이 이루어지고 있는 것으로 알고 있지만 아직은 텔레비전 프로그램에서 자극적으로만 소개되는 것에 그쳐 아쉽다.

이들은 어떻게 나았을까? 비결은 간단하다. 이들은 '약을 먹었으니' '당연히' 나았다. 위약을 먹은 아웃 팩트는 상관없다. 좋은 약을 먹었다고 전두엽이 받아들이면 전두엽에게는 그것만이 팩트일 뿐이다. 그래서 온몸에 메시지를 퍼뜨린다. '약 먹었다. 이제 좋아질 일만 남았네.' 그러면 온몸의 세포들이 응답한다. '예써얼, 알았습니다. 최선을 다 하죠.' 끝.

물론 아무리 전두엽이 팩트로 받아들였다 해도 위약이 몸에 들어오는 즉시 부작용을 일으킨다면 얘기가 달라진다. 전두엽보다 속도가 더 빠른 면역체계가 먼저 교란되기 시작하므로 전두엽이 개입해서 상황을 진정하기까지는 상당한 시간이 걸린다. 운이 없으면 면역체계의 교란이 극심하여 전두엽이 개입하기도 전에 죽음에 이를 수도 있다. 하지만 실험 상황에서의 위약은 보통 포도당같이 인체에 무해한 물질이므로 면역체계를 먼저 교란시킬 이유가 없다. 그 상태에서 전두엽이 '아주 좋은 약을 먹었다'고 해석하니 효과가 있는 것이다.

그렇다면 왜 낫는 사람이 있고 낫지 않는 사람이 있는 것일까? 일단 전두엽을 얼마나 감쪽같이 속이느냐의 차이라고 말할 수 있다. 예수님은 겨자씨만 한 믿음의 차이라고 말씀하실지도 모르겠다. 그리고 여러 가지 요인들이 절묘하게 맞아떨어져야 한다.

이동진 한의사는 2014년 건강정보포털인 〈코메디닷컴〉에 '말기암 그 환자, 정말 개똥쑥 먹고 나았을까'라는 세목의 글을 쓴 적이 있다. 2014년 한해 자신을 방문한 암환자들이 가장 많이 찾는 음식이 개똥쑥이기에 궁금한 마음에 관련 방송 프로그램을 '다시보기' 하면서 한의학적 관점에서 분석한 내용이었다. 간추려서 인용해보겠다.

방송에 나와 증언을 한 환자분은 운전기사로 일하던 중 병원에서 불치암이라는 말을 듣고 직접 개똥쑥을 기르기 시작했고, 그렇게 농사지은 개똥쑥을 먹고 암을 치유했다고 한다. 하지만 개똥쑥만으로 치유가 된 것이 아니라 생활 전반에 변화가 있었다는 것이 중요하다. 운전기사로 살면서 매연을 많이 마시고 하체를 제대로 움직이지 않아 운동량이 부족하던 분이, 공기 좋은 시골에서 몸을 움직여 농사를 지으면서 기혈순환이 원활해졌을 것이다. 병상에만 누워 두려움을 키우는 일반 암환자와 달리 농사일에 몰두하면서 심리적 불안감도 덜했을 것이며 이것이 개똥쑥보다 더 큰 치유 효과를 냈을 것이다. 암 공포를 떨치고 직접 농사를 지을 만큼 적극적인 암환자는 별로 없기 때문에 이런 삶 전반의 노력과 거기에 개똥쑥이 잘 맞는 체질이라는 점이 더해져 기적적으로 치유된 것인데, 언론에서는 건강식품에만 주목했고 방송을 본 환자 대부분은 개똥쑥만 따라 먹으려 했다. 그러나 암환자가 무턱대고 개똥쑥을 먹는 것은 너무나 위험한 일이다. 개똥쑥은 냉한 성질이기 때문에 냉성 체질인 환자가 먹으면 병을 악화시킨다.

나는 이러한 분석에 100% 동의한다. 병이 낫기 위해서는 자신의 몸에 잘 맞는 음식이나 약을 찾아야 하고 운동도 해야 하고 두려움도 떨쳐야 한다. 그리고 마지막으로, 전두엽을 잘 속여서 '이제 정말 좋은 음식을 먹었으니 낫기만 하면 되겠네'라고 하면 되는 것이다.

그러니 당신을 힘들게 하는 사람들에 대해서는 긍정적인 의미를 찾아 가볍게 넘겨버리거나 무시하거나 한번 심각하게 따지거나 해서 해결해버리고, 당신의 몸에 맞는 음식, 운동, 환경을 찾는 쪽으로 에너지를 쏟았으면 좋겠다. 답은 금방 찾아지는 것이 아니기 때문이다.

방송에 나와 "이것을 먹고 나았네" "저것을 먹고 좋아졌네" 하는 분들이 지금이야 다 웃으면서 말하지만 한때 그분들은 그 음식이 몸에 맞는지 확인하기 위해 목숨을 거셨을 것이다. 헤아릴 수 없이 많은 불면의 밤을 보내셨을 것이다. 당신이 만약 신비의 명약을 찾게 된다면 그것은 일차적으로는 당신을 살리고 나아가 많은 사람들에게 희망을 주게 된다. 생각만 해도 근사하고 즐거운 일이다.

우리가 사는 세상이 얼마나 '위약적'인지 알면 많이 놀랄 것이다. 직접 실험해보자. 좋아하는 산책로를 50미터 정도 천천히 걸어가면서 이것저것 둘러보라. 마치 풍광을 눈에 넣겠다는 듯이 적극적으로 둘러보라. 이번에는 길을 돌아오면서 다시 한 번 둘러보라. 조금 전 보지 못했던 것들이 눈에 들어올 것이다. 또 다시 그 길을 걸어보라. 또 다른 것들이 보일 것이다. 이 행동을 하고 싶은 만큼 해보라. 열 번이면 열 번, 스무 번이면 스무 번, 매번 다른 풍광을 만나게 될 것이다. 전에 보지 못했던 나무, 풀, 열매가 계속 눈앞에 나타난다. 분명 푸른색 천지였는데 다시 걸어보니 빨간색 나뭇잎도 있다. 신지어 조금 전에도 없었던 배드민턴공이 갑자기 나타나기도 하며 운이 좋은 날에는 여섯 번째

쯤 걸을 때 돈이 나타나기도 한다. 보통 10원짜리, 100원짜리지만 내게는 행운의 동전들이다. 딱 한 번 5,000원짜리를 주운 적도 있다.

내가 걸었던 길이 사실인가, 내가 보았던 길이 사실인가? 내가 걸었던 길과 보았던 길은 분명히 다르지만 우리들은 모두 자신이 보았던 길이 사실이라고 믿고 아무 일 없이 잘 산다. 나 혼자 1시간 동안 왔다 갔다 하며 걸었던 길만 해도 다 다른데, 친구에게 "거기 산책했어"라고 하면 친구는 그곳의 또 다른 풍경을 이야기한다. 친구와 나는 같은 길을 가봤던 것일까? 절대적인 사실은 어쩌면 우리는 죽을 때까지 알지 못할 것이다. 왜 빛이 입자이기도 하면서 파동이기도 하다는 것인지, 그 어려운 양자역학 이론을 나는 숲길을 걸으면서 나름 이해했다. 어차피 절대적인 사실을 모른다면, 우리가 무엇을 보든 아무도 우리를 탓할 수 없다. 그러니 전두엽에 긍정의 선글라스를 씌우든 부정의 선글라스를 씌우든 아무 문제가 되지 않는다. 어느 것도 더 옳거나 더 그르지 않다. 다만, 전두엽이 상황을 긍정으로 해석하면 외부의 사실과 상관없이 내 마음은 호수같이 평화로워진다는 것을 알았으면 한다.

그가 내게 화를 냈다. 그가 나한테 화를 낸 것이 사실인가, 그가 화를 내는 중에 내가 그저 앞에 있었던 것이 사실인가? 내가 큰 잘못을 해서 그가 화를 낸 것이 사실인가, 그는 그저 (성격적으로) 화를 내는 사람인 것이 사실인가? 어느 것이 사실인지도 모르는데 내가 맞서서 화를 내는 것이 맞는가, 돌아서서 슬퍼하는 것이 맞는가? 그가 진짜 총으로 나를 쏘려고 하지 않는 이상, 내가 그냥 넘기든 맞받아치든 어느 것도 더 옳거나 더 그르지 않다. 다만 그가 무슨 행동을 하든 개의치 않고 내 마음을 평화롭게 해버리면 고통이 끝난다는 것을 명심하자. 그가 '나한테' 화를 낸 것이 사실이고 '내가' 정말로 잘못한 것이 사실인데 내가 그냥 괜찮다며 덮어버렸다면, 그는 반드시 또 화를 내게 되어 있다. 내가 상황을 오판할 일은 절대로 없을 테니 안심하고 먼저 마음을 평화롭게 해놓아도 된다.

긍정적으로 생각할 때 얻을 수 있는 가장 큰 혜택은 에너지가 소모되지 않는다는 점이다. 생명체에게 에너지가 없다면 그것은 곧 죽음이다. 그럼에도 우리는 에너지가 필요 이상으로 소진되는 것에 크게 신경을 쓰지 않는다. 연기를 잘하는 배우들은 드라마에서 가짜로 우는데도 탈진한다. 실제로 에너지를 과하게 쏟기 때문에, 그들이 연기 외에 마음을 즐겁게 하는 다른 취미생활을 하지 않는 한 자주 우울해질 것이라고 생각한다.

인생이라는 연극에서 각자의 배역이 있다는 말을 들어봤을 것이다. 배역에 너무 몰입해서 탈진하지 말고 즐겁게 해보자. 긍정적으로 생각함에도 '누군가 내 험담을 한 상황'이 종료되지 않아 투쟁해야 하는 배역을 맡게 된다면, 연극을 하듯이 즐기는 마음으로 현명하게 이기는 투쟁을 해보자. 긍정적으로 생각해서 마음이 편해지면 전두엽은 가뿐하게 이기는 투쟁을 위한 최상의 매뉴얼을 작성해줄 것이다. 긍정적인 태도와 편한 마음을 가지면 나는 쫄지도 않고 크게 화를 내지도 않으면서 당당하게 내 의견을 말할 수 있게 되니, 상대방도 과도한 방어나 공격을 하지 않고 진지하게 경청을 하게 된다. 설사 내 말이 먹히지 않더라도 나는 이미 마음이 편한 상태이기 때문에 결과에 연연하지 않게 된다. 되면 정말 좋고 안 돼도 크게 낙담할 것이 없으니 연극을 하듯이 즐기면서 할 수 있는 것이다.

막장 드라마에 많이 나오는 장면을 떠올려보자. 여주인공이 7년 넘게 남자친구를 뒷바라지해서 마침내 남자친구가 대기업에 입사한다. 남자친구는 회장님 딸의 눈에 들어 여주인공에게 이별을 통보한다. 여기까지는 그래도 참으려고 했는데, 회장님 딸은 여자가 아예 없어지기를 바란다. 여자의 직장에 찾아가 행패를 부리고 부모 가게를 엎어버리고 그것도 안 되자 교통사고로 위장해 여자를 죽이려 한다. 여주인공은 작은 골방에 앉아 분노하고 또 분노하고 울고 소리치며 복수를 다짐한다. 그렇게 날이 밝아오고 여자의 눈에는 진한 다크서클이 턱까지 내려와 있다. 단언컨대, 이 여자는 드라마에서나 복수하지 현실에서는 절대 복수하지 못한다. 지난밤의 분노만으로도 이미 몸과 뇌세포가 엄청나게 손상되어 복수는커녕 화병이나 암에 먼저 걸릴 것이다.

우리는 드라마 주인공과 반대로 해야 한다. 그에게 가서 격렬하게 분노하고 소리를 지르더라도 혼자 있을 때는 다크서클이 생기지 않도록 언어와 브로콜리를 질겅질겅 씹고 썩소를 날리면서 하루에 한 가지는 재미있는 일을 하면서 지내야 한다. 누군가에게 심하게 화를 냈다면, 혼자 화장실에 들어가 심호흡을 세 번 하고 화가 내 몸을 갉아먹지 않도록 해야 한다. 화를 내고 돌아서서 미소를 짓는 반전 드라마의 주인공이 되는 것이 백번 이롭다. 그래야 에너지가 탈진되지 않는다.

아울러 누군가에게 격렬하게 화를 내는 것은 당신 인생에서 한 사

람당 한 번으로만 정하자. 당신이 주연이고 그 사람은 조연이다. 그런데 조연에게 여러 번 화를 내면 조연은 계속 당신의 드라마에 등장해서 당신보다 더 주목받게 된다. 개런티도 더 많이 챙길 것이다. 조연이 챙길 개런티는 당신의 에너지이다. 에너지 뱀파이어라는 말을 들어봤을 것이다. 당신이 화를 내면 낼수록 그들은 당신의 에너지를 쪽쪽 빨면서 빵빵하게 보란 듯이 잘 살 것이다. 그걸 보는 당신은 또 괴로워하면서 삶의 악순환이 반복된다. 한 번 했으면 됐다. 화를 낼 대상이 아예 없다면 더욱 좋은 것은 말할 것도 없다.

딸아이가 유치원에 다닐 때 함께 샌드위치 가게에 간 적이 있다. 주문을 한 후 손을 씻으러 갔고, 딸아이는 유치원에서 배운 대로 오른손바닥 문지르기, 왼손바닥 문지르기, 손가락 사이사이 닦기를 하며 30초의 손 씻기 타임을 완벽하게 채우고서야 화장실을 나섰다. 손도 깨끗하게 씻었겠다, 맛있는 샌드위치를 빨리 먹고 싶은 마음에 조리대 쪽을 흘끔흘끔 보고 있던 아이가 갑자기 나지막한 소리로 "엄마, 저 언니, 샌드위치 만들고 있는데 아까 화장실에서 손도 안 씻고 나갔어" 하는 것이다. 우리는 어째야 했을까? 그냥 먹었다. 그 사람이 아닌 다른 사람이 우리가 먹을 샌드위치를 만들었을 거라고 믿으면서.

탈은 나지 않았다. 두 가지 경우의 수가 있다. 다른 사람이 만들었거나, 그 사람이 만들었지만 손의 세균이 우리의 면역체계를 무너뜨릴 정도로 위협적이지 않았거나. 그 사람이 만들었다고 생각하면 도저히 먹을 수가 없으며, 먹고 나서도 찜찜하다면 전두엽이 '위험하다'는 메

*　*　*　*　*

당신을 힘들게 하는 사람들에 대해서는
긍정적인 의미를 찾아서 넘겨버리거나 무시하거나
한번 심각하게 따지거나 해서 해결해버리고,
당신의 몸에 맞는 음식, 운동, 환경을 찾는 쪽으로
에너지를 쏟았으면 좋겠다.
답은 금방 찾아지는 것이 아니기 때문이다.

*　*　*　*　*

시지를 퍼뜨리므로 필히 병이 나게 되어 있다. 유니폼을 입는 식당 직원들께서는 화장실 안에서 아무 것도 하지 않았어도 반드시 손을 씻으시기를 바란다. 매출이 감소할 수도 있으니까 말이다.

집에서 밥을 해먹는다고 이런 일이 절대 일어나지 않는 것도 아니다. 하루는 저녁을 준비하는 중에 급한 전화를 받다가 콧물이 나와서 목욕탕에 들어가 코를 빼고 전화 내용에 빠진 채 파를 다듬으려다가 '아차' 하면서 비누로 손을 씻은 적이 있다. 하지만 진실은 아무도 모른다. 내가 더러운 것을 만진 후 항상 손을 씻었을까? 사랑하는 엄마가 설마 내게, 아내가 설마 내게, 그리고 내가 설마 내게 그런 일을 할 리는 없다고 믿으며, 아니 믿을 새도 없을 정도로 당연히 안전하다고 생각하며 맛있게 먹으면서 탈 없이 사는 것이 우리들이다. 정도의 차이는 있지만 우리는 모두 소원효대사들이며 전두엽 마술사들이다. 문제는 우리가 스스로의 정체를 모른다는 것이다. 이제 정체를 알았으니 다음 단계로 나아가보자.

리얼
전두엽 솔루션

우리의 목표는 부정적인 상황이라도 긍정적으로 판단하는 것이다. 왜? 그래야 전두엽에 '괜찮다'는 메시지가 전달되기 때문이다. 그리고 '괜찮아야' 마음이 편해지기 때문이다. 물론 당신이 중요하게 여기는 것이 마음의 평화가 아니라 '그가 옳은지, 내가 옳은지'의 문제라면 '괜찮다'는 메시지를 주는 것은 도움이 안 된다. 백번 마음이 괴로워도 누가 옳은지를 냉철하게 파헤쳐봐야 한다. 하지만 우리가 찾고자 하는 보물은 '마음의 평화'이므로 지금 이 상황을 '괜찮다'고 해석해야 한다는 것, 그러기 위해서는 전두엽이 '괜찮다'는 메시지를 주어야 한다는 것에만 집중하도록 하자.

그런데 큰 걸림돌이 나타난다. 전두엽을 가동하겠다는 마음을 먹었지만 막상 해보면 '괜찮다'는 메시지를 주는 것이 결코 쉽지 않음을 알게 될 것이다. 전두엽은 엄청 똑똑하기 때문에 "좋은 게 좋은 거지, 오케이?"라는 식으로 조악하게 우기는 것은 전혀 효과가 없다. 그렇다면 어떻게 설득해야 할까? '감사'가 그 비결이다. 어떤 상황에서도 '감사해버리면' 전두엽의 논리에서는 긍정적인 상황으로 인식하고 분란거리를 더 이상 만들지 않는다. 전두엽을 확실하게 설득하는 구체적인 감사의 방법을 살펴보자.

계산하는 전두엽

앞서 전두엽이 똑똑하다고 했는데 이것을 좀 더 과학적인 용어로 바꾸어 표현하면, 전두엽은 늘 '계산'을 한다. 지금 3년째 취직도 못 하고 독서실에서 자격증 시험을 준비 중이라 불행지수가 100이라 치자. 계산을 하고 말 것도 없다. 마음은 교란되며 생체지수는 곤두박질치기 시작한다. 한번은 식중독에 걸려 밥도 못 먹고 3일째 책 한 장도 보지 못하다가 몸이 나아 독서실에 갔는데, 문을 열고 들어서는 순간 뭔가 짠한 느낌이 들면서 '한 칸짜리 공간에서나마 공부에만 열중할 수 있다면 행복한 거구나' 하는 생각이 들었다. 이제 불행지수가 90이 되었다. 그러면 전두엽은 플러스 10의 행복감을 계산해서 '안심이다'라는 메시지를 전송한다. 그다음에는 더 많이 감사할 수 있는 상황을 꾸준히 만들면 된다. 하지만 이런 상황에서도 불행지수가 5%조차 감소하지 않는다면 설사 취직이 되어도 다른 일로 인해 불행지수는 계속 높을 것이다. 내 상황이 아무리 구질구질해도 이보다 더 안 좋은 상황이 벌어질 수 있었음을 상상해보면, 그리고 이 상상이 얼마든지 현실이 될 수도 있었음을 생각해보면 감사할 수밖에 없다. 그러면 전두엽은 행복의 메시지를 퍼뜨리게 된다. 처음에는 1초 동안 발송됐지만 점점 그 시간을 늘려서 결국에는 행복의 메시지가 불행의 메시지의 양을 넘어서도록 하는 것이 우리의 목표이다.

실전 연습이다. '그가 내 험담을 한 상황'에서 감사거리를 찾아보자. 답은 각자 찾는 것으로 하고 팁만 몇 개 드리겠다. 청년 백수들은 이런 상황에 처한 당신에게 이렇게 말할 것이다.

"그까짓 모욕 100그릇이라도 먹을 테니 제발 일자리만 주세요."

말기암 환자들은 이렇게 말할 것이다.

"누가 나를 모욕하는 날이 하루라도 있었으면 좋겠네요."

경력이 단절된 아기엄마들은 이렇게 말할 것이다.

"모욕을 받는 한이 있더라도 존재감이라는 걸 좀 느껴보고 싶어요."

감사거리를 찾는 것에 대한 팁만 주고 답을 직접 제시하지 않은 것은, 남의 답은 어차피 내 답이 아니기 때문이다. 역시 설득력의 문제이다. 자기계발서가 인기 있는 이유는 아주 잠시 전두엽이 설득되기 때문이다. 하지만 결국 그들이 제시한 열쇠는 내 마음의 문에 정확하게 들어맞지 않기 때문에 우리는 다시 제자리로 돌아가곤 한다. 마음이 동하는 각자의 감사거리를 찾아야 우리는 제자리로 돌아가지 않고 도약을 하게 되는 것이다.

우울했던 한 노인 환자는 예전에는 길거리에서 젊은이들을 보면 부럽기만 하고 자신의 지나간 청춘이 아쉬워 울컥울컥했지만, 감사거리를 찾는 중에 '이놈들아, 니들이 내 나이 되도록 살 수 있다고 장담할 수 있겠냐'는 생각이 들면서 어깨를 쭉 펴게 됐다는 말을 한 적이 있다. 젊은 사람들에게는 이분의 감사거리가 황당할지도 모르겠지만 이분에게는 마음을 움직이는 아주 중요한 것이었다. 그 후로 벌떡 일어나 친구도 만나고 자원봉사도 열심히 하면서 즐겁게 살고 계시니 말이다. 그러니 남의 감사거리를 가소롭게 여기지 말고 부지런히 자신의 감사거리를 찾도록 하자. 오히려 황당하고 재미있는 감사거리를 찾아야 과거로 돌아가지 않고 도약을 할 수 있다.

내가 만난 환자들 중 가장 화끈하고 걸쭉한 감사를 했던 분이 기억난다. 유방암 수술로 유방을 절제한 이분은, 수술 후 지나가는 여자들의 가슴만 보게 되더라고 했다. 그때마다 우울했던 것은 물론이다. 한번은, 있는 유방도 고마워하지 않고 수술의 위험성을 고려하지 않은 채 유방확대술을 받으려는 철없는 조카에게 한마디 했다가 조카가 "이모는 상관하지 말라"고 해서 크게 상처받은 적도 있었다. 처음에는 많이 상심했지만 감사거리를 찾는 중에 "왜 이래, 나 죽음의 문턱에 갔다온 여자야. 니들이 죽음의 맛을 알아? 나 눈에 뵈는 것 없다. 유방 달고 있어도 죽을 때는 무서울걸? 난 유방을 잃은 대신 엄청난 자신감을 얻었다구! 나 이제 무서운 것 없다!"라며 소리쳤다고 한다. 물론 거울 앞에서다. 그래도 속이 후련했고 무언가 큰 깨달음을 얻은 도사가 된 기분이었다고 한다. 어쩌면 죽을 수도 있었는데 남의 유방까지 걱정할 정도로 살아 있으니 얼마나 감사하냐고도 하셨다. 조카에게 직접 말하지 않고 거울 앞에서만 소리친 것은, 죽음의 문턱까지 가서 살아 돌아온 한 수 위인 자신이 참는 것이 옳다고 생각했기 때문이다. 죽음까지도 감사의 이유로 삼게 된 이분이 생각날 때마다 참으로 존경스럽고 기분이 좋다. 이분의 감사거리 또한 어떤 사람에게는 오버스럽게 여겨질 수도 있겠지만, 두려움과 슬픔에서 일어날 수만 있다면 그게 바로 기적을 일으키는 각자의 개똥쑥이다.

드라마를 쓰는 것도 아닌데 청년 백수, 말기암 환자, 경단녀를 언급했던 이유는 내가 처한 상황보다 더 안 좋은 상황도 있다는 것, 모든 판단은 상대적이라는 것을 알아야 감사거리를 찾을 수 있기 때문이다. 더 중요한 이유는, 우리가 불행한 원인 자체가 상대적인 비교에서 비롯되기 때문이다. 혼자 있을 때 스트레스를 받는 경우는 배고플 때, 아플 때, 외로울 때 정도일 뿐이며 아이가 아니고서야 대부분 스스로 해결할 수 있다. 훨씬 더 많은 스트레스가 사람들 사이에서 일어난다. 나보다 잘나고 잘사는 듯이 보이는 사람들 앞에서 한없이 위축감을 느끼며 우울감을 경험한다. 그러나 이것이야말로 드라마이다. 한 시간 정도의 짧은 수다 속에 등장하는 그들의 행복한 모습이 항상 사실일 수는 없으며, 청년 백수, 경단녀가 오히려 지독한 현실이다. 더 많은 사람들이 우리를 부러워하는데도 우리는 잘나가는 사람들을 부러워하며 전두엽에게 '내가 그들보다 못하다는' 단편적인 프레임만 제공한다. 그러면 전두엽은 항상 불행의 메시지를 온몸에 퍼뜨릴 수 밖에 없다. 이번에도 원인 제공자는 역시 나다. 예외는 없다.

나는 상대적인 행복감을 절절하게 느껴보았다. 스트레스가 극심해 건강까지 안 좋아졌을 때는 라면 한 번 안 먹을 정도로 해로운 것을 먹지 않기 위해 신경을 썼다. 라면을 먹고 얼굴이 부으면 "왜 얼굴까지 엉망이야!" 하면서 펑펑 울어버릴 것만 같았다. 그러다가 컨디션이 많이 회복된 어느 토요일 오후, 마침 집에 식구들이 한 명도 없길래 혼자 차려먹기도 귀찮아서 무심코 라면을 하나 끓였다. 텔레비전 앞에 작은 상을 하나 놓고 앉아 숟가락에 라면과 김치를 얹어 먹으며 개그 프로그램 재방송을 보면서 낄낄댔던 그날의 행복감을 잊지 못한다. 지인의 결혼식 때 먹었던 최고급 호텔 스테이크도 그만큼 맛있지 않았다. 내가 아직 건강하게 살아 있어서 몸에 좋지도 않은 라면을 맛있게 먹는 그런 날, 그런 시간을 맞이할 수 있다는 것은 정말 큰 축복이다.

그뿐만이 아니다. 나는 만성비염이 있다. 환절기마다 증상이 생기면 짜증도 나고 인생도 재미없게 느껴졌지만, 우울증을 심하게 겪은 뒤 바닥에서 치고 올라와 다시 비염이 생겼을 때는 단지 불편할 뿐 짜증이 나지는 않았다. 우울했을 때 가장 힘들었던 것은 에너지가 없다는 것이었는데, 비염이 에너지를 뺏어가지는 않았다. 그저 좀 성가실 뿐이었다. 무얼 더 바라겠는가.

그래서 요즘은 비염이 발병해도 코가 1시간 내내 흐르거나 재채기가 너무 심하거나 코가 막혀 잠을 못 잘 정도가 아니면 알은척도 안 한다. 하지만 가끔 목이 잠길 때가 있는데, 주변 사람들이 목소리가 왜 그러냐고 하면 마음속으로 말하곤 한다.

'냅둬유. 이러다 그냥 죽을래유.'

신기한 것은, 예전에는 1년에 네 차례 정도 비염이 왔다면 지금은 한두 차례로 줄었다는 것이다. 나는 분명히 한 단계 도약을 한 것 같다.

한 번에 하나씩

고시원에서 3년 동안 고시 준비를 하다가 우울해진 청년에게 "고시라도 준비할 수 있다는 건 감사한 일 아닙니까? 하고 싶은 공부도 못하고 알바를 전전하는 사람들도 있지 않습니까?"라고 하면 열에 아홉은 다음과 같이 말한다.

"그런 말 지긋지긋합니다. 그렇게 비교한다 치면 말이 안 되죠. 숨쉬는 것만으로도 감사하라는 것과 뭐가 달라요?"

이 청년은 두 가지 사항을 잘 모르고 있다. 첫째, 숨을 쉬는 것은 실로 대단한 감사거리이다. 잘 알다시피 공기는 질소 78%, 산소 21%에 이산화탄소, 아르곤, 기타 미량의 기체로 이루어져 있다. 과학자들에 의하면 이 구성성분이 아주 미세하게만 변해도 지구에서 제대로 숨 쉬고 살기 힘들다고 한다. 신은 여전히 지구를 사랑하신다.

둘째, 고시 공부보다 훨씬 더 쉬운 전두엽 계산법을 잘 모른다. 전두엽의 계산법을 안다면 그는 절대 지긋지긋하다는 말을 하지 않을 것이다. 전두엽은 한 번에 하나씩 계산을 할 때 최적의 기능을 발휘한다. 그리고 계산은 일방향이 좋다. '내가 지금 고시원에서 3년째 동굴생활을 하고 있지만(-) 알바를 전전하는 것에 비해서는 행복하다(+).' '내가 지금 알바를 전전해서 힘들지만(-) 전전할 일거리도 없는 것에 비해서는 행복하다(+).' '내가 지금 알바할 일도 없지만(-) 거동이 불편한 것에 비해서는 행복하다(+).' 이렇게 원 바이 원으로, 마이너스에서 플러스로 변하는 상대적인 행복감을 지각해야 전두엽이 빨리 이해한다. '고시원 생활 3년째여서 한심한데(-) 알바를 전전하는 것에 비해서는 행복할 수도 있겠지만(+) 첫 번째 시험에 붙을 수 있었는데 운이 나빠 떨어져서 너무 불행하잖아(-).' 이런 식의 왔다 갔다 하는 비교는 전두엽을 피곤하게 한다. 계산이 복잡해지기 때문이다.

전두엽은 똑똑하기는 하지만 과부하가 걸리는 것을 본능적으로 싫어한다. 다른 중요한 할 일이 너무 많기 때문이다. 누구의 전두엽은 피라미드를 만들고 또 다른 누구의 전두엽은 아이폰을 만들었다는데, 주인님도 나중에 어떤 대단한 것을 만들지 모르기 때문에 에너지를 비축해놓는 것을 전두엽은 좋아한다. 따라서 '에헴… 그러니까 이것은… (삐리릭, 삐리릭) 결국은 좋다는 거구나'라며 합산해야 하면 에너지 소모라고 여긴다.

상품 진열대에 수십 가지의 잼이 있을 때보다 달랑 세 가지의 잼만 있을 때 매출이 올라간다는 소비자심리학의 연구도 이와 동일한 원리이다. 전두엽이 수십 개의 잼을 비교분석하지 못해서가 아니라 그런 일을 하는 것 자체를 부담스러워 한다. 만약 직업이 잼감별사라면 전두엽은 전력투구해서 기가 막히게 비교를 해낸다. 하지만 보통 사람의 경우에는 잼의 맛을 비교하는 것보다 더 중요한 일을 해야 하기 때문에 전두엽은 주인님에게 가장 중요한 일을 하는 데 더 에너지를 쏟는다.

마음의 평화를 얻는 일은 인생에서 가장 중요한 일이다. 내가 처한 'A상황'이 'B상황'보다 다행이라면 C, D로 왔다 갔다 하지 말고 깔끔하게, 쿨하게, 원 바이 원, A 바이 B로 비교를 끝내 감사하고 전두엽으

로 하여금 나머지를 처리하도록 하자. 그나마 플러스의 셈이 가능할 때 이 놀이를 실컷 해서 몸에 익혀놓아야 한다. 살다 보면 도저히 플러스를 생각할 수 없는 너무도 힘든 상황들이 오기 마련이며 그때 돌파구를 찾으려면 이 방법을 써야 하기 때문이다.

그럼에도 이것저것 비교를 해야 성이 찬다면 한 가지 다른 방법이 있긴 하다. 마음껏 저울질을 하되 마지막만 플러스가 되게 하는 것이다. '고시원 생활 3년째여서 한심한데(-) 알바를 전전하는 것에 비해서는 행복할 수도 있겠지만(+) 첫 번째 시험에서 붙을 수 있었는데 운이 없어 떨어져서 불행해(-). 그래도 몸 하나는 건강하니 한 번만 더 힘을 내보자(+).' 이렇게 마지막을 플러스로 마치면 전두엽은 앞의 말들을 할 때는 귀를 파면서 딴청을 피우다가 마지막 말만 냉큼 받아 마치 다 알아들었다는 듯이 '오케이, 좋다는 거구나' 하면서 긍정의 메시지를 전송한다.

전두엽을 잘 부리면 세상이 당신 것이 된다. 그러니 항상 전두엽이 가동되도록 정신을 똑바로 차리자.

심리학자로서 행동경제학의 창시자로 불리며 노벨경제학상을 받았던 대니얼 카너먼Daniel Kahneman은 아주 재미있는 실험을 소개한 바 있다. 그는 동공이 정신적 노력의 정도를 보여주는 지표가 된다는 선행 논문에서 아이디어를 얻어, 안경점 검안실 같은 실험실을 만들어 이를 본격적으로 검증했다. 그는 피험자들이 과제를 풀 때 동공을 촬영해 분석해보았는데, 난이도에 따라서 매초마다 동공의 크기가 변한다는 것을 알아냈다. 동공의 크기가 정점이 될 때는 최대한의 노력이 투자된 때였으며 피험자들이 답을 찾아내거나 과제를 포기하면 동공은 즉시 수축됐다. 카너먼은 동공의 크기만 보고도 피험자에게 "왜 방금 문제 풀기를 중단하셨나요?"라고 질문을 던져 피험자를 깜짝 놀라게 했고, 피험자가 "아니 어떻게 알았죠?"라고 되물었을 때는 "우리에게는 당신의 영혼을 바라보는 창문이 있답니다"라고 말했다고 한다.

나도 카너먼처럼 너스레를 떨고 싶다. 단, 단어 하나는 바꿀 것이다. "우리에게는 당신의 전두엽이 가동하고 있는지를 아는 창문이 있답니다"라고 말이다. 스트레스를 받아 마음이 상했을 때 미간을 찌푸린 채 이불 속에 처박혀 있지 말고 정좌를 하고 눈썹을 치켜올려 동공을 크게 하라. 그리고 질문하라. 그리고 답을 찾아보라. 하얀 종이 위에 질문과 답을 하나씩 적고 지우고 수정하라. 이 작업을 흡족한 결론이 나올 때까지 계속하라. 때로는 전두엽이 보다 지혜로운 판단을 내리기 위해 가족, 지인, 전문가의 도움을 받아야 할 때도 있으며 그들의 도움을 받는 것을 결코 주저하지 마라. 혼자서 생각할 때보다 월등한 해결책을 찾을 수 있다. 하지만 어떤 도움을 받더라도 최종적인 판단은 당신의 전두엽의 몫이다. 전두엽을 믿으라. 지금까지 살아오면서 겪은 숱한 어려움을 이겨내고, 때로는 죽을 뻔했던 수많은 고비에서 살아나 지금 이 책을 읽고 있는 당신 자체가 훌륭한 전두엽을 갖고 있다는 명백한 증거이다. 두드리라, 열릴 것이다. 세상 모든 사람들이 우리를 배신한다 해도 전두엽은 영원한 나의 '로미'이다.

카너먼처럼 구조화된 세팅에서 관찰한 것은 아니지만 나 또한 상담 장면에서 환자들의 눈동자가 커지는 경험을 하곤 한다. 상담자의 말은 듣지도 않고 고개를 숙이거나 외로 꼰 채 울고 넋두리하던 환자들이 어느 순간 '이거다' 싶은 말을 들었을 때는 고개를 들고 상담자를 똑바로 쳐다본다. 그 순간 그들의 눈동자가 커지는 느낌이 든다. 진짜 커지는지는 카너먼이 했듯이 동공의 크기를 재야 알겠지만 느낌만은 확실하다. 순간 그들의 눈이 반짝이고 선연한 공기가 흐르기 때문이다.

그들은 나를 보고 있지만 노려보지도, 긴장하지도 않은 채 그저 바라본다. 그들은 나를 보고 있지만 내 눈 뒤의, 혹은 자신의 눈 뒤의 정신세계를 보는 듯하다. 물론 나는 이것을 전두엽이라고 표현하겠지만 말이다. 그들의 눈빛은 하나같이 진주처럼 영롱하다. 조금 전만 해도 툴툴거리며 못나 보였는데 갑자기 무척 아름다워 보인다. 그때 그들이 혹시라도 내 눈을 본다면 그들 역시 내가 아름답다고 생각할 것이다. 그들의 눈이 내 눈에서 반사되고 있으므로.

그들의 눈동자가 한 마디 하는데 영어로 번역하면 이렇다.

"Yes, I see."

그들이 나를 본다. 곧이어 눈동자가 진주같이 빛나기 시작하면 그리 멀지 않아 상담이 종료된다. 적어도 내 경험에서는 그렇다. 타인의 도움을 받지 않고도 스스로 문제를 해결할 수 있도록 해주는 전두엽 회로가 열렸기 때문이리라. 그들은 마음의 보물지도를 확실히 손에 넣었다.

이제 당신이 보물지도를 가질 차례이다

∙
∙
∙

심장이 공명하고 편도체가 오케이 되어야 전두엽이 제대로 가동된다.

그러므로 항상 편도체를 먼저 달래야 한다.

물론 쉬운 일은 아니다. 편도체는 한마디로, 정말 고집이 세다.

편도체의 아우성은 대부분 의심과 자신감 부족에서

비롯되는 부정적인 감정들이므로.

감사하면서 웃고 넘기면 편도체도 팔짱을 풀고

마음 편히 전두엽에게 지휘봉을 넘긴다.

감사가 그 자체로 편도체를 달랜다는 것은 얼마나 다행인가.

Part 2

골든 땡큐의
원리

편도체를 달래고 전두엽을 설득하라

골   든   땡   큐

편도체와 전두엽
다루기

당신의 인생을 금으로 만드는 골든 땡큐의 첫 번째 원리는 전두엽을 잘 설득하는 것이고, 두 번째 원리는 편도체를 잘 달래는 것이다. 전두엽에 관해서는 1장에서 이미 다루었고 이 장에서는 편도체를 달래야 하는 이유와 방법을 살펴볼 것이다.

놀랍게도, 그리고 다행히도, 편도체를 달래는 것은 전두엽에 달려 있다. 이것은 정말 대단한 희소식이다. 전두엽만 잘 다루어도 편도체까지 달래 마음의 평화를 얻을 수 있으니 말이다. 이 때문에 1장에서 전두엽을 설득해야 하는 이유와 방법을 먼저 설명했던 것이다.

전두엽을 잘 설득한다는 것은 어떤 상황에서도 감사거리를 찾아 긍정적인 메시지를 전송한다는 의미이다. 전두엽의 긍정적인 메시지는 편도체에 전송되어 즉시 부정적인 감정을 해소시키고, 그러면 이내 마음이 안정된다. 그러나 아직까지는 이런 논리에 확신이 생기지 않을 것이다. 당신이 안심하고 골든 땡큐에만 올인할 수 있도록 하나씩 살펴볼 것이니 조급하게 마음먹지 말고 차분하게 따라오셨으면 한다.

먼저 편도체와 전두엽의 관계를 살펴보자. 우리는 마음의 평화를 얻으려면 전두엽을 잘 써야 한다는 것을 이미 알았다. 하지만 아무리 전두엽을 잘 가동해도 감정적으로 납득이 되지 않으면 실행을 할 수 없다. 진주처럼 영롱한 눈빛으로 상담실을 나섰던 환자들이 다음번 상담 때 그 빛을 잃어버린 채 나타나곤 하는 것도 매뉴얼과 실전이 다르기 때문이다. 이성적으로 완벽한 문제 해결 방법을 찾았다고 해도 실전에서는 두려움, 불안 등의 감정 문제가 늘 불거진다. 즉, 전두엽을 설득해도 편도체가 오케이를 하지 않으면 소용이 없다.

1장에서 다루었던, 누군가가 내 험담을 할 때 대처 방법을 알지만 뒷일이 두려워 용기를 내지 못한 상황을 떠올려보자. 이 '두려움'이 바로 편도체에서 보내는 경고이다. "여태까지 참고 살았던 이유가 분명히 있잖아. 그런데 그 이유를 모른 체하고 맞섰다간 망할 수 있어"라면서 계속 불안하게 만든다. 전두엽이 "그래도 한번 맞서봐야지" 하면, 편도체는 계속 "아니야, 네가 잘못 생각하는 건지도 몰라. 가만있는 것이 더 나을 수 있어"라며 끊임없이 자신의 초기 판단이 옳았다는 신호를 보낸다. 마음의 병이 심한 사람일수록 편도체의 저항이 무척 거세다.

그렇다고 해서 편도체가 심술궂거나 괜히 주인을 성가시게 하려는 것은 아니다. 오히려 주인의 목숨이 위험해질 수 있다고 생각하여 자꾸 확인을 하는 것이다. 편도체는 언제나 최선을 다한다. 다만 "네 뜻은 알겠는데 너무 오버하는 거 아니니?"라는 말을 해주어야 할 때가 있다. 상담 경험을 통해 보았을 때, 전두엽을 가동하는 것은 의외로 쉽다. 특히 머리가 좋은 우리나라 사람들은 한번 해보겠다고 마음만 먹으면 훌륭한 문제 해결 매뉴얼을 작성해낸다. 오히려 편도체를 설득하는 것이 더 어렵다.

그런데 감정뇌인 편도체를 어떻게 사고뇌인 전두엽으로 설득할 수 있는 걸까? 감정은 감정으로 '이해'할 수는 있지만, 그 감정을 다스리고 올바로 운영하기 위해서는 사고의 힘을 빌려야 하기 때문이다. 그렇다면 처음부터 전두엽이 편도체를 관리하면 될 것을 왜 뒤늦게 설득한다는 것일까? 뇌 발달의 순서를 보면, 편도체가 먼저 발달하고 전두엽이 나중에 성숙되어 뒤늦게 뇌를 통합하도록 되어 있기 때문이다.

우리 뇌에 관해 간단하게 살펴보자. 뇌의 가장 원시적인 부위는 뇌간으로, 호흡과 각성 등의 기능을 담당한다. 이곳은 신체의 생존을 보장하는 역할을 최우선으로 하도록 프로그램되어 있다. 여기까지는 인간이 파충류와 공유하는 부분이다. 그리고 이 뇌간에서 편도체가 들어있는 감정중추가 파생되었다. 이후 수백만 년간의 진화를 통해 사고하는 뇌가 발달되었으며, 여기까지가 인간이 포유류와 공유하는 부분이다. 인간은 여기서 더 나아가 사고뇌의 맨 꼭대기 층에 신피질 영역을 발달시켰으며, 특히 진두엽 영역은 다른 어떤 동물보다 크다.

인간의 뇌가 파충류의 뇌에서 멈추지 않았던 것은 이동과 정착을 반복하고 생활반경이 넓어지면서 그만큼 위험 요인도 복잡해졌기 때문이다. 원시시대에는 후각만으로도 먹을 것과 독을 구분해 위험에 대처할 수 있었지만, 점점 한계에 부딪히면서 보다 세밀하게 대처하기 위해 뇌가 더 정교하게 발달되었다. 그리고 이러한 뇌 발달에 힘입어 생존 방법을 후세에 전수하기 위해 학습과 기억 같은 상위 수준의 기제도 갖추게 되었다.

이 단계를 요약하면, 사고뇌가 존재하기 오래 전에 이미 감정뇌가 존재했다는 것이다. 그런데 이러한 뇌 발달 순서는 인류의 발달 과정에서만 나타나는 것이 아니라 개인의 발달 과정에서도 똑같이 나타난다. 아이는 원시뇌와 감정뇌가 먼저 발달한다. 원시뇌는 태어날 때 이미 완성되어 있고 감정뇌 또한 태어날 때부터 거의 완벽하게 작동한다

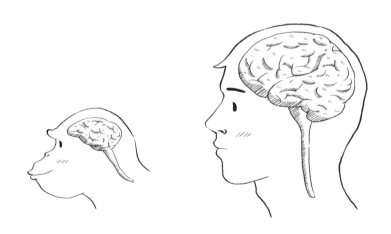

인간과 침팬지의 뇌의 크기

고 알려져 있다. 사고뇌는 태어난 이후 본격적으로 발달하기 시작하여, 이윽고 어른이 되었을 때 비로소 어느 수준에 이르게 되는 것이다.

뇌가 감정뇌에서 사고뇌의 순서로 발달되었다고 해서 감정의 중요성이 작아지는 것은 절대 아니다. 모든 중요한 결정에 가장 강력한 영향을 미치는 것은 감정이다. 감정은 우리가 이성적으로 생각하기도 전에 이미 본능적으로 좋고 나쁨을 구분해 행동 여부를 결정해준다. 다만, 말할 수 없이 사랑스럽고 소중한 아이가 현명한 행동을 하게 하기 위해서는 부모의 역할이 필요하듯이, 아주 사랑스럽고 중요한 '감정' 역시 전두엽을 동원하지 않고서는 현명한 통제가 되지 않는다. 그런데도 어른인 우리는 전두엽이 충분히 발달했음에도 여전히 아이인양 편도체 중심의 문제 해결을 하려 할 때가 있다.

인류진화적 차원에서 다시 설명하면, 우리의 뇌가 원시뇌에서 감정뇌를 거쳐 사고뇌인 신피질까지 진화가 되었음에도 우리는 그 흐름을 거슬러 여전히 파충류나 하위 포유류 동물같이 행동하려 할 때가 있다는 말이다. 생각 없이 화부터 내고, 소리부터 지르며, 무턱대고 겁부터 먹으면서 신피질을 제대로 활용하지 않고 있다. 화를 내지 말라는 것이 아니라, 화를 내기에 앞서 먼저 생각하는 것이 신피질이 발달한 존재가 할 수 있고 또 해야 하는 일이다.

생각을 먼저 하면 화를 낼 필요조차 없는 경우도 허다하다. 심지어 나를 괴롭혔던 감정 자체가 없어지기도 한다. 단순한 억압이 아니라 완전한 해소이다. 물론 모든 상황에서 이 순서가 지켜지는 것은 아니다. 안 되는 것은 할 수 없다. 이성은 절대로 본능보다 힘이 세지 않다.

그러나 신피질이 발달한 이상 신피질을 활용해 문제를 해결해봐야 한다. 그러라고 발달한 것이기 때문이다.

감정의 종류에는 여러 가지가 있지만 과학자들이 가장 많은 연구를 한 것은 두려움의 영역이다. 편도체가 감정중추로 인정된 것도, 사고로 뇌가 손상되거나 수술로 인해 편도체가 손상된 동물과 인간이 한결같이 두려움을 못 느끼게 되었다는 연구들을 통해서였다.

인간에게 두려움이라는 감정은 특별한 의미가 있다. 다른 어떤 감정보다도 생존에 직결되기 때문이다. 일일이 의식하지는 못하지만, 사실 우리는 외부 자극을 접했을 때 먼저 경계를 하고 두려움의 회로를 가동시킨다. 만약 어떤 소리를 들었다고 치자. 먼저 뇌는 경계 상태로 돌입하고 소리는 귀에서 감각중계소인 시상으로 가서 두 개의 회로를 거친다. 하나는 감정과 기억을 담당하는 편도체와 해마 쪽 회로이고, 다른 하나는 소리의 의미를 분류하고 이해하는 청각피질 회로이다. 해마와 청각피질이 협동하여 소리의 속성을 세밀하게 분석하고 위험한 소리가 아니라는 결론을 내리면, 경계 상태가 해제된다. 하지만 불확실하거나 위험하다고 판단하면 편도체가 경보를 울려 뇌간과 교감신경계가 활성화되고 도망을 가도록 만든다. 마치 가정 보안업체의 대응과 유사한 이 모든 과정은 1초 내에 일어난다.

극히 짧은 시간 안에 일어나는 뇌 보안업체의 활약은 정말 위험한 상황에서 빨리 도망가도록 하는 데 절대적인 도움이 된다. 하지만 만약 보안 경보가 오작동한 것이라면? 집주인이 보안업체에 신속하게 "괜찮다, 잘못 알았다"라고 알려야 시끄러운 경보가 멈춘다.

편도체는 치타같이 빠르지만 늘 옳지만은 않으며 습관화된 두려움에 빠져 수시로 오작동을 한다. 남들보다 유난히 소심하고 긴장을 많이 하며 불안을 많이 느끼는 사람은 습관화된 편도체의 오작동이 유난히 잦다고 보면 된다. 이런 사람일수록 전두엽을 가동시켜 상황을 정확하게 판단하고 "괜찮다, 잘못 알았다"라는 메시지를 주는 연습을 부지런히 해야 한다.

두 개의
감정회로

편도체 영역이 뇌의 감정중추라는
것이 밝혀진 것은 대략 1940년대이며 그로부터 50여 년 동안은 유사
한 연구들로 답보 상태에 있었다. 그러다가 1990년대 초반에 획기적
으로 업그레이드된 연구가 등장했다.

뉴욕대학교 신경과학센터의 신경과학자인 조셉 르두Joseph LeDoux는
뇌 안에서 뉴런 간의 경로를 추적하는 기법을 사용하여 그동안 가설로
만 논의되어 왔던 두 개의 감정회로의 실체를 확인했다. 르두에 의하
면, 하나는 시상에서 바로 편도체로 가는 회로(피질하경로)이고 또 다
른 하나는 시상에서 대뇌피질을 거쳐 편도체로 가는 회로(피질경로)이
다. 피질하경로는 감정의 직접적인 경로로, 속도가 매우 빠르지만 제대

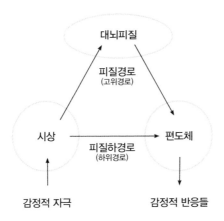

대뇌피질

피질경로
(고위경로)

시상 → 편도체

피질하경로
(하위경로)

감정적 자극   감정적 반응들

르두가 확인한 뇌 안의 두 개의 감정회로 | 외부 자극들에 대한 정보는 시상에서 편도체로 바로 가거나(피질하경로) 시상에서 대뇌피질을 거쳐 편도체로 간다(피질경로).

로 처리되지 못한 이미지 상태의 정보를 무작정 전달한다. 숲에서 긴 사물만 봐도 무조건 "뱀이다!" 하고 겁에 질리게 하는 식이다. 반면 피질경로는 처음엔 속도가 느리지만 결과적으로 자극의 속성을 정확하고 자세하게 전달한다. 사물의 모양이 길긴 하지만 움직이지도 않고 촉감도 다르므로 '나뭇가지'라고 판단을 내리게 하는 식이다.

르두는 두 개의 감정회로의 존재를 확인하기는 했지만, 감정회로가 왜 두 개나 있는 건지 우리처럼 궁금했던 것 같다. 그는 저서《느끼는 뇌》에서 "뇌에는 왜 고차원의 피질경로와 저차원의 피질하경로가 함께 존재할까?"라며 질문하고 답했다.

포유류의 뇌에서는 시상에서 대뇌피질을 거쳐 편도체로 가는 경로가 정보 처리를 위해 훨씬 더 정교하고 중요한 채널이다. (…) 편도체로 바로 뻗은 피질하경로는 단순히 진화적인 자취일 뿐일 수도 있다. 그러나 꼭 그런 것만은 아니라고 생각한다. 시상과 편도체를 직접 연결하는 경로가 필요하지 않다면 이미 퇴화하고도 남을 만큼 충분한 시간이 있었기 때문이다. 이 경로가 그동안 존재해왔다는 것은 무언가 유용한 기능을 하고 있기 때문일 것이다.

르두는 직접경로의 가장 유리한 점이 '시간'이라고 말한다. 피질하경로를 통해 자극을 편도체까지 도달하게 하는 데는 12밀리세컨드(1000분의 12초)가 걸리지만, 피질경로를 통해서는 이보다 거의 2배의 시간이 걸린다. 따라서 피질하경로는 위험 상황에서 재빨리 적절한 반응을 하도록 하여 우리 목숨을 살린다. 그렇다면 피질경로는 어떻게 우리의 목숨을 살릴까? 르두는 "피질의 역할은 적절한 반응을 일으키는 것보다는 부적절한 반응을 막는 것이다"라고 말했다. 이 말을 이해하기 위해서는 뱀이 나오는 장면을 다시 상상해야 한다. 숲에서 뱀을 보자마자 우리는 즉시 도망간다(피질하경로 활성). 가다가 뒤돌아보니 나뭇가지를 잘못 봤다는 것을 알게 되어 멈춘다(피질경로 활성). 위기 상황에서는 피질하경로가 적절한 반응을 일으켜 도망가게 한다. 하지만 위기 상황이 아니라는 것을 알게 되면 피질경로가 부적절한 반응을 막아 도망가는 것을 멈추게 한다.

이제 이해가 되었을 것이다. 위기 상황에서는 피질하경로가 우리를 살리지만, 위기 상황에서 벗어나면 피질경로에 의지해야 수명을 연장

할 수 있다.

피질경로를 사용한다는 것은 무슨 뜻일까? 예를 들어보자.

그 사람이 나를 모욕했어 → 으악! 짜증나!

이런 흐름은 시상에서 편도체로 바로 가는 피질하경로이다. 반면, 아래의 흐름은 시상에서 대뇌피질을 거쳐 편도체로 가는 피질경로이다.

그 사람이 나를 모욕했어 → 그랬나? 그 사람이 그렇게 한 이유가 있었겠지. 어찌 됐든 나는 문제없어. 괜찮아 → 평온함

피질하경로에서 자극을 받자마자 "으악!" 하며 소리를 지르는 것은 위협적인 자극으로부터 자신을 보호하려는 본능적인 반응이다. 이런 반응은 스트레스 대처 회로의 하나로, 인류 역사 초기에서부터 형성돼 유전되어 왔을 정도로 뿌리가 깊다. 대개 자동적으로 튀어나오는 반응이기 때문에 당신이 이 회로에서 벗어나기는 매우 힘들다. 그런데 "으악, 짜증나"라는 말은 어디서 많이 들어본 것 같지 않은가? 대한민국의 미래인 금쪽같은 청소년들이 하루에 가장 많이 쓰는 말이다. 청소년들은 전두엽이 이제 겨우 지붕을 얹고 있거나 리모델링 중에 있으므로 피질경로를 쓰려 해도 역부족이다. 청소년기는 여전히 인류 초기의 역사가 온몸으로 재현되는 시기이다. 그들의 등은 여전히 구부정하고 그들이 쓰는 도구는 투박하기 짝이 없으며 전두엽의 그릇이 아직 작다.

그러다 보니 본능과 감정이 여과되지 못한 채 거친 말로 표현되는 것이다.

하지만 성인이 되면 전두엽 공사가 다 끝났으므로 피질경로를 잘 쓸 수 있다. 자극이 시상에서 편도체로 바로 가기 전에 전두엽에서 '괜찮다'는 메시지를 주면 편도체는 소리를 지르지 않고 평온해진다. 르두 역시 이런 점을 간파하여 "심리치료가 하는 일은 피질에게 편도체를 억제하는 법을 가르치는 셈이다"라고 말했던 것이며, 따라서 우리는 가능한 한 처음부터 피질경로를 사용할 수 있도록 연습해야 한다. 그런데도 여전히 스트레스를 받을 때마다 "으악, 짜증나!" 하면서 피질하경로만 과하게 쓴다면, 교복을 다시 꺼내 입고 "나는 아직 전두엽 공사 중입니다"라고 세상에 알릴 수밖에 없다. 그래야 그나마 사회가 "쯧쯧…" 하면서도 당신을 이해해주고 보호해줄 것이니 말이다.

심리치료의 원조격인 프로이트Sigmund Freud는 널리 알려졌듯이 마음의 구조를 원초아Id, 자아Ego, 초자아Superego의 3원 구조로 분류했다. 원초아는 모든 본능이 자리하고 있는 곳이고, 자아는 본능적 욕구들과 외적인 현실세계를 중재하는 곳이다. 마지막으로 초자아는 규칙, 도덕, 양심이 자리하는 곳이다. 딱 부러지게 분류할 수는 없지만 원초아는 감정, 자아와 초자아는 사고의 기능이 압도적이라고 말할 수 있다. 그렇다면 프로이트는 마음의 문제를 어떻게 해결해야 한다고 했을까? 뛰어난 성격심리학자 펄빈Lawrence A. Pervin은 아주 멋진 표현으로 프로이트의 치료 방법을 정리했다.

"원초아가 있던 곳에 자아가 있게 하라."

이해를 돕기 위해 예를 들어보자. 네 살 때 물에 빠져 죽을 뻔한 경험을 한 후 물을 무서워하는 청년이 있다. 수영장이나 바닷가를 멀리하는 것은 물론이고 목욕탕에도 들어가지 못하며 강 위의 다리를 지나는 버스나 기차도 타지 못한다.

네 살 때 겪었던 죽음의 공포는 원초아에 자리하고 있다. 네 살은 스스로를 방어할 수 없는 나이이기 때문에 물에 빠졌을 때 아무 것도 할 수 없었음이 분명하다. 그러나 지금은 키도 크고 체격도 좋기 때문에 얼마든지 물속에서 자신을 보호할 수 있다. 이런 사실을 깨닫고 체험해보면서(전문용어로 '훈습'이라고 한다) 원초아에 자리잡은 공포를 자아가 통제할 수 있다는 자신감을 가지면 공포가 사라진다는 것이 바로 프로이트의 정신분석적 치료의 원리이다. "원초아가 있던 곳에 자아가 있게 하라"를 이 책의 용어로 바꾸면 "편도체가 있던 곳에 전두엽이 있게 하라"가 될 것이다.

비록 프로이트는 원초아와 자아를 담당하는 뇌의 구조를 밝혀내진 못했지만 마음의 구조에 해당하는 영역을 찾고자 늘 고민했다. 경제적인 이유 때문에 신경생물학 연구를 포기한 것으로 알려져 있지만 프로이트가 연구를 계속했더라면, 그리고 현대적인 뇌과학 연구의 도움을 받을 수 있을 정도로 오래 살았다면, 편도체를 원초아의 영역으로, 전두엽을 자아의 영역으로 제안했을지도 모른다. 그리고 전두엽을 자신의 엄마만큼이나 사랑했을 것이라고 생각한다.

전두엽 매직의 비밀
: 편도체 퍼스트

지금까지 전두엽 얘기를 많이 하다 보니, 전두엽은 이성적이고 상위 수준의 기능을 하는 반면 편도체는 감성적이고 하위 수준의 기능을 하는 것으로 오해할 수 있겠다. 하지만 전두엽이 머리라면 편도체는 심장이다. 심장이 머리보다 못하다고 할 수는 없다. 오히려 영성 전문가들은 심장과 머리가 싸우면 항상 심장이 이긴다는 말을 하곤 한다. 아무리 머리가 멋진 계획을 세워놓아도 심장이 공명하지 않으면 실행이 어렵다.

인생 솔루션의 대가인 전두엽이 마법의 지팡이를 멋지게 휘두르려면 편도체가 먼저 안정되어야 한다. 그 방법 역시 감사이다. 전두엽을 잘 쓰기만 해도 편도체를 달랠 수 있다는 것을 앞서 알았지만, 억지로,

우격다짐 식으로 달래는 것이 아니라 기분 좋게 달래야 마음의 평화가 흔들리지 않는다. 감사는 전두엽을 설득하고 편도체를 안심시키는 두 개의 목표를 동시에 달성하도록 해준다.

편도체를 안정시키는 방법에는 물론 감사만 있는 것은 아니다. 이완, 심호흡도 아주 좋은 방법이다. 하지만 이완과 심호흡으로 안정시켜 놓은 편도체는 주변 사람들의 부정적인 말 한 마디에도 순식간에 요동친다. 이완으로 편도체를 진정시키는 것은 천둥소리에 놀란 아이를 엄마가 품에 안아 달래주는 것과 같다. 아이는 금방 진정되지만 다음번에 또 천둥소리를 듣게 되면 여전히 놀란다. 만약 엄마가 없다면 더 놀라게 된다. 천둥소리에 놀란 아이의 손을 따뜻하게 잡고 사랑스러운 눈으로 쳐다보며 "신의 기침소리야"라고 하거나 "구름들이 부딪힌 거야" 또는 "번개가 발생해서 주변 대기온도가 높아지면 공기가 급격하게 팽창해 폭발하는 소리야"라고 설명하면서 "야외에 있는 것이 아니라면 걱정할 필요가 없단다"라고 말해주면 아이는 이후 절대로 천둥소리에 놀라지 않게 된다. 이렇게 차분하게 말해주는 것이 감사이다. 인생의 천둥소리가 들려도 "그건 이러저러해서 나는 소리일 뿐이야. 걱정할 필요 없어. 괜찮아" 하며 편도체를 달래주기 때문이다. 이 효과는 웬만한 상황에서도 요동치지 않는다. 감사는 요요현상이 없는, 대단히 효과적이면서도 명쾌한 마음관리법이다.

전두엽을 잘 설득하려면 감정과 이성이 합치되어야 하고, 의식과 무의식이 합치되어야 하며, 편도체의 상태도 살펴야 한다. 어떤 사람이 평생 아프지 않고 살 수 있는 방법을 알려주겠다면서 전 재산을 내놓거나 몸을 바치라고 한다면 앞의 전제에서는 감정이 동하지만 뒷부분에서는 '사기꾼이 아닐까?' 하는 이성의 반발로 인해 전두엽이 결정을 내리기 힘들게 된다. "전 재산을 주어서라도 아프지 않으면 감사한 거 아니에요?"라며 감사로 마무리를 하는 것도 정도가 있다. 전두엽은 무척 똑똑하다는 것을 명심하자. 설사 의식적으로 "목사님 말씀인데…" "스님 말씀인데…" "전문가 이야기인데…" "박사 이야기인데…"라며 의심을 쫓으려 해도 무의식은 거세게 저항하므로 이미 편도체는 긴장한다.

의식과 무의식의 합치는 물론 혼자서 할 수 있는 것은 아니며, 전문가의 도움을 받아야 할 때도 있다. 내가 틈날 때마다 감사의 중요성을 강조하니 "그러면 심리상담이 왜 필요해요?"라고 묻는 제자가 있었다. 나도 처음에는 감사만 제대로 하면 심리상담을 하지 않아도 될 줄 알았다. 헌데 감사를 하기 위해 거쳐야 하는 난관이 수도 없이 많다는 것을 알았다. 습관화된 부정의 생각회로가 너무 강해서 긍정회로를 만들기까지 많은 시간이 걸린다. 심지어 긍정회로를 만들지 않으려는 사람도 있다. 물론 무의식적이다. 긍정회로를 만들면 서서히 낫게 되는데 놀랍게도 낫는 것을 거부하는 사람들이 있다. 나으면 나가서 일을 해야 하고 공부도 해야 하므로 이미 익숙해진 자신만의 세상에서 나오기를 두려워하는 것이다. 나으면 또다시 상처를 받을 것이라고 생각해서이기도 하다. 의식적으로는 낫고 싶지만 무의식적으로는 낫기를 거부하니 치료가 번번이 원점으로 돌아간다. 정말 안타깝기 그지없다.

무의식의 문제야 전문가의 도움을 받더라도 의식적 수준에서 할 수 있는 것은 스스로 해보도록 하자. 이렇게만 해도 문제가 해결되는 경우가 허다하다. 택시를 탔다가 다른 사람이 두고 내린 명품백을 슬며시 쥐고 내리면서 "그렇게 원하던 명품백을 이런 식으로 주시는 신께 감사합니다"라고 할 수는 없다. 남의 백을 갖고 내리지 않는 것은 의식적으로 통제가 가능하기 때문이다. 바티칸 시국의 시스티나 성당에 천장화 〈천지창조〉를 그린 미켈란젤로의 이야기를 한 번쯤 들어봤을 것이다. 바닥도 아니고 천장에, 그것도 그렇게 큰 그림을 그렸으니 굉장히 힘들었을 것이며 실제로 바닥으로 떨어져 죽을 뻔했다고도 한다. 하루는 천장 구석 부분의 작업을 힘겹게 하고 있던 미켈란젤로에게 친구가 다가와 "누가 거기까지 본다고 그러나? 대충 그려도 아무도 모를걸세"라고 했더니 미켈란젤로가 이렇게 말했다고 한다.

"내가 안다네."

내가 의식적으로 아는 부분에서만큼은 나 자신을 속이지 않아야 전두엽도 신속하게 일을 처리한다.

전두엽은 뇌의 총사령관이지만 절대로 독불장군이 아니다. 일단 일을 하겠다고 마음먹으면 다른 파트의 상태를 부단히 살피면서 일을 한다. 편도체에서 지각하는 감정을 전두엽으로 통제해야 하는 것은 맞지만 편도체에서 계속 불편하다고 아우성을 치면 전두엽은 "그렇게 아우성을 치는 것을 보니 내가 헤아리지 못하는 부분이 있나?" 하고 생각하느라 속도를 제대로 내지 못한다.

대학교에 입학한 뒤 1학년 2학기 개강을 하자마자 휴학한 가란 씨가 인생의 목표를 상실한 채 우울증에 빠져 상담을 받으러 왔다. 우울증의 표면적인 이유는 엄마가 적성에도 맞지 않는 영문과에 억지로 보낸 것을 포함해 매사에 엄마 마음대로 하기 때문에 화가 난다는 것이었다. 하지만 가란 씨의 어머니는, 아이가 원래 영어를 좋아했고 다른 과목은 점수가 낮아도 영어와 중국어는 반에서 5등 밑으로 내려간 적이 없었으며 장래 직업에도 유리할 것 같아 영문과에 보낸 것뿐이라고 했다. 그러면서, 지금이라도 자기가 하고 싶은 일이 있으면 편입을 하거나 복수전공을 하거나 여러 가지 방법이 있는데 아이가 아무 것도 하지 않고 불평만 쏟아낸다고 했다. 어머니는 딸이 외국계 회사에 취직하기를 바라고 있었다.

가란 씨는 전두엽이 거의 가동되지 않고 편도체적으로만 살고 있었다. 하루 종일 집에만 박혀서 다운받은 영화를 10시간 내내 보고, 한번 먹었다 하면 피자 2판, 치킨 2박스를 시켜 구역질이 날 때까지 먹었으며, 한번 쇼핑을 하면 무차별로 카드를 그었다. 특히 화장품과 매니큐어에 관심이 많아서 포장도 뜯지 않은 매니큐어가 60개나 있었다. 영화를 보면서 매일 매니큐어를 바르다 보니 전문가 못지않게 손톱을 예쁘게 잘 다듬었다. 사람을 그리게 하여 심리 상태를 알아보는 인물화 검사에서 손톱을 까맣게 칠한 사람을 그렸는데, 손톱에 관심이 많으니 당연하기도 했지만 어둡고 공격성이 다분한 그림이어서 중요한 의미가 있음이 암시되었다.

가란 씨의 부모님은 가란 씨가 여섯 살 되던 해에 이혼을 하고 엄마 혼자 가란 씨를 키웠다. 엄마는 몇 번 장사를 하다가 돈을 다 날리고 마지막에 네일숍을 차렸는데 다행히 사업이 잘 되었다. 월세를 전전하다가 전셋집으로 옮길 정도로 사업은 안정되었고, 가란 씨도 고생하는 엄마에게 보답하고자 열심히 공부해 대학에 들어갔다. 하지만 막상 대학에 들어가니 동기들이 하나같이 영어를 너무 잘하고 명품백에 명품 화장품을 들고 다녀 위축이 되었다. 여름방학이 끝나고 개강했을 때, 친구들이 외국을 다녀온 얘기들로 왁자지껄 떠드는 통에 자신의 후진 영어 발음을 들킬까 봐 더욱더 친구들 사이에 끼기가 싫어졌다. 대학만 붙으면 모든 것이 해결될 줄 알았는데, 자기 실력으로는 회사에 이력서를 내는 것도 힘들다는 생각에 매사에 흥미를 잃었고 절망에 빠졌다. 새삼 엄마가 미워져 엄마가 무슨 말을 해도 거세게 반항하기 시작했다.

첫 상담에서 그녀는 자기 인생이 불행 그 자체라고 하였다. 폭력 아빠에, 가난뱅이 싱글맘의 자식인 것도 겨우겨우 참고 살아왔는데, 보나마나 자신은 청년 백수가 될 것이며 아무도 봐주지 않는 초라한 노처녀로 살다 죽을 것이라면서, 자기가 얼마나 힘든지 알아주고 위해주는 사람이 단 한 명도 없다고 울고불고 했다.

나는 상담 1단계에서, 부정적인 사고를 수정해 편도체를 달래는 작업을 했다. 그녀에게 감사거리를 찾아보자고 했다. 처음에는 완강하게 거부했던 가란 씨도 차츰 생각을 해보기 시작했다. 아빠의 폭력은 엄마가 이혼을 하면서 과거에 이미 종료되었다는 것, 과거 경제 상황이 어쨌든 지금부터 잘 살면 스스로 명품백을 마련하고 해외여행을 가는 미래를 준비할 수 있다는 것, 그 어려운 대학을 갔다는 것, 청년 백수는 혼자만의 문제가 아니며 무엇보다도 그것은 3년 후의 문제라는 것, 엄마가 부자는 아니지만 딸의 등록금을 모아놓았을 정도로, 그리고 자신은 아침부터 밤까지 일을 하는데 자식은 집에서 놀고먹기만 할 정도로 아주 가난하지는 않다는 것, 양 부모와 같이 산다고 해서 반드시 행복하지는 않다는 것, 아직도 월세방에서 살 수도 있었다는 것, 엄마가 명품백을 살 돈이 없어서가 아니라 자신의 미래를 위해 돈을 안 썼다는 것, 엄마가 심리상담을 보내줄 정도로 자신을 이해하고 아낀다는 것, 성당에는 그래도 진솔한 친구가 1명 있다는 것, 눈에 띄는 미인은 아니지만 귀엽고 친근미가 있다는 것 등을 하나씩 이해하고 받아들이면서 마침내 "행복하지는 않지만 불행한 것까지는 아니네요"라는 말을 할 정도로 그녀의 마음이 많이 편해졌다.

다음 단계에서는 본격적으로 전두엽을 가동하기 시작했다. 우울증의 발단이 진로에 대한 불안 때문이었으므로, 무엇을 잘하고 또 하고 싶어 하는지를 탐색해보았다. 그녀가 유일하게 흥미를 느끼는 것은 손톱치장이었는데, 의미도 없이 대학을 다니는 것보다 차라리 네일아트 쪽 일을 하고 싶었지만 어머니의 반대가 심했다. 어머니는 항상 "이까짓 네일숍, 돈만 벌면 쳐다보지도 않을 거야. 아주 지긋지긋해. 네가 빨리 성공하면 엄마도 귀부인같이 입고 호텔에 가서 손톱치장 할 거야. 외국 회사만 들어가 봐, 엄마 친구들 코를 납작하게 해줄 거야"라는 말을 입버릇처럼 했다. 가란 씨에게 네일숍은 그녀의 가족을 먹여 살린 소중한 것인 동시에 엄마를 힘들게 한 나쁜 것이기도 했다. 또한 그녀가 가까이 하고 싶은 것인 동시에 멀리 해야 할 것이었다. 이러한 양가 감정이 까맣게 그린 손톱으로 응축되어 나타났던 것이다.

가란 씨가 겨우겨우 생각해낸 어린 시절의 행복한 경험은 열 살 때의 크리스마스날 캐롤을 들으면서 엄마가 자신의 손톱에 초록색과 하얀색, 빨간색으로 크리스마스 트리를 그려준 것이었다. 엄마와 같이 웃었던 유일한 기억이었다. 손톱치장이 유일한 재미가 된 것은 엄마의 사랑을 확인하는 통로이기도 했기 때문이다.

가란 씨의 어머니는 방황하는 딸에게 지쳐 모든 것을 다 내려놓았지만 대학졸업장만은 절대로 양보하지 못한다고 했다. 아이를 대학에 보낸다고 남편을 설득하고 협박하면서까지 학원비를 받아냈기 때문에 두고두고 뒷말을 들을 것도 싫었지만, 아이의 대학졸업장은 자신이 포기하지 않고 살아온 이유이자 자존심이라고 했다. 나는 어머니에게, 가란 씨가 대학은 반드시 졸업하도록 설득해보겠지만 본인이 간절하게 원한다면 네일아트일을 해보도록 기회를 한번 줘보자고 제안했다. 인건비도 아낄 겸 딸에게 일을 시켜봐서 소질이 보이면 그때 적극적으로 지원해주시고, 만약 아니다 싶으면 딸도 그때는 현실적인 생각을 하게 될 것이라고 했다. 그러자 어머니가 한발 물러섰다. 사실 어머니는 이미 알고 있었다. 가게의 어떤 직원보다도 딸아이가 네일아트를 잘한다는 것을.

어머니의 결심이 흔들리지 않도록 하기 위해, 어머니는 주먹구구식으로 네일 공부를 했지만 딸은 네일아트 자격증도 따게 해서 작은 사업체의 CEO가 되는 목표를 잡아보자고 했다. 어차피 요즘 취직하기도 어렵고 어머님도 나이가 들면 계속 네일숍을 운영하기는 힘드니,

새로운 직업 창출이지 않겠냐고 했다. 어머니는 CEO라는 단어가 너무 마음에 든다며 처음으로 얼굴이 밝아졌다.

나는 가란 씨에게 어머니와의 상담 내용을 들려주고, 요즘 한류 때문에 외국인들이 많이 오는데 그 사람들이 매장에 들렀을 때 영어나 중국어로 맞이하면 매출도 올라가고 폼도 나지 않겠느냐, 이왕 들어간 영문과는 너무 잘하려 스트레스 받지 말고 졸업할 정도로만 영어에 집중하고, 따로 중국어도 공부해보는 것이 어떻겠냐고 했다. 가란 씨가 고개를 들었다. 그녀의 눈에서 모래알 크기의 진주가 하나 반짝였다.

나는 당장 하루계획표를 짜오라고 했다. 계획표를 짜고 실천을 하는 것은 그 자체로 전두엽을 가동시키는 훌륭한 방법이다. 영어 공부 시간, 중국어 공부 시간, 감사하는 시간을 빈틈 없이 적어넣되 지킬 수 있는 범위에서 짜도록 했고, 계획표대로 살겠다는 약속을 받아냈다. 가란 씨는 감탄할 정도로 아주 멋진 계획표를 짜왔고 스스로 신용카드를 잘랐다. 우선 6개월 정도 계획표를 잘 지키면 네일아트 아르바이트를 시작하고, 복학 후 또 6개월을 잘 지내면 네일아트 자격증 준비를 하기로 했다.

첫 번째 목표는, 계획표대로 생활하기를 3일 내내 지속하는 것이었다. 집에 있으면 마음이 약해질 수 있으므로 도서관이나 카페에서 공부하라고 했다. 카페에 가는 돈이 들기는 하지만 수틀리면 한 번씩 그어대는 카드 대금에 비하면 훨씬 적은 액수라 어머니의 양해를 구했다. 가란 씨는 원래 어려운 상황에서도 도서관과 독서실을 드나들며 공부했던 장한 사람이었다. 나는 그녀의 '몸의 습관'을 믿었다. 도서관에 가기까지가 힘든 것이지 일단 가기만 하면 서너 시간 보내는 것은 문제도 아닐 것이었다. 예상은 적중했다. 카페에서 쓰는 돈은 의외로 많지 않았다.

그럼에도, 실천은 역시 어려웠다. 몇 번씩 포기하고 다시 영화를 10시간 내내 보면서 핸드폰을 끈 채 잠적하기도 했다. 그러기를 3개월여, 가란 씨는 마침내 처음으로 1주일 내내 계획표를 지켰다. 우리의 첫 목표였던 3일을 훌쩍 넘은 것이었기에 아낌없이 칭찬을 해주었다. 그러나 바로 다음 주에 눈빛이 살짝 꺼진 채 상담실로 들어왔다.

"선생님, 엄마도 불쌍하고, 또 엄마가 이렇게까지 양보했는데 제가 예전처럼 살면 인간 말종일 거고, 여기서 무너지면 정말 그때는 끝일 것 같아 두렵기도 해서 마음잡고 제대로 해보려고 해요. 되긴 돼요. 그런데… 재미가 좀 없네요."

"그래요. 영화를 10시간이나 볼 정도로 본능적인 재미만 추구하면서 살았는데 갑자기 건전하게 살겠다면 몸이 아우성을 치죠. 그러면 또 포기하게 될 수도 있어요. 이렇게 합시다. 이틀을 계획표대로 잘 보내면 3일째는 원하는 영화를 한 편 보도록 합시다. 단, 최대 2시간을 넘으면 안 됩니다. 잘되면 1주일에 영화를 두 편 보는 거죠. 요즘 세상에 일자리 경쟁이 얼마나 치열한지 잘 알죠? 뭘 좀 해보겠다는 사람이 1주일에 영화 두 편씩 보는 경우는 거의 없어요. 하지만 가란 씨가 정신을 차렸으니 스스로에게 상을 주어도 될 것 같아요."

나는 눈을 찡긋했다. 그녀 눈 속의 진주알이 커졌다. 나는 그 예쁜 눈빛을 한 번 더 보고 싶어서 한마디를 덧붙였다.

"이렇게 한 달을 잘 보내면 매니큐어를 한 개, 딱 한 개만 사는 상도 주도록 합시다. 물론 연습용이죠. 카드 말고 현금으로요."

그녀가 얼마나 신나했는지 굳이 설명하지 않겠다. 고통 속에 있었던 사람들은 행복이라는 단어를 선뜻 쓰지 않는다. 수도 없이 배신을 당해봤기 때문이다. 그녀 역시 입으로 직접 행복하다고 말하지는 않았지만 그녀의 눈빛은 분명 그렇다고 말하고 있었다.

가란 씨가 매니큐어 하나 살 생각에 활짝 웃었던 모습을 떠올릴 때마다 내가 좋아하는 동화책 《프레드릭》이 떠오른다. 생쥐 프레드릭은 다른 쥐들이 겨울 준비를 위해 열심히 곡식을 모으면서 일을 할 때 혼자만 놀아 얄미움을 산다. "넌 왜 일을 안하니?" 하고 물으면, "난 지금 햇살을 모으고 있어" "난 지금 색깔을 모으고 있어" "난 지금 이야기를 모으고 있어" 따위의 핑계만 둘러댄다. 곧 겨울이 시작되었고 곡식을 열심히 모은 덕분에 쥐들은 먹고 사는 데에는 문제가 없었지만, 긴긴 겨울을 버티는 것이 힘들었다. 지루함을 견디지 못한 쥐들이 프레드릭에게 그동안 모은 햇살, 색깔, 이야기를 보여달라고 한다. 시인 프레드릭은 꿈꾸듯 말한다.

"눈을 감아봐. 내가 너희들에게 햇살을 보내줄게. 찬란한 금빛 햇살이 느껴지지 않니?"

여러분들도 잠시 눈을 감아보시기 바란다. 프레드릭은 계속해서 파란 덩굴꽃과 노란 밀짚 속의 붉은 양귀비꽃, 또 초록빛 딸기 덤불 이야기를 들려준다. 그들의 심장은 햇살같이 따뜻해졌다. 그들은 금빛 치즈가 아니라 그저 금빛 햇살에 행복해졌다. 가란 씨가 명품백이 아닌 매니큐어 하나에 행복해졌듯이 말이다.

매니큐어 하나에 행복해지면, 꿈을 갖고 정진하기만 하면, 명품백도 분명히 살 수 있다. 하지만 가란 씨는 어느 날 알게 될 것이다. 명품백을 사고 집에서 포장을 끌러본 날, 매니큐어 하나를 샀을 때보다 행복하지 않음을 말이다. 매니큐어가 주는 행복의 비밀을 알게 되면 앞으로는 두 번 다시 자신의 인생이 불행하다고 생각하지 않을 것이다. 매니큐어의 비밀, 그토록 찾고자 했던 마음의 보물을 기억하는 한 그녀는 승승장구할 것이다. 나는 그녀의 성공을 아주 강력하게 확신한다. 그녀는 이제 겨우 스무 살이다.

마음의 보물을 일찍 발견할수록 더 많은 보물이 딸려온다. 청년들이 하루라도 빨리 마음의 보물을 찾기를 바라는 이유이다. 물론 가란 씨가 '매니큐어의 비밀'을 체감하는 때가 서른 살일 수도 있고, 마흔 살일 수도 있다. 언제가 되든, 중요한 것은 직접 '체감하는 것'이다. 마음의 보물을 찾는 비밀을 말로 해서 알아들을 수 있다면 얼마나 좋겠는가? 수많은 책들이 수억 번도 넘게 마음의 보물을 얻는 비밀에 대해 말해왔지만, 이 비밀은 온몸으로 저릿하게 느껴야 비로소 이해가 된다. 극한 상황에서 고통을 받으면서도 자신의 비극이 신의 선물이었다고 말하는 사람들은 이 체감을 해보았을 것이다. 그래서 그들은 그토록 미워하던 부모를 용서하고 "태어나게 해주셔서 감사해요"라고 말한다. 자신의 인생 자체가 불행이라던 가란 씨 또한 나중에 어머니에게 이 말을 했다.

머리가 아무리 열심히 일을 해도 시인과 같은 심장의 따뜻함이 받쳐 주지 않으면 공허감을 느껴 금방 포기하게 된다. 심장이 공명하고 편도체가 오케이 되어야 전두엽이 제대로 가동된다. 그러므로 항상 편도체를 먼저 달래야 한다. 다만, 편도체가 전두엽을 능가하지만 않게 하자. 물론 쉬운 일은 아니다. 편도체는 한마디로, 고집이 정말 세다. 전두엽을 설득하는 것이 쉬운 일이라면 이렇게 긴 책을 쓰지도 않았을 것이다. 그럼에도, 감사가 그 자체로 편도체를 달랜다는 것은 얼마나 다행인가. 편도체의 아우성은 대부분 의심과 자신감 부족에서 비롯되는 부정적인 감정들이므로 감사하면서 웃고 넘기면 편도체도 팔짱을 풀고 마음 편히 전두엽에게 지휘봉을 넘긴다.

가란 씨가 계획대로 살게 된 것은 중간중간 영화를 보거나 매니큐어를 사면서 기분 전환을 한 것도 있겠지만, 근본적으로는 수시로 감사를 하면서 그때 그때 부정적인 감정을 해제했기 때문이다. 더욱이 이 감사는 상상 수준에서 억지로 한 것이 아니었다. 지극히 현실적이고 객관적인 수준에서 납득이 되는 것이었다. 편도체가 안정되고 전두엽이 가동되면 만사는 잘 굴러가게 되어 있다. 그저 자신의 삶에 감사 거리가 이미 많이 있다는 것을 그녀, 그리고 우리는 모르고 있었을 뿐이다.

·
·
·

감사는 억제보다 쉽고 깨달음보다 쉽다.

그리고 감사는 행복보다도 쉽다. 살다가 행여 갈 길을 잃었다면

언제라도 감사의 나무 아래서 쉬어보자.

감사는 노래를 흥얼거리며 소풍을 가듯이 인생을 살게 하면서도

결국은 우리가 원하는 것을 다 가져다준다.

그것이 사랑이든 깨달음이든 행복이든 말이다.

Part 3

오늘도,
골든 땡큐

감사의 이름을 자주 불러주자

골   든   땡   큐

마음밭에
감사의 꽃 뿌리내리기

세상에서 가장 어려운 마음 치료법의 초대에 응한 당신에게 이제 두 번째 초대장을 드리겠다. 초대글은 역시 딱 한 줄이다.

감사를 시작하실까요?

초대장을 접으려고 보니 뒤편에 짧은 글이 적혀 있다.

당신은 원래 99칸의 고택을 가진 부자였습니다. 사정이 생겨서 그 집에서 쫓겨났지만 다시 기회가 왔습니다. 그 집을 깨끗이 청소하면 온전히 당신의 것이 됩니다. 하지만 청소를 게을리하면 그 집은 다른 사람의 것이 됩니다. 부디 이 기회를 잡기 바랍니다.

원래 당신의 소유였던 99칸의 고택은 바로 당신의 마음이다. 고택에 안방, 건넌방, 사랑방, 대청이 있듯이 당신의 마음도 칸이 나누어져 있다. 인터넷에 떠돌아다니는 뇌 구조 그림처럼, 당신의 마음속에도 칸 칸이 중요하게 여기는 것들이 들어 있다. 안방만이라도 온전히 당신의 것이라면 청소는 훨씬 수월하겠는데 이 방까지도 남의 말과 생각과 감정으로 꽉 차 있어서 당신은 주인 행세를 하지 못해왔다. 당신의 마음의 집은 늘 소란스럽고 먼지가 껴 있다. 마음의 방들을 하나씩 청소하면서 필요 없는 잡동사니는 버리고 감사로 대신 채우자.

준비물은 노트와 펜이다. 스마트폰을 이용해도 좋지만 노트를 추천한다. 스마트폰은 세상의 많은 창에 아주 빠르게 접속하게 해주는 뛰어난 장점이 있는 대신 비움의 미덕이 없다. 다른 공간에 너무 쉽게 침투할 수 있기 때문에 마음을 청소하기에 적합하지 않다. 노트를 준비할 때는 돈을 좀 쓰더라도 근사한 것을 구하기 바란다. 돈이 아까워서라도 자주 들여다보게 된다. 노트의 표지에 〈나의 감사 목록〉이라고 적으라. 제목은 마음대로 해도 좋다. 〈나의 보물지도〉라고 해도 좋고 〈나의 연금 비법〉이라고 해도 좋다. 마음이 동하는 각자의 제목을 적으라.

감사를 시작하기 좋은 날이 있다. 며칠 내내 미세먼지로 덮였던 하늘이 어느 날 개이듯이, 힘들고 분주한 생활에서 문득 평소보다 순조롭고 평화롭게 시간이 흘러갈 때가 있다. 충분히 자서 아침에 기분 좋게 일어난 날, 따사로운 햇살과 함께 모처럼 맘에 드는 점심을 먹은 날, 왠지 공부나 일이 잘 되는 날, 마음이 통하는 사람과 유쾌한 대화를 한 날, 어제까지 무지 아팠는데 오늘 좀 차도가 있는 날, 이때를 놓치지 말고 "감사합니다"라고 속삭이면서 나의 시간에 감사의 점을 하나 찍으라. 지금부터 이 점을 점점 늘려갈 것이다. 점 하나씩 찍어서 어느 세월에 마음의 방을 청소할까 걱정할 필요가 없다. 점 두 개를 연결하면 선이 되고 이 선을 다시 세 개, 네 개 연결하면 삼각형, 사각형의 공간이 생긴다. 그 공간만큼은 침범할 수 없는 감사의 성역으로 해놓으면 생각보다 빠른 시간 내에 청소가 된다.

바로 지금, 책을 잠시 덮고 〈나의 감사 목록〉에 감사거리를 먼저 적어보자. 사소한 것도 놓치지 말고 다 적어보자. 아무리 생각해도 하나밖에 없거나 아예 없다 해도 걱정할 것 없다. 차츰 늘어날 것이다. 기분이 우울할 때마다 이 목록을 보면서 내 인생이 얼마나 감사한지 새삼 느껴보자. 겨우내 닫혔던 문을 열고 봄맞이 청소를 할 때 대문에 '입춘대길'이라는 글귀를 붙였던 세시풍속이 있었듯이 우리도 마음의 빗장을 열면서 멋진 현판을 하나 걸어보자. '지금부터 영원토록 행복하기로 하자'는 어떤가? 지금까지 어떻게 살아왔든 지금부터 적는 감사거리들을 지우개로 지우지만 않는다면 마음의 봄은 반드시 찾아온다.

감사거리를 지운다는 것은 무슨 의미일까? 매일 잔소리를 하는 엄마에게 질려서 사이가 나빠졌다고 지사. 감사거리를 찾다가 '그래도 매일 밥을 먹고 깨끗한 옷을 입을 수 있어서 감사하다'는 내용을 하나 적었다면, 이후에 엄마가 또 잔소리를 해서 화가 나도 지우지 말라는 뜻이다. 앞에서 화를 내는 것은 한 사람당 한 번만 하자고 했듯이 감사도 마찬가지이다. 한 사람당 한 가지의 감사거리를 찾았다면 그 사람은 VIP 목록에 올려놓고 이제부터 건드리지 말아야 한다. '엄마인데 감사거리가 100가지는 있어야지'라고 생각하는 것은 욕심이고 반칙이다. 엄마도, 자기 마음 알아주는 사람 하나 없는 이런 집구석에서 엄마 노릇 하고 싶지는 않았다. 무엇보다도, 감사거리를 '한 가지'도 찾을 수 없는 사람들이 수도 없이 많으며 심지어 그 '한 사람'이 아예 없는 사람들도 있기 때문이다.

오늘부터 틈만 나면 감사를 하는 습관을 새로 들이자. 습관을 새로 들여야 하는 이유는 우리가 긍정적인 생각보다 부정적인 생각을 훨씬 더 많이 하는 습관이 있기 때문이다. '아침에 눈을 뜰 수 있어서 감사하고, 밥을 먹을 수 있어서 감사하고…' 이런 식으로 매분 매초마다 요란하게 감사하지는 못하더라도 하루 중 잠시라도 그때 그 순간을 인식하면서 "감사합니다"라고 말하자. 하루 일과가 끝나면 그날의 감사거리를 목록에 추가하자. 하루에 한 가지도 감사하지 못했다면 자기 전에 만이라도 해야 한다. 자기 전의 생각과 감정은 그날 밤 수면의 질을 좌우하는 동시에 다음 날 어떤 상태로 일어날지를 결정한다. 하루 종일 기분이 안 좋았어도 자기 전에 '그래도 다행인 것이 있고, 감사하다'라는 메시지를 전두엽이 전송하기만 하면 밤 사이에 스트레스 호르몬이 당신의 몸과 마음에 무단침입을 해서 분탕질을 하지 못한다.

하루에도 수도 없이 드나드는 문을 볼 때마다 '지금 내가 감사하고 있는가?' 생각하며 자신의 상태를 점검하자. 집 안만 해도 얼마나 많은 문이 있는지 모른다. 거실에서 화가 났다면, 안방으로 들어갈 때 '여기까지만 화를 내겠다'고 생각하자. 다시 그 문을 열고 나올 때면 감사 거리를 찾아서 조금 더 평화롭게 나오겠다고 마음먹자. 화장실 변기에 앉아서 슬피 울고 있다면, 화장실 문을 열고 나갈 때는 그나마 다행인 점을 생각해서 나가겠다고 다짐하자. 부모라면, 아침에 눈을 떠 안방 문을 열고 나갈 때 사랑의 빛으로 아이들을 깨우러 가는 시간이 또 하루 주어졌음을 감사하며, 나가자. 가장 좋은 감사는 감정과 사고가 합치하는 '진짜' 감사지만, 때로는 '거두절미' 감사를 하기도 하고 또 때로는 그냥 감사하면서 넘길 테니 먹고 떨어지라는 '에라이' 감사를 하기도 하면서 감사의 습관을 부지런히 들이자.

〈욕망을 부르는 향기〉에 소개된 영국의 후각 연구자들의 실험은 감각 경험이라도 언어적 개념이 없으면 인식이 안 된다는 것을 보여준다. 연구자들은 '5-알파-앤드로스탄-3-원'이라는 독특한 냄새가 나는 물질을 실험실에 넣고 사람들이 이 냄새를 맡았다는 징후를 보이는지 관찰했다. 실험 참가자들은 냄새를 감지했음을 보여주는 생리적 증상을 보였지만 냄새를 맡았냐고 묻자 아무런 냄새도 나지 않았다고 했다. 이번에는 그들에게 같은 냄새를 다시 맡게 해주면서 화학물질의 이름을 알려주었고, 냄새를 부인했던 사람들이 그제야 방 안에서 이 냄새를 맡은 것 같다고 말했다. 감각조차도 해당 언어가 있어야 인식이 되듯이, 감사 또한 언어로 존재해야 온전한 우리 것이 된다.

감사는 생각이기도 하고 감정이기도 하지만 이름이기도 하다. 하지만 우리는 슬픔, 불안, 분노의 이름은 쉴 새 없이 불러대고 그것도 모자라 1절, 2절, 후렴구까지 노래를 부르면서 감사는 이름 한번 제대로 불러보지도 않는다. "내가 그의 이름을 불러주었을 때 그는 나에게로 와서 꽃이 되었다"라는 시의 구절처럼, 감사를 불러주어야 비로소 내 삶도 감사의 꽃으로 피어나게 된다.

지금까지 살면서 '감사'의 이름을 불러본 적이 없다면 일단 이름을 부르는 것만으로도 기분이 한결 좋아질 것이다. 감사하다고 말하거나, 감사하다는 생각을 할 때마다 스톱워치라도 눌러서 기록을 하고 그 횟수를 2배, 3배 늘려보라. 갑자기 슬픈 일이 전혀 안 생기거나 화를 전혀 안 낼 수는 없다. 다만 슬퍼하되 깊게 잠기지 말고, 화를 내되 마음을 불사르지 말고, 투쟁하되 쉬엄쉬엄 하면서 감사가 조금씩 당신의 방을 비집고 들어오게 하자. 밤에 자려고 누웠는데 그날 하루 특별한 일 없이 평범하게 보냈음을 알게 된 날이야말로 축포를 쏠 정도로 기쁜 날이기 때문에 그냥 자면 안 된다. 만족스러운 노년기에 도달하기 전까지는 살면 살수록 그런 날이 점점 줄어들기 때문이다. 오늘 하루 무료하고 지루하고 왕짜증났다면 감사하고 또 감사하고, "좀 짜증났지만 그래도 감사해"로 말을 바꾸면 나의 삶은 점점 즐겁고 기분 좋은 날로 채워지게 된다.

평소에 감사의 말을 많이 하는데도 별로 기쁨이 없다면 '감사합니다, 고객님'의 수준에서 하는 것이 아닌지 생각해보라. 이제는 감정까지 감사하는 수준으로 들어가야 한다. 감사를 할 때 립서비스로만 하

면 기껏 청소했던 방을 다시 치워야 하는 번거로움이 발생한다. 감사할 때 미소가 지어지거나 눈가가 따뜻해진다면 감정의 수준까지 감사를 한 것이다. 감사목록을 작성하라고 하면 사람들의 첫 반응은 '에계?' 하는 표정이 대부분이다. 중고등학교 특별활동 시간에 한두 번씩 해보았기 때문이다. 그따위 쪽지가 내 인생에 무슨 변화를 일으키겠는가 하는 의심의 눈초리들이 가득하다. 예전에 감사목록을 작성했을 때 특별한 감흥을 못 느꼈던 것은 타인의 지시에 의한 숙제로 했기 때문이다. 숱하게 했던 영혼 없는 숙제의 하나였을 뿐이다. 이 과업에 영혼을 불어넣자. 내 인생을 행복하게 하기 위한 경건한 의식으로 감사 목록을 작성하는 것이다. 영혼의 입김으로 심호흡을 하면서 목록을 작성하고, 영혼의 눈을 크게 떠서 읽고, 영혼의 음성으로 낭랑하게 읊어보자.

"지금 이 자리에 있게 해주셔서 감사합니다. 하루 세끼 먹을 수 있게 해주셔서 감사합니다. 손가락 하나 다치지 않고 크게 해주셔서 감사합니다."

영혼의 시 낭송회는 밤이 새도 모자랄 것이다. 보통의 호흡과 심호흡은 다르다. 심호흡을 할 때는 호흡 한순간 한순간을 놓치지 않고 집중하며 한순간이 매우 길다. 마찬가지로, 골든 땡큐를 할 때는 감사의 한순간 한순간을 놓치지 않고 길게 느끼고 감사해야 한다. 제대로 했다면 미소가 지어지거나 눈물이 비치거나 눈을 감게 되거나 하늘을 쳐다보게 될 것이다. 그리고 마음밭에 뿌리를 내린 감사의 꽃이 싹을 틔우는 것을 느끼게 될 것이다.

하루의 상처를 씻어내는
마법의 사고의식

　　　　　사람의 말은 영향력이 세다. 한국의 유명한 오디션 프로그램에서 대상을 차지했던 울랄라세션의 리더 임윤택 씨의 안타까운 죽음을 기억하는 사람들이 많을 것이다. 그는 음악적 재능과 더불어 병을 이겨낸 훌륭한 인물로도 대중의 사랑을 많이 받았다. 그는 대중들의 칭찬과 격려에 힘입어 암 투병을 견뎌냈다. 하지만 막상 그가 대상을 타고 결혼을 하자 그토록 그의 열정과 도전정신을 칭송했던 대중들이 이번에는 거짓 암을 내세운 쇼였다는 의심의 말을 해댔고 급기야 그의 주치의가 나와서 정말 암이 맞다는 증언을 하는 촌극이 벌어지기도 했다. 그는 긍정적인 자세로 병을 이겨내왔지만 절대다수의 부정적인 말 앞에서는 속수무책이었다.

칼이 되기도 하고 약이 되기도 하는 말의 힘을 간파해 말의 칼에 베이지 않도록 정신을 바짝 차려야 한다. 사람들은 눈에 보이지 않는 스트레스가 만병의 근원이라는 것은 인정하지만 말이 만 개의 스트레스의 근원이라는 것은 잘 알지 못한다. 살다 보면 어쩔 수 없이 나쁜 말을 '듣게' 되겠지만 그 말을 반드시 다 '받아들여야' 하는 것은 아니다. 듣는 것과 받아들이는 것은 다르다. 듣기와 받아들이기 사이에 필터를 장착해 여과해서 받아들여야 한다. 공기청정기가 제 기능을 발휘하려면 다중 필터가 장착되어야 하듯이 우리도 두 개 정도의 필터는 필요하다. 하나는 소음과 소리를 구분하는 필터이고 또 하나는 감사의 필터이다. 앞으로 어떤 말을 들을 때는 소음인지 '진실의 소리'인지를 점검하자. 책을 읽고 있는데 어디서 "불이야" 하는 소리가 들린다면 즉시 행동을 해야 하는 '진실의 소리'이다. 하지만 누군가로부터 "고작 이것밖에 못 했어?"라는 말을 들을 때는 소음의 가능성을 차분하게 점검해야 한다. 그가 나의 일부분만 보고 그런 말을 할 때가 많기 때문이다. 이 필터를 쓰지 못하고 지나쳤다면 그다음에는 감사의 필터를 써야 한다. '네가 뭐라든 나는 만족하고 감사해.' '알려주어서 고맙네요. 고치도록 해볼게요.' '미리 지적을 받아서 감사한 거네. 많은 사람들 앞에서 큰 망신을 당할 뻔했군.'… 답은 역시 각자가 찾는 것으로 하자.

뜨거운 순두부를 먹어본 적이 있는가? 혓바닥이 데일까 봐 호호 불면서 먹는데도 그만 꿀꺽 하고 넘어가면 난감하기 짝이 없다. 그저 순두부가 식도와 위 상부를 건드리지 않기만을 바랄 뿐이다. 나쁜 말이 일단 내 속으로 들어오면 소화하기가 보통 어려운 일이 아니다. 호호 불며 조심해서 받아들이는 것이 가장 쉽게 마음을 편하게 하는 방법이다. 우리가 필터로 걸러보겠다고 해도 순두부가 홀라당 넘어가는 것처럼 외부의 말이 너무 빠르게 입력되기 때문에 속절없이 당하고 만다. 하지만 이미 입력이 되었어도 감사의 필터만 잘 가동하면 문제를 해결할 수 있다. 짜낸 치약을 도로 집어넣을 수는 없어도, 엎질러진 물을 도로 담을 수는 없어도, 사람들의 말에 의한 상처는 나의 생각으로 얼마든지 아물게 할 수 있다. 뇌를 포함한 인체는 생체피드백의 원리를 따르기 때문이다.

누군가의 비난을 듣고 '내가 형편없나 보다'라는 생각이 들어도 '아니, 그건 그 사람의 문제이고 나는 점점 잘하고 있어'라고 스스로에게 말해주면 마이너스에서 플러스로 바뀌는 피드백회로가 형성된다. 그러면 당연히 긍정적인 감정이 생긴다. 반면 '내가 형편없나 보다 → 그렇지, 그 사람이 틀린 말을 할 리가 없잖아 → 나는 희망이 없네' 이런 식으로 계속 마이너스의 피드백이 돌아가면 꼼짝없이 부정적인 사고와 감정의 악순환에 놓이고 마음의 평화는 깨져버린다. 순환회로의 어느 시점을 끊고 새로 시작하는 사람이 바로 '나'라는 것을 다시 한 번 기억하자. 아울러 처음부터 그런 부정적인 회로에 말려들지 않도록 강력한 이중 필터를 견고하게 장착하자.

'감사하다'는 것은 지금 내 마음이 흡족하고 기쁘고 기분이 좋다는 것이다. "감사합니다" 하면, 그 말은 나의 귀로 들어가 편도체를 잠재우는 자장가가 된다. 굳이 다른 사람의 말을 통해 당신이 얼마나 팬

찮은 사람인지 확인하려 하지 말고 당신의 귀에서 가장 가까운 당신의 입으로 직접 말하라. 설사 다른 사람이 당신에게 바보, 병신, 머저리라고 해도 그 사람의 입보다 당신의 귀에 더 가까이 있는 당신의 입으로 "아니, 나는 충분히 괜찮아. 넌 왜 그러니? 나는 감사해"라고 말하라. 편도체는 천둥 벼락 같은 타인의 욕에도 선잠을 깨지 않고 쌔근쌔근 잘도 잔다. 조심해야 할 것은 그 사람에게 "너야말로 더 바보지"라고 역공격을 너무 많이 하지 말라는 것이다. 전두엽이 과부하에 걸리면 누구의 말인지 상관없이 '바보'라는 메시지만 수용된다. 그렇게 여러 번 '바보'라는 단어를 말하면 전두엽이 "무척 중요한 일인가 보다" 하면서 주인을 바보로 만들 수도 있기 때문이다. 속으로 감사하다고 하는 것보다 소리 내 말하면, 혹은 산에 올라가서 큰 소리로 말하면 더 효과가 있다. 다른 사람이 말해주는 것으로 착각하기 때문일 것이다. 우리는 너무도 오랫동안 내면의 소리보다는 남의 말에만 귀를 기울이고 살아와서 마음의 속삭임을 받아들이는 신경회로가 퇴화 직전이다. 그러니 마음의 소리를 듣게 되는 상태가 될 때까지는 차라리 소리 내 감사하자.

20대 청년인 정우 씨가 상담을 받으러 왔다. 부유한 집안에서 자랐지만 초등학교 때 부모가 이혼한 후 종교기관에서 세운 기숙사학교에 보내져 중고등학생 시절을 보냈다. 한 달에 한두 번의 휴가 때도 1시간 거리에 사는 삼촌네로 가서 주말을 보내곤 했다. 머리도 좋고 공부도 열심히 해서 무난하게 대학교에 합격했지만 2학년 때 여자친구와 헤어진 후 급격하게 무너졌고 심한 우울감에 빠졌다. 정우 씨는 그 나이대의 청년들에게서 보기 드문 매우 맑은 눈을 갖고 있었지만 1시간 내내 슬피 우느라 충혈되어 맑은 눈을 자주 볼 수는 없었다.

20대 청년이 처음으로 상담실을 찾을 때는 본의 아니게 잠시 사무적인 태도를 보여야 할 때가 있다. 간혹 군대에 가기 싫어서 정신병으로 치료 중이라는 진료기록을 남기고자 오는 경우가 있기 때문이다. 해서 나는 정우 씨에게 "군대는 아직 안 가셨는데 군대 가는 것에 대해 어떻게 생각하시나요?"라고 물었다. 그가 이렇게 대답했다.

"저는 군대 가고 싶어요. 거기 가면 밥은 꼬박꼬박 주잖아요."

그 부잣집에서 늘 배가 고팠다고 한다. 부모가 심하게 싸운 날은 저녁이 되어도 아무도 밥을 차려주지 않아서 마른 빵 조각이나 과자만 먹고 물로 배를 채우며 잠들었던 때가 많았다고 했다. 물론 초등학교 때의 이야기이다. 기숙학교에 있을 때는 그래도 꼬박꼬박 세끼를 먹을 수 있었고 그 한 가지 이유로 버텨냈지만, 대학교에 들어가면서 자취를 하게 되자 늘 허기졌다고 한다. 아버지가 매달 보내주는 돈은 모자람이 없었지만 밥을 챙겨먹는 것은 이상하게 잘 되지 않았다고 한다. 가족의 모습을 그려보라고 하자 그는 연필을 쥐고 부들부들 떨며 얼굴을 그릴락 말락 하더니 이내 연필을 놓고 고개를 떨구었다.

"저는 가족이 없어요…."

눈물이 방울방울 떨어져 종이를 적셨다. 내 눈에도 눈물이 차올랐다.

우리는 3개월 정도 차분하게 이야기를 하면서 슬픔을 털었다. 어느 정도 안정이 되었을 때, 많이 힘들었겠지만 그래도 감사한 것을 찾아서 한 발씩 나아가야 한다고 하자 그는 모처럼 내 눈을 보더니 그 말을 너무도 잘 이해할 수 있다고 했다. 어떻게 그럴 수 있냐고 했더니 자기가 바로 그렇게 살아왔다고 했다. 그렇게 하지 않고 어떻게 살아올 수 있었겠냐고 반문했다. 밤마다 외로워서 울었지만 항상 마지막에는 '그래도 나는 아빠가 부자여서 이렇게 좋은 학교에 다니고 있으니까 감사해야 한다'고 생각하며 잠을 청했다고 했다. 상담실에서 만났던 청년들 중 가장 선량하고 아름답고 지혜로운 사람이었다. 그는 본능적으로 풍파를 이겨내는 법을 체득해왔다.

그는 자신의 방법이 더 이상 통하지 않자 즉각적으로 위기의식을 느끼고 마지막 힘을 내어 아버지에게 SOS를 쳤다. 무작정 만나서 엉엉 울면서 살려달라고 했다. 정말 죽을 것 같다고 심리상담을 받아야 할 것 같다고 그는 목놓아 울었다. 아버지는 그제서야 사태의 심각성을 깨닫고 적극적으로 아들의 문제를 해결할 방법을 모색했던 것이다.

아무리 감사를 하면서 버텨도 한 번씩은 큰 고비가 있기 마련이다. 정우 씨에게는 여자친구와의 이별이 그런 고비였다. 엄마의 향기를 느꼈던 사람에게서 버림을 받아 과거의 상처가 촉발되었기 때문이다. 어차피 한 번은 털었어야 할 일이었고 이런 일을 통해 정우 씨는 더 단단해졌다. 3개월 후에는 아버지와 등산을 가는 그림을 그릴 정도로 '가족'도 찾았다.

어쨌든 정우 씨는 마른 빵 조각 같은 감사로나마 하루의 상처를 씻어내면서 외로운 밤들을 버텨냈다. 누구라고 아니겠는가? 그저 '감사'라는 단어로 새삼 규정하는 것이지 우리 모두 이 방법으로 지금까지 버텨왔다. 설사 감사라는 단어가 그리 익숙하지 않더라도 이 단어를 쓰기에 늦은 나이란 없다.

누구에게든 첫 번째 경험은 세월이 지나도 생생하게 기억된다. 첫사랑, 첫 출산, 첫 입학… 첫 강연도 마찬가지이다. 박사학위를 받은 후 첫 강연을 나갔을 때 만났던 사람들이 아직도 기억난다. 그 사람들 중에 고등학교 교사인 박 선생님이 계셨다. 학생부 부장교사로 상담교사 자격증 및 승진을 위한 평점 이수를 위해 교육대학원에서 수업을 받고 있었다. 체격은 작았지만 지혜로운 눈빛은 온화한 카리스마를 담고 있었고, 실력도 뛰어나고 유머 감각도 탁월해서 이분 덕택에 수업은 늘 열정적으로 진행되었다. 학기가 끝나면 이분의 주도하에 맛깔스럽고 즐거운 종강파티를 하곤 했다. 나뿐만 아니라 동료 교사들은 이분이 순조롭게 승진해 교장이 될 거라는 걸 한 번도 의심하지 않았다. 그렇게 두 학기 내내 즐거운 수업을 한 후 나는 개인적인 사정으로 강연을 더 이상 나가지 않게 되었지만 이후에도 3년 정도는 간간히 소식을 듣곤 했다.

10년도 훨씬 더 지난 어느 날, 박 선생님이 연락을 하셨다. 서점에서 내 책을 발견하고 기뻐서 잠깐 들러 인사라도 하고 싶다고 했다. 너무도 반가운 마음에 당장 오시라고 했지만 막상 만난 이분의 얼굴은 어두웠고 초췌하기까지 했다. 그 사이에 연거푸 승진에 실패해서 결국은 학교를 그만두었고 지금은 시골로 이사해 연금으로 살고 있다고 했다. 이제 예순이니 뭐라도 해볼 수야 있겠지만 밤마다 자신의 승진을 방해했던 학교 사람들 생각 때문에 화병이 나 불면증도 심하고 일할 의욕이 안 난다고 했다. 상담을 받으러 오신 것도 아니고 내가 나이도 한참 어려 섣불리 위로를 하기도 어쭙잖은 상황이라 우리는 그냥 일상적인 대화만 이어갔다. 그럼 요즘 무슨 낙으로 사시느냐 물었더니, 가끔 친구들이 내려와서 만난다고 했다. 하지만 친구들을 만나면 반가우면서도 한편으로는 부담이 된다고 했다. 자기만 빼고 다 부자라서 비싼 차를 타고 내려와서는 여기저기 데리고 다니면서 비싼 밥을 사주는데, 말끝마다 "니가 무슨 돈이 있냐, 우리가 다 낸다"고 하며 어깨를 툭툭 치는데 배려인지 잘난 척인지 분간이 안 된다고 하였다. 우리는 처음으로 웃었다. 나는 헤어질 무렵 조심스럽게 말을 꺼냈다.

"많이 속상하셨겠습니다. 정말 교장선생님으로 잘 계실 줄 알았거든요. 그래도 여전히 감사할 것이 있지 않을까요? 찾아보셨으면 합니다."

이분은 한숨을 한 번 쉬더니 "아, 네, 그렇긴 하겠죠"라고 짧게 답하고 가셨다.

두 달 후에 다시 연락이 왔다. 전화 목소리만 들어도 기분이 좋아진 것을 알 수 있었다. 일단은 말을 많이 하시는 것부터 지난번과 차이가 났다. "아, 교수님, 그때 감사한 것을 찾아보라고 하셨을 때 솔직히 무슨 말을 하시는 건지 이해도 안 되고 좀 서운하기도 했거든요. 그런데 감사거리가 생겼지 뭐예요?"라고 하시는 것이었다.

2주 전에 부자 친구네 집에 큰일이 벌어졌었단다. 아들이 둘인데 아버지 재산 문제로 싸움이 벌어져 칼부림까지 하면서 경찰이 오고 동네가 발칵 뒤집혔다는 것이다. 아직 아버지가 두 눈을 시퍼렇게 뜨고 살아 있는데도 아버지의 마음 따위는 안중에도 없이 자식들이 돈만 밝히니, 부자 친구는 너무나 화가 나서 집을 나와 자신의 집에 3일 동안 있었다고 한다. 직장을 그만두고 시골로 내려오면서 최대한 돈을 아끼려고 작은 집을 구했기에 친구가 자기에는 불편함이 이만저만이 아니었을 텐데 코까지 골면서 태평스럽게 잠을 자고서는 아내가 해준 된장찌개에 코를 박고 먹더라는 것이다. 자신은 딱히 해줄 것도 없어서 육십 평생 들어왔던 온갖 우스갯소리를 입이 아프게 떠들어댔고 친구는 3일 내내 배꼽을 잡고 웃었다고 한다. 친구가 서울로 올라가면서 이런 말을 했다고 한다.

"내 평생 이렇게 단잠을 잔 것도 처음이다. 네 마누라가 저렇게 맛있는 된장찌개를 해주는데 우린 뭣하러 이상한 데 가서 돈 쓰고 지랄했는지 모르겠다. 집에서 맛있는 밥 먹은 것도 기억이 가물가물하다. 다 일하는 아줌마가 버무려놓고 간 것이지. 내가 가끔씩 널 만나러 오는 것도, 여기 오면 꼭 고향에 온 것 같아. 나는 정말로 네가 제일 부럽다. 머리 희어지도록 열심히 돈을 벌 때 나는 결코 이런 생활을 꿈꾸지 않았는데 아들들 짐승 만들고 며느리들 간신배나 만들어놨지 뭐냐. 고것들이 내 생일날 호텔에 와서 밥이나 한 끼 먹지 집에서 미역국 한번 끓여준 적이 없다. 올라가서 자식 놈들과 담판지어보고, 안 되면 기부를 하든지 다른 후임자를 키워보든지 할란다. 고맙다, 친구야."

박 선생님은 마음 상한 친구한테는 미안하지만, 자신에겐 자식들이 놓고 싸울 돈이 아예 없다는 것이 그렇게 감사할 줄 몰랐다고 했다. 딸 둘은 다 출가해서 넉넉하지는 않지만 먹고 사는 데 지장 없을 정도로 살고 있고 무엇보다도 우애가 좋아서 언제 자신이 세상을 떠나도 전혀 걱정이 되지 않으니 참으로 감사한 것이 아니겠냐고 했다.

그리고 한 달 후, 이분이 장미꽃다발을 들고 다시 오셔서 꽃보다 예쁜 이야기를 들려주셨다. 읍내에 있는 영어학원 버스기사 일을 시작했다는 것이다. 나는 그 용기를 진심으로 축하해드렸다. 사실 이분은 영어교사였다. 젊은 교사들의 세련된 발음 때문에 기가 죽었던 것도 학교를 그만둔 한 가지 이유였다. 하지만 나이 육십에 영어강사를 하겠다고 해봤자 써주지 않을 것 같아서 일단 기사로 취직했다는 것이다. 초등학교 애들이 차 안에서 심한 장난을 치면 영어로 조용히 하라고 하고 단어 테스트도 하니, 처음에는 인사도 안 하던 꼬마 녀석들이 이제는 존경의 눈으로 쳐다본다면서 조만간 부모들 사이에 소문이 나 학원에서 강사로 영입할 것이라며 껄껄대고 웃으셨다. 정말 너무도 오랜만에 들어본 웃음소리였다. 오가는 길에 아이들을 신나게 웃겨주니 "아이들이 학원에 갔다가 오히려 얼굴이 밝아져서 온다"며 고맙다는 말을 전하는 부모들이 있다고 한다.

만약 나중에 강사 일을 하게 된다면 경험을 쌓아 집에서 가까운 곳에 조그만 영어학원을 차려보겠다고 했다. 밖에 나와 보니 과거에 왜 그렇게 답답하게 영어를 가르쳤는지 후회도 되고 읍내에 나가지 않고도 저렴하게, 그러나 알차게, 또 정말 재미있게 실력을 키워주고 싶은 마음이 생겼다고 한다. 마음도 편하고 일도 시작하니, 지금은 11시면 곯아떨어져서 단잠을 잔다고 했다. 모처럼 신나고 멋진 얘기를 듣게 되어 나까지 너무 즐거웠다. "그래도 기사 일을 하기로 마음먹기가 쉽지 않았을 텐데 어떻게 용기를 내셨어요?"라고 여쭈었더니 "글쎄, 그건 저도 잘 모르겠어요. 친구나 위로한답시고 온갖 웃긴 얘기를 하다가 저까지 3일 내내 배가 당길 정도로 웃었는데 그렇게 한참을 웃다 보니 배부르고 등 따습고 깔깔대고 웃으면 되지 인생이 뭐 별거겠나, 나야말로 그동안 지랄 떨고 허세 부렸구나 하는 생각이 들더라구요. 용기라기보다는 반성이 더 맞을 것 같습니다"라고 대답을 하셨다.

헤어질 때 박 선생님은 멋진 말을 한마디 더 하셨다.

"어쩌면 부자 친구가 나를 부러워했다는 것이 정말일지도 모르겠더라구요. '나는 돈이 있지만, 짜샤, 너는 평화가 있지. 내가 이 돈으로 맛있는 밥 사줄 테니 그 평화 잠깐 맛 좀 보면 안 될까?' 그런 심정으로 한 번씩 내려왔던 것 같아요. 내게 평화를 준 당사자인 우리 마누라랑 애들을 옆에 끼고서도 그 복을 감사할 줄 모르고 매일 불평하고 살았으니 나이를 헛먹었지 뭐예요."

대학원 수업 때 동양의 음양오행설로 심리학 이론을 재해석해 나를 깜짝 놀라게 했던 옛 실력을 여전히 발휘하시는 이분이 아마도 작은 학원의 원장으로만 계시지는 않으리라는 기분 좋은 상상이 드는 동시에, 스스로 찾은 마음의 평화를 또 얼마나 멋지게 지켜내실지 흥미진진하게 지켜보고 싶은 마음이 되어 그날 하루는 먹은 것 없이도 배가 불렀던 것 같다.

이분에게 나는 한 번도 심리상담적인 말을 하지 않았다. 그저 감사거리만 찾아보라고 했을 뿐이다. 그러나 감사를 하기 시작하면 그다음은 자동적으로 일이 풀리는 것이 이분에게만 일어나는 일은 아니다.

그래서 감사가 '셀프 테라피'인 것이다. 감사는 지금 내 상황에서 한 발 나아가도록 해준다. 그러면 그 한 걸음은 어느새 두 걸음이 되어 있다.

감사한다고 늘 웃는 것은 아니며 심각할 때도 있고 정우 씨처럼 눈물을 흘릴 때도 있다. 다만, 감사를 많이 하면 저절로 웃는 표정이 될 것만은 분명하다. 하지만 감사는 요란스러운 스마일 운동이 아니다. 조용하고 잔잔한 일상의 태도이자 격랑의 하루를 정리하는 총체적인 삶의 법칙이며 하루의 상처를 씻겨주는 마법의 사고의식이다. 오늘 격랑의 하루가 아니었다면 얼마나 감사한가. 격랑의 하루였어도 아직 낙담하기는 이르다. 우리에겐 감사의 의식이 남아 있다. 거창하게 할 필요도 없다. 이 밤을 지나게 해주어서 감사하다는 말 한마디로 충분하다. 그렇게 내일이 시작된다.

마음의
분리수거

　　　　　　　　앞에서 감사 목록을 작성하여 우
울할 때마다 보면서 마음을 추스르자고 했고, 어디에서든 문을 여닫
을 때마다 자신을 살펴 감사의 습관을 들이자고 했다. 그러나 이렇게
해본다 해도 하루에 드는 감사의 생각은 전체 생각 중의 10분의 1정
도밖에 안 될 것이다. 어느 부지런한 인지심리학자가 인간이 하루에
8,000개 이상의 생각을 한다고 밝혔는데 그중 7,000개 정도는 불안,
불평, 불만의 생각들일 것이다. 모든 생각은 대부분 감정을 야기하니
마음의 방은 늘 어지럽다. 보다 효과적인 청소가 필요하다. 옷장을 깨
끗하게 하는 가장 간단한 방법은 옷을 안 사는 것이고, 주방을 깨끗하
게 하는 가장 좋은 방법은 밥을 아예 안 해먹는 것이다. 그럴 수 없으

니 옷을 잘 수납하고 음식물 쓰레기를 잘 관리하듯 마음도 보다 적극적으로 관리해야 한다.

마음의 분리수거 통 세 개를 준비하자. 대, 중, 소, 세 가지 크기의 수거통이 필요하다. 하루를 살면서 긍정적인 생각이 드는 것을 한 통에 넣고 부정적인 생각이 드는 것은 다른 한 통에, 잘 모르겠는 것은 마지막 통에 집어넣는다. 처음에는 '부정의 통'이 가장 크고 '긍정의 통'이 가장 작을 것이다. 이 크기를 바꾸는 것이 우리의 목표이다. 정 안 되면 '모르겠다'의 통을 '부정의 통'보다 크게 하는 목표라도 잡아보자. 기분이 찜찜하긴 하지만 즉시 화가 치밀거나 눈물이 나는 경우가 아니라면 무조건 '모르겠다' 통에 집어넣는다. 이 통에 넣은 것들은 나중에 시간이 나면 정리를 할 것이다. 하지만 결론부터 말하면, 그런 일은 거의 없을 것이다. 방 정리를 할 때 버릴까 말까 고민하다가 나중에 생각해보겠다며 보관해두었던 물건은 결국 버려지는 것과 같다. 시간이 지나면 이 통에 넣은 사건들은 잊혀진다. 우리가 너무 바쁘기도 하고 매일 쓰레기가 새로 나오기 때문이다. 며칠이 지나도 괴롭다면 '부정의 통'으로 옮기면 된다. '긍정의 통'에 넣은 일에 대해서는 감사하고 행복감을 누리자. 잘했다고 스스로 칭찬하고 필요하면 상도 주자.

'부정의 통'에 담긴 것들은 며칠 지나면 악취가 날 것이므로 가능한 한 빨리 처리를 해야 한다. 처리를 하기 전에 한 번 더 생각을 해서 다행히 감사한 것을 찾을 수 있고 감정도 안정되면 '긍정의 통'으로 옮기고, 머리로는 이해가 되었지만 감정이 해소되지 않는다면 다시 '모르겠다' 통에 집어넣자. 처리를 하려면 3일을 넘기지 않는 것이 좋다.

유명한 심리학자 에빙하우스의 기억공식에 의하면, 오늘 일어난 일의 70%는 하루가 지나면 망각되며 3일 내에 급격하게 기억이 저하된다. 이 망각을 막기 위해 단어를 50번씩 쓰는 식으로 나중에 기억하기 쉽도록 하거나 중간중간 복습을 하는 것이다. 여기까지는 기억을 위한 방법이다. 이것을 역으로 생각해보면, 3일이 지나도 망각되지 않으면 영구적으로 기억된다고 볼 수 있다. 예를 들어, 학창 시절에 A라는 친구가 "너 좀 소심하다"라는 비난인 듯 아닌 듯 애매한 말을 한 것을 몇 년이 지나도 기억한다면, 천재이거나 피해의식에 사로잡힌 편집성 환자이거나 둘 중의 하나이다. 대부분 그런 말은 기억하지 못한다. 다만, 친구가 처음 그 말을 했을 때 기분이 안 좋았는데 다음 날 친구를 봐서 생각이 났고 그 다음 날 또 봐서 생각이 났다면 친구의 말은 영구적으로 기억된다. 즉, 영구기억으로 넘어가는 중요한 분기점이 3일이다.

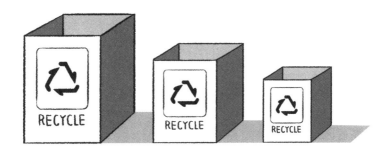

마음의 분리수거통 | '부정의 통'과 '긍정의 통'의 크기를 바꾸는 것이 우리의 목표이다.

그러니 우리는 매우 중대한 결정을 해야 한다. 부정적인 일을 영구 기억으로 갖고 갈 것인지 분리수거통에 넣어두었다가 쓰레기차로 보내버릴 것인지 말이다. 오해하지 말아야 할 것은, 부정적인 일을 완벽하게 처리하는 것을 3일 내에 하라는 것이 아니다. 그것은 불가능하다. 그 일을 계속 생각하면서 평생 갖고 갈 것인지 내 인생에서 큰 의미가 없는 일로 칠 것인지만 결정하자는 것이다. 결정은 당신의 몫이지만 부정적인 생각이 많으면 많을수록 전두엽은 힘들어진다는 것을 명심하자. 처리할 것이 많으면 전두엽은 속도를 내지 못한다. 그러니 웬만한 상황이라면 3일 내에 처리해서 영구기억으로 남지 않도록 하자. 세가지 단어를 알고 있으면 처리가 빠르다. '투쟁해?' '용서해?' '무시해?'이다. 용서나 무시가 되면 쓰레기차로 보내면 되고 투쟁을 해야 하면 전두엽을 가동시켜 제대로 해결하면 된다. 이런 식으로 '부정의 통'은 점점 더 작아지게 되므로 마음의 방은 하나씩 정리가 된다.

물론, 정말로 중요한 부정적인 사건은 3일이 아니라 30일이 걸리더라도 서두르지 말고 정신을 집중해서 들여다봐야 한다. 감정 하나하나에 머무르며 상처를 보듬어야 한다. 전문가의 도움을 받아야 할 수도 있다. 하지만 수백 가지의 부정적인 사건에 깔려 있는 감정은 의외로 어렸을 때 경험했던 상처받고 두렵고 외로웠던 두세 가지의 감정들로 압축된다. 뇌가 성숙해지기 전에는 어릴 적 겪었던 부정적인 감정이 재경험될 때 꼼짝없이 그 감정에 포위되지만, 어른이 되었다면 해결을 할 수 있다. 강력한 전두엽을 갖추고 있어 과거의 상처와 두려움과 외로움에 대해 '생각'을 해볼 수 있기 때문이다. 생각할 수 있는 한 언제나 해결책은 있다. 내가 왜 그렇게 아프고 힘들었는지 생각을 해볼 수 있다는 것은 죽기 전에 가져볼 수 있는 대단한 기회이다. 어쩌면 인간으로서 가장 두려워할 것은 불안하고 우울한 상황이 아니라 그런 상황에 대해 생각을 하지 못하는 상태에 처하는 것이다.

감사 테라피가 순조롭게 진행되어 감사가 습관화되고 마음의 분리수거가 잘 되고 있다면 '부정의 통'에 담긴 것들을 한 번에 하나씩 꺼내보지 않고 한꺼번에 처리할 수도 있다. 감사의 자루에 몽땅 넣은 후 꽉 묶어서 한 번에 내다버리는 것이다. 그 많은 것들을 자루 하나로 묶을 수 있을까? 10년 이상 우울해왔던 한 여성은 이 방법으로 7개월 만에 마음의 짐을 털었다.

대기업의 팀장인 30대 여성 아영 씨가 상담을 받으러 왔다. 그녀는 자신이 우울하다는 것을 인식한 때가 중학교 3학년부터라고 했지만, 명문 대학교를 졸업하고 바로 취직해서 순조롭게 승진을 했고 연애결혼을 해서 아이를 갖기까지 표면적으로는 그런대로 잘 버텨냈다. 출산휴가 후 도우미 아주머니에게 애를 맡기고 순조롭게 복직할 계획이었는데 그만 심한 산후우울증에 걸렸다. 한 시간도 애를 볼 수 없을 정도로 눈물이 그치지 않으니 아주머니가 퇴근한 후에는 속수무책이었고, 입주 도우미를 구하는 것도 시댁에 맡기는 것도 다 여의치 않아 할 수 없이 친정엄마를 오시라고 했는데 이로 인해 그녀의 잠재된 우울감이 증폭됐다.

친정엄마는 그녀의 우울감의 큰 뿌리를 차지하고 있었다. 어머니는 다른 사람들에게 좋은 모습을 보이는 것을 매우 중요하게 여기면서도 집에서는 무능한 남편에 대한 화병으로 시시각각 히스테리를 부리는, 드라마에나 나올 법한 사람이었다. 어머니는 행동이 느리고 고집이 센 아영 씨를 남편을 빼다 박았다며 차갑게 대했고, 애교 많고 민첩하게 움직이는 두 살 아래 여동생은 끔찍이 위했다. 여동생은 악의가 있었던 것은 아니지만 엄살이 심해서 언니와 몸이라도 부딪히게 되면 큰 소리로 아픔을 호소하는 통에 항상 야단을 맞는 것은 아영 씨 차지였다. 그녀는 어릴 때부터 공부를 아주 잘했지만 어머니는 항상 "더, 더, 더 잘할 수 있어"라는 말만 할 뿐이었다. 그녀는 엄마의 사랑을 느꼈던 때가 한 번도 없었고 늘 자신이 화풀이 대상이었던 기억밖에 없다고 하였다.

첫 기억은 유치원 때였다. 부모 참관하에 발표 수업이 있었는데, 수업 직전에 도착한 어머니가 아영 씨가 입었던 곤색 활동복 대신 화려한 색깔의 옷으로 갈아입히려고 했다. 하지만 남들로부터 주목받는 것을 부담스러워 하는 아이가 계속 싫다고 하여 실랑이가 벌어지면서 다른 아이들과 어머니들도 이 광경을 보게 됐다. 어머니는 딸이 자신의 말을 계속 듣지 않자 머리를 쥐어박고선 화를 내며 집으로 가버렸다. 더 황당했던 것은, 그날은 발표 후 어머니와 같이 귀가를 하는 일정이었기 때문에 아영 씨 혼자 덩그러니 남게 되었고 할 수 없이 교사가 집에 데려다주었다. 아영 씨는 창피하면서도 집에 가서 어머니로부터 야단을 맞을까 봐 벌벌 떨면서 돌아갔던 기억이 난다고 했다. 아영 씨가 화려한 옷을 어색해했던 것도 어머니가 평소에 작은딸에게는 화려한 옷을 사주고 큰딸에게는 "넌 화려한 옷이 어울리지 않아"라며 무채색 계통의 옷을 많이 사주었기 때문이라고 했다. 화장기 하나 없는 얼굴에도 아름다운 그녀지만 왜 매번 검정색 가디건만 입고 오는지 이해가 되었다. 어쨌든 그날 아영 씨는 어머니로부터 "네가 어떻게 엄마를 그렇게 창피하게 만들어?"라는 말과 함께 매를 맞았다.

어머니와 관련해서 평생 잊혀지지 않는 강렬한 사건은 초등학교 1학년 때의 어느 여름날로, 오후 내내 아영 씨에게 잔소리를 했던 어머니가 저녁을 차릴 때까지도 아이가 민첩하게 움직이지 않자 화가 오를 대로 올라 식탁 위의 물건들을 쓸어내리며 소리를 쳤다. 아영 씨가 방문을 반쯤 열고 어머니의 눈치를 보고 있는 사이에 어머니는 더 큰소리로 화를 내고 있었는데, 마침 그때 방에서 놀던 동생이 거실의 소란에 놀라 문을 열고 어머니와 언니를 쳐다보는 중, 심한 바람으로 방문이 닫히면서 자신도 모르게 손이 찧이는 사고가 발생했다. 자지러질듯이 우는 여동생을 응급실로 데리고 가면서 어머니의 분노는 극에 달했고 "내가 못살아. 너 때문에 이게 뭐니?"라고 소리쳤다. 저녁밥을 먹기 직전에 벌어진 일이라 아영 씨는 배가 고픈 채로 혼자서 빈 집에 있게 되었고 너무 무서워 계속 울고 있었다.

두 시간 정도 지났을 때 아빠로부터 전화가 왔다. 천만다행히도 동생은 새끼손가락 뼈가 살짝 굽는 정도로만 손상을 입었고 손가락이 반듯하게 펴지지는 않겠지만 일상생활을 하는 데에는 전혀 문제가 없다고 하였다. 아빠는 큰딸이 걱정이 돼 전화를 했던 것이며 동생은 괜찮으니 어서 밥을 먹으라고 했다고 한다. 한 시간 정도 후에 어머니와 동생이 도착했지만 어머니는 큰딸에게 눈길 한 번 주지 않은 채 방으로 들어갔고 아영 씨는 그날 밤 내내 울었다.

이런 일이 수시로 있었음에도 그녀는 늘 어머니의 마음에 들도록 최선을 다했지만 어머니는 항상 동생이나 친구들과 비교하는 말만 했다. 아이들이 중학생이 되면서 기대와 달리 둘째보다 첫째 아이가 공부를 월등히 잘하자 어머니는 한편으로는 실망하면서도 목표를 바꾸어 아영 씨를 등록금이 저렴한 지방의 특목고에 보내고자 했다. 하지만 예상치도 않게 떨어져서 어머니가 크게 실망했다. 전교 1등을 놓치지 않았던 아영 씨에게 특목고에서 떨어진 사건은 무엇보다도 큰 충격이어서 엉엉 울었지만 어머니는 딸을 위로하기는커녕 "뭘 잘했다고 울고 난리냐, 시끄럽다"고 했다. 그녀의 집은 자식들을 특목고에 보낼 정도로 살림이 넉넉하지 않았지만 명문대를 보내겠다는 욕심이 컸던 어머니는 무리를 해서라도 이것저것 방법을 찾았다. 따라서 어머니의 상심도 컸을 테지만 어린 소녀에게는 엄마의 심정을 헤아릴 여유가 없었기에 그날의 사건은 비수처럼 가슴에 꽂혔다.

비로소 그녀는 엄마가 자신을 사랑하지 않는다는 것을 알게 되었고 빨리 독립해야겠다고 생각했다. 그러려면 빨리 대학에 가야 한다고 생각했기에 일반고에 가서 공부에만 열중했으며 수월하게 명문대학교에 합격했다. 이후 취직을 하자 바로 자취방을 얻어 집에서 나왔다. 어머니는 딸이 집을 나가 혼자 살겠다고 했을 때 처음으로 자신의 통제권에서 벗어나는 딸에게 놀라 이후로는 딸의 눈치를 좀 보기 시작했지만, 딸이 심한 폐렴에 걸려 아버지가 억지로 집에 데려놓았을 때 그 틈을 놓치지 않고 "네가 그러면 그렇지, 나 없이 얼마나 잘사는지 보자"는 말을 했다. 어쨌든 그녀는 어머니에게서 독립해 몇 년간 살았는데 자기 인생에서 가장 행복한 시간이었다고 했다. 이후 결혼을 통해 한층 더 자유가 보장되는 독립을 꿈꾸었지만 산후우울증으로 모든 꿈이 수포로 돌아간 것이었다.

어머니는 딸이 아이를 낳으면 당연히 자신에게 돌봐달라고 할 줄 알았는데 뜻밖에도 도우미에게 맡긴다는 말을 듣고 많이 실망했지만, 출산 후 한 달도 안 되어 자신에게 도움을 요청하자 '의기양양하게' 손자를 보러 왔다. 이런 상황이 아영 씨는 너무도 싫었다. 마침 그 사이에 아버지가 일을 그만두게 되어 어차피 돈도 필요했던 어머니는 손자를 봐주는 명목으로 돈을 받아갔고, 돈을 받아서인지 딸에게 옛날처럼 함부로 대하지 않고 오히려 눈치를 보는 쪽이었지만 그녀는 어머니의 이런 모습 또한 싫었다. 비록 어머니의 예전의 독재자 같은 태도는 많이 누그러졌지만 사위가 딸에게 출산 선물로 사주었던 진주목걸이를 발견했을 때 "자기 마누라만 챙길 줄 알지, 하루 종일 애 보느라 고생한 장모는 생각도 안 해준다"며 성질을 내는 등 히스테리를 부리는 모습은 여전해서 그녀는 매일같이 자기 방에 박혀 울었다. 엄마가 손자를 잘 보는 듯하지만 자신을 사랑해서 오는 것이 아니라 돈을 받기 위해서, 그리고 딸의 인생을 감시하고 간섭하려는 마음으로 온다는 생각에 어머니와 한 공간에 있는 것 자체가 너무도 괴로웠다.

친정엄마에게 든든한 안식처를 찾지 못하니 남편에게 더욱 의존하게 되었는데, 자신이 힘든 몸을 끌고 저녁을 차리는 짧은 시간조차도 애 하나 제대로 보지 않고 텔레비전에 빠져 있는 남편 모습을 보면 너무도 서운하고 자신을 잘 보호해주지 못할 것이라는 불안이 올라와 또 왈칵 눈물을 쏟곤 하였다. 이런저런 일로 상처를 받아 그녀의 눈은 하루 종일 마를 새가 없었다. 그녀의 마음은 걱정과 불안으로 꽉꽉 차서 터지기 직전이었다.

출산휴가가 끝나고 복직을 했지만 어머니에게 아이를 하루 종일 맡기는 것이 안심이 안 되고 이미 도진 우울증으로 인해 회사에서 일도 잘 안 되어 다시 1년의 육아휴직을 받았다. 이 사이에 어떻게 해서든 우울증을 치료해야 했기에 1주일에 두 번, 오후 시간에 어머니를 오게 하고 그 시간에 상담을 받고 운동도 했다. 그녀는 대학교에 다닐 때부터 3년 정도 심리상담을 받았고 심리학책도 많이 봐서 기본적인 상담 기법에 대해 잘 알고 있었다. 상담을 받을 때마다 기분이 나아졌지만 얼마 있으면 제자리로 돌아가곤 해서 이번에도 오기를 망설였지만 너무도 고통스러워 어쩔 수 없이 왔다면서 펑펑 울었다.

나는 그녀에게 상담을 받아도 예전 모습으로 다시 돌아가는 이유는 지금 당장 행복감을 느끼지 못하기 때문이라고 했다. 행복해지는 많은 방법이 있지만 대부분 미래에 행복해지는 것을 목표로 하기 때문에 그런 미래를 맞이하기도 전에 이미 지쳐 쓰러지는 것이다. 그녀는 어머니에게서 한 번도 사랑을 받지 못했고 지금도 사이가 안 좋은데 어떻게 행복할 수 있냐고 물었다. 나는 그녀가 과거에 사랑을 못 받았을지는 모르겠지만 좋은 대학교를 졸업한 후 현재 좋은 직장에 다니고 있고 사랑스러운 아이를 낳았고 그 아이가 몸 건강하게 자라고 있으니 그것만이라도 다행이고 감사한 것이 아니냐고 했다. 그녀는 그건 맞다고 인정했다. 아울러 더 많은 감사거리를 찾아보라고 했더니 아이와 관련된 내용 10가지를 포함해 총 50가지의 항목을 적었다. 생각보다 감사할 것이 많다는 것을 알게 되었다고 했다. 나는 기분이 가라앉을 때마다 목록을 들여다보며 진심으로 감사함을 느껴보라고 했다.

나는 이어서 아이가 매일 자라고 있으므로 최대한 빨리 마음을 회복해야 한다고 말했고 그녀는 바로 그 이유 때문에 상담을 받으러 왔다고 했다. 아닌 게 아니라, 그녀의 아이는 우울한 어머니로부터 제대로 돌봄을 받지 못했다. 도우미 아주머니가 두 번 바뀌었을 뿐 아니라 아영 씨가 친정엄마에게 아이를 온전히 맡기는 것이 싫어서 시댁에 잠깐, 친정에 잠깐 맡기는 통에 이미 경미한 애착의 문제를 보이고 있었다. 나는 최대한 빨리 회복하기 위해 과거의 일을 통 하나에 넣어두고 나중에 들여다보자고 했다. 그녀는 그게 가능하냐고 물었다. 특목고에서 떨어진 후 크게 상심했을 때 어떻게 이겨냈냐고 하니, 그때는 어머니에게서 빨리 독립해야 한다는 생각에 세상의 모든 자극으로부터 눈과 귀를 닫았다고 했다. 아무 생각도 하지 말자, 이 길밖에 방법이 없다고 생각하며 모질게 공부했다고 했다. 나는 다시 한 번 그 방법을 써야 하며 한 번 해보았던 것이기에 아주 잘할 거라고 말했다. 그때나 지금이나 독립이 목표이니 진정한 독립이 될 때까지는 과거의 일은 잠시 덮어두고 오늘부터 벌어지는 일에 대한 마음수거를 먼저 하자고 하였다.

아영 씨는 그렇게 모질게 마음먹고 독립을 했는데도 또 우울해졌으므로 결국 소용이 없지 않겠느냐고 또 걱정했다. 나는 그녀에게, 그때는 홀몸이었지만 지금은 옆에 어린 생명이 붙어 있어 열 배나 더 힘든 상황이고, 출산 후 체력 저하와 우울이 겹쳐 에너지 소진이 극에 달했기 때문에 무너진 것이며, 이번에 마음 관리법을 잘 익혀놓으면 다시는 크게 무너지지 않을 것이라고 말했다. 그래도 의심쩍어하는 그녀에게, 지금은 스트레스의 정점에 있다, 아이가 자라면서 많이 아프다든지 하는 심한 스트레스가 없는 한 양육은 앞으로 점점 수월해질 뿐 아니라 큰 기쁨으로 다가올 것이다, 그 외의 스트레스라면 본인과 가족이 큰 병에 걸리거나 실직하는 것 등인데 앞의 경우는 인간으로서 어쩔 수 없는 것이고 뒤의 경우는 그런 일이 일어날 가능성이 낮다, 이제는 좋아질 일만 남았다는 말을 덧붙였다. 그녀는 마침내 수긍했다. 그녀는 결정을 내리기 전에 많은 회의를 하지만 일단 결정을 하면 우직하게 앞만 보고 나가는 스타일이었다.

우선 아영 씨의 가장 큰 고민인 어머니와 관련된 문제들을 정리하기 위해 어머니가 손자에게만은 진심으로 대한다는 사실을 확인했다. 이러한 사실에는, 어머니가 그토록 바라왔던 '사내아이'였다는 것이 크게 작용했지만 아이도 할머니를 잘 따르므로 중요한 것들만 보자고 했다.

첫째, 어머니가 과거에 어쨌든 지금은 아이를 잘 봐주고 아이에게는 진심이며, 또한 아이는 할머니를 좋아하고 건강하게 자라고 있다. 여기까지만 생각하고 감사하자. 고마운 건 고마운 것이다. 어머니가 돈 때문에 아이를 보러 오는 것이든 아니든 속마음까지 생각하지 말자. 도우미 아주머니 또한 아이가 예뻐서 오는 것은 아니다. 어머니가 설사 돈 때문에 아이를 보러 온다 해도 나 또한 어머니가 좋아서가 아니라 내 몸이 힘들어서 어머니의 도움을 받는 것이니 마찬가지이다. 무엇보다도, 더 이상 아이를 다른 사람에게 맡겼다가는 애착의 문제가 생길 테니 현재로서는 대안이 없다. 어머니가 아이를 돌봐줘서 이 위기 상황을 견딜 수 있다는 것이 가장 중요하고 나머지는 나중에 생각하자. 몸과 마음이 회복되고 2년 정도 애를 쓰는데도 어머니와의 관계가 나아지지 않는다면 아이를 어린이집의 종일반에 맡기거나 직장을 잠시 그만두는 방법도 있다. 절망적인 상황이 아닌 것이다.

둘째, 어머니는 손자를 보면서 경제적인 문제도 해결한다. 그러면 나도 딸로서 떳떳하고 친정에 대한 걱정을 덜게 된다. 이에 대해 남편이나 시댁식구가 반대하지 않으며 친정아버지도 협조해주니 감사한 일이다.

셋째, 어머니가 히스테리를 부리면 그냥 '또 그러는구나' 하고 자리를 피하자. 내 잘못도 아니고, 내가 위로한다고 가라앉는 것도 아니다. 단, 내 잘못이 명백하다면 즉시 사과드리자.

그녀는 어머니와 부딪힐 때마다 앞에서 정리한 사항들을 되뇌며 흔들리지 않으려 했다. 또한 과거의 일은 나중에 고민하기로 하고 지금 벌어지는 일에 대처하는 데에 우선 집중했다. 어머니에 관한 고민을 일단 제쳐 놓으면 그다음은 남편에 관한 것이었다. 나는 "텔레비전만 보고 있는 남편을 볼 때 '저런 사람에게 내 인생을 어떻게 맡기지?' 하면서 앞서 가지 말고 그냥 '티비를 보는구나'라고만 생각하세요"라고 했다.

"애 옆에서 티비만 보는 남편이 옳지 않아도요?"

"옳지는 않지만 속상하다고 해서 나아질 것이 없잖아요. 남편이 갑자기 애를 잘 봐주는 사람으로 변하지도 않을 것이고 그것 때문에 이혼할 것도 아니구요. 그냥 '티비 보네'라고 생각하고 더 이상 아무 생각도 덧붙이지 마세요. 정 화가 안 풀리면 '멍청하게 티비 보네'라고 생각하세요. 심리상담을 오래 받으셨으니 얼핏 나빠 보이는 상황에서라도 뇌에서 부정적으로 받아들이지 않으면 감정이 동요되지 않는다는 것을 알지 않습니까?"

"뇌를 속이라는 말씀이시군요."

"네, 맞아요. 그리고 긍정적인 방향으로 속여야 하구요. 그렇게 본인의 마음을 일단 편하게 한 후, 나도 힘드니까 티비 보지 말고 애한테 집중해달라고 진지하게 말하세요. 눈물 흘리지 말구요. 울 일은 아니지 않습니까?"

그녀는 이런 식으로 현재 벌어지는 일들을 정리했고 빠른 속도로 마음이 안정되었다. 우울하거나 불안하면 지금 부정적인 생각을 하고 있음을 알아차리고 그 사이클에 들어가는 것을 멈추기 위해 미리 작성해놓은 50가지 즐거운 일을 하나씩 하라고 했다. 보통은 세 개만 해도 기분 나쁨에서 기분 좋음, 혹은 덤덤함의 상태로 변하게 된다. 그녀가 즐거움을 느끼는 일은 책 읽기, 카페에서 음악 들으며 커피 마시기, 초콜릿 먹기, 산책하기, 영화 보기 등으로 그 즐거움의 깊이가 충분히 가늠되는 것이라 도움을 주기가 용이했다. 비가 질척질척 내리면 바로 문자를 보냈다. "집에 있지 말고 나가세요. 카페에 가서 책이라도 보세요.” 그러면 그녀는 “앗, 선생님, 귀신같이 알고 보내셨네요. 안 그래도 또 우울 모드였어요”라는 답장을 보내곤 했다.

문제를 흘려보내는 연습과 함께 어머니와 갈등이 생기는 상황에서 현명하게 자기주장을 하는 현실적인 대처 방법도 숙지했다. 아울러 어머니가 치명적인 단점을 갖고 있지만 장점도 꽤 갖고 있으며 그런 면 때문에 자신이 대학도 가고 성공했음을 아영 씨는 인정하게 되었다.

그녀가 정서적으로 많이 안정되고 현재 벌어지는 일들에 대처할 수 있다는 자신감이 생겼을 때 비로소 나는 통 하나에 넣어두었던 과거의 상처를 하나 꺼내보기를 제안했다. 가장 힘들었던 어린 시절의 장면으로 들어가보자고 했다. 그녀는 동생이 손을 다쳤던 때를 꼽는데 생각만으로도 눈시울이 붉어졌고, 몇 번의 시도 끝에 겨우 그 장면을 떠올렸지만 상상 속에서 그녀는 동상처럼 굳어 울기만 했다. 수차례의 시도 끝에 겨우 그녀는 그 장면으로 들어갈 수 있었다.

“지금 어머니에게 무슨 말을 하고 싶어요?”

“‘엄마, 미안해요. 내가 동생 손을 다치게 했어요. 정말 잘못했어요, 용서해주세요’라고 말하고 싶어요.”

“아니요. 아영 씨의 잘못이 아니에요. 야단을 맞는 중에 바람이 불어서 사고가 난 거예요. 다행히 동생이 손을 크게 다치지 않았구요. 그렇지 않나요?”

그녀는 흐느끼기 시작했다.

“네, 맞아요. 사고였어요.”

“‘엄마, 동생이 다친 것은 정말 가슴 아파요. 하지만 그건 사고였어요. 내가 그런 것은 아니에요. 그러니 동생이 다친 것에 대해서는 제게 화를 내지 마세요'라고 말해보세요."

그녀는 한참을 울다가 겨우 한 마디씩 이어갔다.

"엄마… 동생이… 다친 것은… 마음 아프지만… 그건 사고였어요…. 그러니 화 내지 마세요."

나는 그녀가 이 말을 울지 않고 할 수 있을 때까지 몇 번이고 하게 했다. 어느덧 그녀는 흐느낌을 멈추고 담담하게 말을 할 수 있게 되었다. 그러고는 눈을 감고 한참을 있었다. 이윽고 눈을 떴을 때 다시 눈물을 흘렸지만 이번에는 격정의 흐느낌이 아니라 연약했던 어린 자아와 헤어지는 아름답고 정갈한 눈물이었다.

"한 번도 그 장면에서 그런 말을 할 수 있다는 것을 생각해보지 못했어요. 그 장면만 떠오르면 저는 항상 죄인이었고 그 때문에 엄마와 동생을 보면 자신이 없었죠. 그래서 지금도 엄마한테 쩔쩔매게 되구요."

"다행히 동생은 손을 크게 다치지 않았어요. 정상적인 가정이라면 병원에서 돌아온 어머니가 아영 씨에게 '놀랐지? 괜찮아, 사고였어. 배고프겠다. 밥 먹자'라고 했겠죠. 그런 어머니가 있었으면 참 좋았겠지만 이제는 아영 씨도 엄마가 되었으니 어머니에게서 들었어야 할 말을 스스로 하면 되는 겁니다. '괜찮아, 사고였어. 나 때문이 아니야. 어머니도 놀라고 피곤해서 아무 말도 안 하고 방에 들어가신 게지'라고 말하면 됩니다."

마음이 안정된 그녀가 말했다.

"상상 속에서는 했지만 막상 엄마 앞에서는 그런 말을 할 자신이 없고, 한다 해도 그리 좋은 반응을 보이실 것 같지도 않아요."

"상상 속에서 할 수 있으면 현실에서도 할 수 있습니다. 현실에서 해야 한다면 더 많은 연습을 시켜드리죠. 하지만 반드시 실제로 해야 할 필요는 없어요. 어머니에게 그 말을 하느냐 못 하느냐가 중요하지는 않아요. 실제로 한다고 해도 어머님이 '아이고, 내가 잘못했다. 불쌍한 내 새끼…'라고 하실 리도 없구요."

그녀는 오랜만에 미소를 지었다.

"그건 그렇지요."

"만약 앞으로 어머니가 그때 일을 거론한다면 오늘 연습했듯이 담담하게 말하면 됩니다. 아영 씨가 말했을 때 어머니가 엉뚱한 반응을 한다 해도 흥분하지 말구요. 어머니의 반응은 중요하지 않아요. 어머니에 대한 아영 씨 마음의 반응이 중요해요. 어머니의 눈을 피하지 않고 마음속으로나마 말할 수 있어도 충분합니다. 당당하게, 담담하게, 그러나 상대방을 경멸하지 말고, 거짓말하지 말고. 동생을 다치게 한 게 아니라는 것은 거짓말이 아니잖아요. 오히려 자신이 동생을 다치게 했다는 거짓의 기억에 갇혀 자신을 학대하고, 그런 모습 때문에 또 어머니에게 분노하게 되니 관계가 회복이 안 되는 겁니다. 앞으로는 어머니를 훨씬 편하게 볼 수 있을 겁니다."

드디어 그녀는 엄마로부터, 그리고 자신이 스스로 쳐놓은 굴레로부터 해방되었다. 부모와 떨어져 혼자서 살아보기도 했지만 마음까지 완벽한 자유는 아니었던 것이다. 그녀가 상담 목표로 '내 의지대로 생각하고 행동하는 자유로운 삶을 사는 것'을 세웠던 것도 당연했다. 마음으로 되니 실제로도 되었다. 현실생활에서도 서서히 어머니로부터 독립해나갔다. 상담일 전에도 너무 힘들면 그녀는 SOS메일이나 문자를 보냈고, 나는 그때마다 구체적인 지침을 알려주면서 마지막에는 항상 '고3 때 공부했듯이'라는 붙임말을 넣었다.

그로부터 3개월 후 그녀는 복직했고, 아이는 낮에 어린이집에 있다가 오후 늦게 어머니가 찾아와서 잠깐 봐줬다. 그리고 아영 씨가 퇴근하면 어머니가 집으로 돌아가시는 방법으로 생활을 정리했다. 여전히 어머니는 감기로 어린이집에 못 가게 된 손자를 하루 종일 보는 날이면 "넌 아픈 애를 놓고 일할 기분이 나냐"며 무대포로 속을 뒤집어놓았지만, 그때마다 그녀는 마음 관리법을 상기해 부정적인 생각의 사이클에 들어가지 않도록 했다. '엄마는 그렇게 말하고 싶은가 보지. 괜찮아. 그냥 넋두리 하시는 거야. 아이는 잘 자라고 있고 나도 엄마한테 최선을 다하고 있어. 엄마도 스트레스를 받으니 무슨 말이든 할 수 있지'라고 생각하며 마음을 다독였다.

아영 씨는 상담이 종료된 2개월 뒤 다음과 같은 이메일을 보내왔다.

선생님, 시간이 정말 빨리 지나가네요. 안 그래도 선생님께 안부 메일 드리려고 했는데 먼저 연락해주셔서 감사해요. 늘 일이 발생하긴 하지만 마음의 분리수거를 하다 보니, 이제는 속상한 일이 있어도 며칠만 지나면 잊고 말아요. 그만큼 이전보다는 강해진 것 같아요. 이젠 무슨 일이든 24시간 이내에 흘려보내게 된 것 같아요. 언제나 처리해야 할 일들이 바로바로 생기니까 지나간 일에 매여 있을 수만은 없는 거죠. 옛날에는 문제가 생기면 그 자리에 주저앉아 밤새 속상해하고 슬퍼하기만 했는데, 지금은 가볍게 흘려보내면서 바로바로 다음 걸음을 떼니 이렇게 몸과 마음이 가벼울 수 없고, 정말 옛날에 왜 그리 미련하게 살았나 싶어요. 이제는 어떤 일이 생겨도 예전처럼 두려워하지 않고 '고3 때 공부했듯이' 잘 버텨낼 수 있을 것 같아요. 참, 책 나오면 보내주신다고 했던 것 잊지 않으셨죠? 마음이 아픈 사람들을 위한 책이라고 했으니 빨리 보고 싶어요. 예전만큼 마음이 아프지는 않지만요. 그리고 좀 쑥스럽지만, 선생님의 제안을 받아들여 지난주에 하늘색 가디건을 하나 샀어요. 사람들이 잘 어울린다고 해서 기분이 좋았어요.

이 어여쁘고 명석한 여인은 오랜 기간 우울증으로 힘들어했지만 기를 쓰고 자신이 행복할 수 있는 방법을 찾아왔고, 마침내 감사 테라피를 시작한 지 7개월 만에 마음의 안정을 찾았으며, 급기야는 내가 제시한 3일도 아닌 24시간 이내에 마음 관리를 할 수 있게 되었다. 아영 씨가 빠른 시간 내에 회복이 된 것은 예전에 받았던 심리상담이 도움이 된 것은 물론이다. 하지만 '감사'라는 것을 하지 않는다면 그 모든 노력이 효과를 보게 되는 시기는 매우 요원하다.

서론에서 얘기했듯이 감사를 시작하기만 하면 회복에 가속도가 붙는다. 모든 상담이 끝난 후 비로소 행복해지는 것이 아니라, 감사는 먼저 행복감을 느끼고 그 행복감이 더 커지도록 노력하게 만들기 때문이다. 우선 살아볼 만해야 더 잘 살기 위해 노력하게 되지 않겠는가? 감사는 '그래도 한번 살아볼 만하다'라는 생각을 하게 해줌으로써 강력한 치료 동기를 불러일으킨다.

　아영 씨보다 마음 관리를 잘하는 사람을 딱 한 번 본 적이 있다. 명절 연휴 첫날, 가족과 시장에 갔을 때였다. 이것저것 구경도 하고 물건도 사다 보니 배가 고파서 시장 한복판에 일렬로 늘어서 있는 떡볶이 좌판대 중 인상 좋아 보이는 아주머니의 가게에 앉아 떡볶이를 시켰다. '재래시장이니까 1인분에 2,000원쯤 되나?' 태평하게 생각하면서 가격은 보지도 않고 순대와 어묵까지 시켜서 먹기 시작했는데, 먹으면서 가격을 보니 3,000원이어서 현금이 얼마나 남았는지 세어봐야 했다. 그때 허름한 차림의 한 아저씨가 떡볶이를 먹다가 갑자기 맛이 없다면서 자기가 먹은 값만 내겠다고 1,000원짜리 한 장을 내밀었다. 그러자 아주머니가 얼굴을 찌푸리더니 필요 없다며 돈을 내던지고는 다시는 오지 말라고 소리를 질렀다. 작은 소란에 시장 안의 사람들은 이쪽을 보게 되었고 그 아저씨는 황급히 자리를 떠났다. 나는 그래도 명절인데 돈을 던질 것까지는 없지 않나 하는 마음으로 아주머니 얼굴을 쳐다보았는데 순간 피식 웃음이 났다. 다른 손님이 오자 아주머니는 순식간에 좋은 인상으로 돌아가 웃으면서 떡볶이를 퍼주고 있었기 때문이다. 놀랍게도 아주머니의 '마음 관리 타임'은 24시간도 아니었고 1시간도 아니었으며 불과 5분이었다. 이분은 떡볶이의 달인이기도 했지만 무엇보다도 마음 관리의 달인으로 칭할 만했다. 몸은 힘들지 모르지만 우울해지는 일은 절대로 없을 것이라고 장담한다.

부모 때문이든 누구 때문이든 과거에 힘들었고 지금도 힘들다면 미래만이라도 더 이상 힘들지 않아야 하지 않겠는가. 그러려면 훗날 과거가 되어 있을 오늘을 정말 잘 보내야 한다. 떡볶이 가게의 주인이 자기 음식이 맛없다고 1,000원짜리 하나 놓고 가려 했던 과거의 손님에만 마음이 상해 있다면, 오늘 오는 손님들을 다 놓치게 되어 미래에는 가게 문을 닫게 될 것이다. 우리가 오늘 하루 불평불만으로 살았다면 미래 또한 불평불만 투성이가 된다. 뇌가 불평불만을 중요하게 기억하고 그 기억에 의거하여 모든 정보를 처리하느라 여전히 정신없이 살 것이기에 행복한 미래는 절대로 올 수 없다. 과거 때문에 지금 내가 힘들지만 감사의 자루로 묶어 한번에 정리하고 미래의 과거가 될 현재를 감사로 잘 다독거려놓으면 미래에 나는 슬퍼할 일이 없어진다.

우리는 과거를 정리하고 미래를 준비하는 두 가지 일을 동시에 해야 한다. 시간은 계속 앞으로 흐르기 때문이다. 그 방법은 현재를 보내는 태도에 있으며 그것은 감사이다. 따지고 보면 감사의 대척점에 있는 불평불만은 항상 과거에 관한 것이다. 미래에 대해 불안해하는 것도 과거가 늘 불만스러웠기에 그런 세상만 보이기 때문이다. 1분 전, 아니 1시간, 하루, 한 달 전의 과거에 대해 마음 쓰는 것까지 뭐라 할 수는 없다. 하지만 우리들은 보통 수십 년 전의 과거에 대해서도 불평하며 심지어 돌아가신 부모님에게까지 분노를 느낀다.

지금 방 안을 둘러보라. 언제 만들었는지 알 수도 없는 수많은 부정적인 감정의 메주들이 천장에 둥둥 매달려 있다. 그만 내려서 된장을 담그거나 너무 오래되어 곰팡이가 심하게 핀 것은 과감히 버려야 한다. 감사의 자루로 과거를 묶기는 했지만 차마 버릴 수 없다면 골방에 잠시 넣어두자. 그리고 현재를 먼저 감사로 다스린 후 시간이 날 때 꺼내보자. 과거는 천천히 해결하자. 처리해야 할 양이 너무 많기 때문이다. 할 수 있는 것부터 해보도록 하자.

우리는 과거를 정리하고 미래를 준비하는 일을

동시에 해야 한다.

시간은 앞으로 흐르기 때문이다.

그 방법은 현재를 보내는 태도에 있으며

그것은 감사이다.

너무 오래되어 곰팡이가 심하게 핀

부정적인 감정들을 과감히 버리자.

감사의 자루로 과거를 묶기는 했지만 차마 버릴 수 없다면

골방에 잠시 넣어두자.

그리고 현재를 먼저 감사로 다스린 후

시간이 날 때 꺼내보자.

과거는 천천히 해결하자.

지금 할 수 있는 것부터 해보도록 하자.

슬픔은 사라지지 않는다
좋은 기억으로 덮을 뿐이다

　　　　많은 사람들은 마음의 슬픔이 없어지기를 바란다. 안타깝게도, 슬픔은 없앨 수 없다. 의식의 지하에 내려가 있을 뿐 완전히 없앨 수는 없다. 방 안에 먼지가 쌓이지 않게 할 수 있는가? 절대로 불가능하다. 그냥 하루하루 청소를 할 뿐이다.

　큰아이가 백일장에 나간다고 해서 차로 데려다주러 갔다가 시 주최 문화행사를 하길래 잠깐 들여다보았다. 마침 운동장 한가운데서 사물놀이 경연대회가 한창이었다. 초등학생부터 고등학생까지 각 학교의 대표들이 나와 어른 뺨칠 정도의 공연을 하고 있었다. 고등학생들의 수준 높은 경연이 몇 번 이어지더니 이번에는 초등학교 저학년 아이들이 나왔다. 자기 몸만 한 장구를 둘러메고 등장할 때부터 어르신들이

대부분인 관중들은 우레와 같은 박수를 쳤고, 본 공연에 앞서 자리를 잡고 어깨를 들썩이며 장구와 꽹과리, 북의 리듬을 맞춰볼 때는 너무 앙증맞아 절로 웃음이 나왔다.

그런데 이때부터 명치 아래쪽에서 무언가 아린 감각이 느껴졌는데 처음에는 그 정체를 알지 못했다. 이윽고 본 공연이 시작되자 '덩덩덩 더쿵, 덩덩덩더쿵' 딱 두 마디 만에 눈물이 솟구쳤다. 쏜살같이 눈앞으로 어떤 장면이 겹쳐졌다. 작은아이의 유치원 발표회 장면이었다. 스트레스가 극에 달했던 그해 겨울, 아이 유치원에서 연주회가 있었다. 작은아이는 상급반이었기 때문에 난이도가 있는 사물놀이 공연을 했고 아이는 가운데에 앉아 머리를 까딱까딱하며 열심히 장구를 쳐댔다. 엄마들은 동영상을 찍느라 분주했지만 나는 멀찌감치 떨어져서 눈물만 흘리고 있었다. 아이의 사랑스러운 모습을 다시는 보지 못할지도 모른다는 부질없는 생각에 사로잡혀 사진을 찍을 생각조차 하지 못했다.

벌써 7년도 지난 일이었다. 그동안 한 번도 떠올려본 적이 없는 일이었다. 하지만 당시의 슬픔이 재현되는 데에는 1분도 채 걸리지 않았다. 7년 후의 다른 사물놀이장에 앉아서 울고 있던 나는 "참나…" 하면서 일어나 다른 쪽으로 걸어가면서 실실 웃어댔다. 지금 나는 이렇게 살아 있고 그 사랑스러운 떡잎 같았던 아이는 이제 맘 같아서는 등짝이라도 한 대 때려주고 싶은 중학교 2학년의 여전사로 자라났기에 순간적으로 감정이 격해진 것이 웃기기도 했다.

7년 전의 슬픔은 어떻게 그동안 한 번도 생각이 안 날 정도로 내 의식의 밑바닥에 가라앉아 있었을까? 계속 다른 일이 생겼기 때문이다.

그리고 그 일을 가능하면 좋은 것, 즐거운 것으로 채우려 했기 때문이다. 매일같이 즐거운 일이 생겼다는, 그런 불가능한 일이 일어났다는 말을 하려는 것이 아니다. 어떤 일이 벌어지든지 그래도 감사한 것을 찾아서 나쁜 기억으로 도장 찍지 않으려 했다는 말이다. 감사 테라피를 실천한 이래 나는 낮에는 울고 화를 냈을지언정 단 한 번도 울거나 불평하면서 잠이 든 적이 없으며 웬만한 갈등은 3일 내에, 길어도 한 달 내에 해결하고자 했다.

감사 테라피를 진작에 알았다면 7년 전의 슬픔은 당시 말끔히 청소가 되어 나중에 아예 생각나지도 않았을 것이며, 7년 후 다른 사물놀이장에 있던 나는 속으로 점 찍었던 팀이 대상을 받는지 흥미롭게 지켜보았을 것이다. 만약 그때 감사 테라피를 했다면 무엇을 감사했을까? 정확하게는 모르겠다. 결과론적인 말은 누구나 쉽게 하지 않는가? 그래도 생각을 해본다면 '아이의 공연 장면을 병실에 누워서 캠코더로 보지 않아서 감사하다' '그나마 아이가 저런 공연을 할 정도로 컸을 때 아파서 다행이고 감사하다' 등의 생각을 했을 것 같다. 흙이 계속 쌓이면 맨 아래층의 흙은 비료가 되는 것처럼, 슬픔 위에 좋은 기억이 계속 쌓이면 슬픔은 비료가 되어 아름다운 감사의 꽃을 피워낸다. 슬픔이 여전히 의식의 밑바닥에 자리 잡고 있더라도 몇 년 후 우리는 그 꽃의 향기를 맡으며 미소를 짓게 된다.

슬픔을 좋은 기억으로 덮는 방법은 앞의 아영 씨 사례에서 잠깐 언급하기도 했지만 좀 더 구체적으로 살펴보자. 우는 아이를 달래는 법을 알고 있는가? 정신을 딴 데로 돌려 웃게 하면 된다. 기분 좋게 해줄 수 있는 것이라면 무엇이든 좋다. 부모가 '까꿍까꿍' 하면서 웃겨주거나 공놀이를 같이 하거나 맛있는 것을 줄 수도 있다. 뇌는 새로운 자극이 들어오면 신나하면서 도파민을 분비하는데 이 도파민은 긍정 호르몬의 대표주자로, 울 때 분비되었던 부정적인 호르몬을 없애준다. 그러면 아기는 좀 전의 슬픔을 잊어버리고 다시 방실댄다. 이 방식을 자신에게도 해야 한다. 즉, 자신을 방실대게 해주라.

사실 웃기만 한다면 모든 상황은 종료된다. 친구에게 화가 나서 씩씩대며 따지러 갔는데 얼굴을 보는 순간 피식 웃어버렸다면 더 이상 얘기를 들어볼 것도 없는 것이다. 몇 해 전에 유튜브에서 동양의 한 스님이 서양인들에게 설법을 전하는 동영상을 본 적이 있다. 서양인들은 호기심 반, 경외심 반으로 스님을 둘러싸고 있었고 스님은 만면에 웃음을 짓고 있었다. 사람들이 한 명씩 나와서 고민을 털어놓으면 스님이 해법을 알려주시는 모임이었다. 내가 본 동영상은 모임에서 벌어지는 일을 담은 것이었다. 한 중년 여성이 고민을 상담하러 나왔지만 스님의 얼굴을 본 순간 자신도 모르게 계속 웃다가 고민거리는 내놓지도 않고 만족스러운 표정으로 그냥 내려갔다. 청중들의 웃음이 터졌다. 다음에는 키가 아주 큰 젊은 남성이 구부정한 모습으로 올라왔는데 삐쩍 마른 몸이었고 매우 심각하고 진지한 표정이었다. 하지만 이 사람 역시 스님의 얼굴을 보는 순간 웃음이 빵 터져 계속 웃기만 했고 그걸 본 청중들이 따라 웃으면서 장내는 웃음소리로 뒤덮였다. 결국 이 남성은 자지러지게 웃다가 그만 의자가 뒤로 넘어가 벌러덩 뒤집어졌고 청중들은 아예 미친 듯이 웃었다. 그 후에도 웃음을 멈추지 못한 청년은 아예 아무 말도 못 하고 그냥 내려가겠다는 신호를 보냈고, 스님이 "해결되었냐"고 물으니 고개를 끄덕였다. 영상은 여기서 끝나 자세한 내용을 알기는 힘들었지만 아마도 이 남성은 살면서 처음 그렇게 크게 웃은 게 아닌가 싶었다. 얼굴을 찌푸린 채 고민을 상담하러 왔지만 웃는 즉시 마음이 풀리면서 어떤 해법을 얻었던 것 같다.

일단 웃으면, 그리고 그 웃음을 거두지만 않으면, 문제는 이미 90%는 해결된 것이다. 앞의 사례에 나왔던 박 선생님도 3일 내내 웃다가 자리를 박차고 새로 시작하지 않으셨던가. 심리상담을 받든, 잠자는 시간을 줄여 열심히 공부를 하든, 쥐꼬리만 한 월급과 상사의 어이없는 요구를 참으면서 직장에서 버티든, 최종적인 목표는 모두 마음 편히 웃으면서 잘 살아보자는 것 아닌가? 순서를 바꾼다면 큰일이 날까? 아니다. 오히려 목표를 빨리 이루게 해준다.

그럼에도 불구하고, 아무리 좋은 기억으로 덮으려 해도 불쑥불쑥 기분이 나빠지기 마련이다. 세계적인 영성가들 역시 단 하루도 기분 나쁜 적 없이 보내는 날이 없다고 고백하니, 그러려니 하고 기분이 나빠질 때 해야 할 일을 알아보자.

'즐겁고 기분 좋은 일'의 목록을 만들라

50개 정도면 적당하다. 이것을 즐거움의 정도에 따라 순위를 매기자. 예를 들어 영화 보기 3위, 친구랑 수다 떨기 7위, 목욕하기 50위… 이런 식으로 순위를 매기는 것이다. 상위 10가지의 항목은 외워놓아야 한다. 필요하면 목록을 뒤적거리지 않고도 바로 그것을 해야 하기 때문이다. 스트레스를 받았을 때 처음에는 50위부터 시작하기를 권한다. 기분이 풀리면 다행이고 안 풀리면 49위의 것을 한다. 물론 너무 고지식하게 할 필요는 없다. 상황에 따라 40위의 것을 제일 먼저 할 수도 있다. 세 개에서 다섯 개를 넘기 전에 기분이 풀릴 것이다. 스트레스가 너무 심해서 쉽게 진정이 되지 않을 때는 3순위 이내의 것을 먼저하라. 때로는 응급처방도 필요한 법이다.

이 방법으로 효과를 보는 사람과 보지 못하는 사람의 차이는 그것을 하느냐 하지 않느냐의 차이일 뿐이다. 훌훌 털고 일어나 즐거움을 느끼는 액션을 취하기만 하면 슬픔에서 벗어나게 되어 있다. 그것이 뇌의 속성이기 때문이다. 뇌는 정체되어 있지 않으며 끊임없이 지금 바로 들어오는 자극을 처리한다. 처리해야 하는 자극이 즐거운 것이라면 뇌는 즐거움을 처리해야 하므로 기분이 좋아질 수밖에 없다. 뇌가 새로운 자극을 처리하느라 좀 전의 슬픈 생각과 감정을 일단 놓아야 하기 때문이다. 콩 심은 데 콩 나고 팥 심은 데 팥이 나는 것이다. 슬픔이 깊어지는 것은 가만히 누워서, 혹은 앉아서 계속 그 슬픔을 되새기기 때문이다. 슬픈 생각은 슬픈 감정을 낳고, 그것을 되새기면 슬픈 기억이 고구마줄기처럼 계속 끌려나와서 다시 슬픈 감정이 생기고… 이런 식으로 악순환을 밟게 된다. 삼일절에 독립만세를 외치듯이 분연히 일어나 즐겁고 기분이 좋아지는 골든 액션을 취하면 슬픔의 고리는 끊어지게 된다. 여러 가지 시도를 했는데도 슬픔이 가라앉지 않는다면 전문 심리상담을 통해 어느 부분에서 막히는지 해법을 찾아야 할 것이다.

하지만 심리상담을 받더라도 1주일에 한 번 받는 상담 외에 더 많은 시간을 혼자서 보내야 하므로 스스로 행동을 하는 것은 여전히 중요하다.

좋은 기억으로 나쁜 기억을 덮을 수 있다는 것은 단순한 희망이 아니라 과학적으로도 입증되고 있다. 2013년 7월 〈중앙일보〉에 생쥐 뇌에 빛을 쪼여 기억을 바꿔치기했다는 연구에 관한 기사가 실렸다. 미국 MIT대 연구팀이 광유전학 기술을 이용하여 전기충격을 당했던 쥐의 '나쁜 기억'을 '좋은 기억'으로 바꾸는 데 성공했다고 한다.

뇌 신경회로를 바꾸는 신기술이 인간에게 적용 가능하다면 그 대상은 뇌를 다친 사람들일 것이다. 건강한 뇌를 갖고 있다면 인위적으로 기억을 바꿔치기할 필요가 없다. 전두엽에서 '좋은 기억'으로 마무리를 하면 되기 때문이다. 이 말은 어떤 사실을 '거짓으로' 좋게 왜곡해서 기억한다는 뜻이 아니다. 작위적인 왜곡은 오히려 마음의 방을 어지럽히기만 할 뿐이다. 1장에서 보았듯이, 일어난 '사실'은 바꿀 수 없지만 그 사실에 대한 나의 '지각과 해석'을 긍정적으로 한다는 뜻이다. 그러면 안 좋았던 일도 좋은 기억으로 남게 된다.

더 정확하게 말하면, 절망적일 정도로 고통스러운 기억으로는 절대 남지 않게 되고, 그러면 미래에 그 기억으로 힘들 일이 없어진다. 무엇보다도 감사로 좋은 기억들을 만들면 마음의 방이 어지럽혀질 일이 전혀 없다. 감사의 부작용이라면, 아침부터 왠지 기분이 좋아서 아무한테나 "감사, 또 감사합니다"라는 말을 연발하다가 실없는 사람으로 보일 때가 있다는 것 정도이다. 게다가 광유전학으로 나쁜 기억을 좋은 기억으로 바꿔치기 하는 데에는 앞으로 상당한 시간이 걸리겠지만, 감사로 좋은 기억을 심는 것은 당장이라도 할 수 있다.

3시간의 리듬을 따르라

〈즐거운 일 목록〉을 작성할 때 중요한 주의사항 두 가지가 있다. 첫째, 이 목록에 잠시 동안은 즐겁지만 나중에 후회할 것을 넣어서는 안된다. 2조각 정도의 초콜릿이나 적당한 음주 등은 좋지만 초콜릿을 한번에 다섯 개 이상 먹는다거나 인사불성이 될 정도로 과음을 하는 것은 안 된다. 둘째, 아무리 즐거워도 3시간을 넘지 않도록 해야 한다. 2시간 이내의 영화 보기, 1시간 이내의 게임 등은 아주 좋지만 영화와 게임에 3시간 이상 줄곧 빠져 있다거나 매일같이 성적 자극에 탐닉해서는 곤란하다. 2장에서 언급한 골든 땡큐의 원리를 떠올려보자. 편도체를 달래고 전두엽을 설득해야 한다고 했다. 그리고 편도체를 먼저 달래야 하지만 전두엽을 능가하지 않게 해야 한다고도 했다. 쾌락적인 자극을 지나치게 탐닉하면 편도체를 달래는 정도가 아니라 편도체에 풍덩 빠져버리게 된다. 그렇게 되면 동물적인 본능만 추구하게 되고 전두엽이 거의 가동되지 않는다. 아이가 부모의 권위를 넘어서면 콩가루 집안이 되듯이 편도체베베가 전두엽맘을 넘어서면 마음의 집은 소돔과 고모라가 된다.

2장에서 보았던 가란 씨의 사례를 떠올려보자. 그녀는 피자 두 판, 치킨 두 박스를 먹으면서 10시간 내내 영화를 보았어도 결코 행복하지 않았다. 오히려 동물처럼 되어가는 자신의 모습에 자괴감을 느끼면서 괴로움만 더 커졌다. 가란 씨가 극강의 행복감을 느꼈던 것은 계획표를 지킨 후 보상으로 잠깐 영화 한 편을 보거나 매니큐어 한 개를 샀을 때였다. 또한 1장에서 나온, 마시멜로를 바로 먹지 않고 참았던 아이들이 40년이 지난 후에도 자기조절 능력을 유지하고 성공적이고 행복한 삶을 살았음을 떠올려보자. 그 아이들처럼, 욕구를 조절하게 되면 뇌 속에 조절의 흔적이 생기기 시작한다. 이러한 흔적이 쌓여 전두엽에 견고한 성이 쌓이게 되면 어떤 분야에서든 '성공'이라는 것을 안 하려야 안 할 수가 없다.

많은 사람들이 "1주일 내내 힘들게 일했으니 오늘은 밤새 진탕 퍼마실 거야"라고 한다. 하지만 힘들게 일한 몸과 마음을 회복하는 데 힘들었던 만큼의 오락 시간이 필요한 것은 아니다. 사람들의 마음을 뛰게 하는 단어인 '성공', 그 성공을 하려면 1만 시간의 법칙이 필요하다는 말을 들어봤을 것이다. 그런데 전문가나 대가들이 1만 시간 동안 열심히 노력한 후 또 다른 1만 시간을 그냥 놀고 마시는 것이 아니다. 그들은 아주 잠깐 머리를 식히고 다시 1만 시간을 채우러 돌아간다. 사람들마다 차이가 있긴 하겠지만 보통 한 번에 3~4시간 정도이면 대부분 기분이 전환된다. 그들은 절대로 편도체에게 주도권을 넘기지 않는다.

마음의 병을 앓았던 사람에게 '성공'의 의미는 병이 재발을 하지 않는 것이다. 물론 가끔씩 비를 맞는 것까지 바라지 않을 수는 없다. 하지만 적어도 태풍 한가운데에 놓여서는 안 된다. 다시는 말이다. 한 번 아팠으면 됐다. 그리고 다시 돌아가지 않으려면 편도체에 주도권을 뺏겨선 안 된다.

하루를 진탕 놀고서도 금방 또 일에 몰입하는, 집중력과 주의력의 배분이 탁월한 사람들도 있긴 하다. 하지만 보통 사람들은 오락거리에 오래 빠져 있다가 진지한 일을 하러 왔을 때 뇌가 금방 적응하지 못한다. 심장도 금방 가라앉지 않는다. 편도체와 전두엽에 할당해야 하는 시간을 지켜내는 것이 골든 땡큐의 핵심 연금비법이다.

하루가 3시간의 8배에 해당하고 썰물과 밀물의 주기가 3시간의 4배에 해당하듯이 3시간은 자연의 리듬이기도 하지만 심리적 리듬이기도 하다. 좀 더 과학적으로 말하자면, 한 번에 주의를 집중할 수 있는 맥시멈의 시간이다. 할머니들은 다 안다. 금쪽같은 손주가 왔을 때 버선발로 뛰어나갈 정도로 반갑지만 3시간쯤 지나면 손주가 간다고 할 때 더 반갑다는 것을. 남자들은 다 안다고 한다. 조국의 미래와 자유에 대해 웅변을 토하다가도 3시간쯤 지나면 군대 얘기, 야한 얘기를 한다는 것을. 3시간은 장場이 한 번 바뀌는 시간이다. 그러고 보면 죽도록 사랑해서 결혼한 부부가 원수처럼 싸우는 것도 이해가 간다. 하루에만도 3시간의 몇 배를 같이 있어야 하니 레퍼토리가 다 바닥이 난다. 화장도 이미 지워졌고 우스갯소리도 이미 다 했으며, 반찬 하나 만들 때마다 출연료를 받는 것도 아닌데 삼시 세끼 다른 반찬을 만들어 먹을 수도 없다.

다시 본론으로 돌아가, 그렇다면 목록에 있는 것 중 50위의 것을 해보고 안 되면 49위의 것을 하라는 말은 무슨 뜻일까? 50위의 것을 했을 때 기분이 좋아지는지 아닌지는 30분 내로 결정된다. 30분을 했는데도 기분이 나아지지 않는다면 다른 것을 하라는 뜻이다. 다른 것을 시도해서 30분 내로 기분이 나아졌다면 그것에 몰입하되, 최대 3시간 정도만 해도 자신을 방실대게 하는 데 충분하다. 물론 어떤 날은 너무 우울해서 3시간 하는 것만으로 기분이 나아지지 않을 때도 있다. 중병에 걸리면 입원해서 링거를 맞아야 하듯이, 그런 날은 가족과 주변 사람들에게 양해를 구한 후 '내가 언제 또 이런 호사를 누리겠는가?' 하는 마음으로 모든 것을 내려놓고 즐기기 바란다. 그저 링거를 맞지 않는 것이 더 좋다는 것만 기억하자.

3시간의 리듬을 지켜야 하는 더 중요한 이유는 인간의 행복감이 다차원적이기 때문이다. 인간은 참으로 신묘한 존재이다. 좀 쉽게 말하면 욕망이 많다. 영과 육, 정신과 마음, 감정과 이성 등으로 복잡하게 얽혀 있어서 어느 하나만 충족된다고 해서 온전한 만족감을 느끼지 못한다. 인간은 몸이 즐겁되 어느 정도 자신에게서 인품과 신성까지도 표현이 되어 다른 사람의 존경을 받을 때 비로소 행복감을 느낀다. 따라서 단일한 차원의 쾌락만 추구하면 애당초의 목적이었던 행복감에서 오히려 멀어지게 된다.

인간의 행복감이 다차원적이라는 것은 갓난아이와 유아만 봐도 이미 알 수 있다. 갓난아이라도 배가 부르면 입을 앙 다물고 절대로 젖을 먹지 않는다. 본능적인 욕구 충족이 행복의 전부라면 이런 모습을 보일 리가 없다. 유아가 책을 보기 시작하면 엄마의 고달픈 여정이 시작된다. 아이는 그림책에 있는 동물들을 하나씩 짚어가며 "으~" 한다.

"으~ 호랑이."

"으~ 사자."

천재는 아닌 것 같은데 기본 30분에서 1시간을 넘어간다. 엄마가 장난으로 사자를 '호랑이'라고 하면 아이는 "으응~ 으응~" 하며 아니라는 몸짓을 한다. 엄마가 '사자'라고 하면 아이는 눈을 반짝이며 물개박수를 치면서 좋아한다. 우유도 아니고 사탕도 아닌데, 그깟 사물 이름에 아이는 기뻐한다. 인간은 무언가를 새로 알고 생각하면서 사고뇌가 활성화될 때 기쁨을 느끼게 되어 있는 것이다. 2장에서 말했듯이 인간은 파충류의 뇌를 뛰어넘고 영장류의 뇌도 뛰어넘은 최고의 지성체로 진화했기 때문에, 파충류 뇌의 핵심을 차지하고 있는 편도체의 즐거움만으로는 어림도 없다. 3시간의 리듬을 지키라는 것은 당신의 즐거움을 빼앗아 금욕적인 사람으로 만들려는 것이 아니라 오히려 정말로 '인간적인' 즐거움을 얻게 하기 위함이다.

우리는 자극적이고 감각적인 것이 있어야만 즐거워진다고 으레 생각한다. 하지만 이런 식의 즐거움은 그 자극이 없어지면 순식간에 사라질 뿐 아니라, 점점 더 강한 자극을 필요로 한다. 오히려 견고한 행복감은 전두엽이 제대로 가동될 때 느낄 수 있다. 전두엽이 활동하면 도파민과 세로토닌이라는 기분을 좋게 하는 호르몬이 분비되는데 외부 자극이 아니라 내적 동기에 의해 유발되기에 훨씬 진하고 매우 오래 간다. 즉각적인 쾌락은 그 자체에 문제가 있다기보다는 전두엽의 가동을 통한 깊은 수준의 행복감을 느낄 기회를 차단한다는 것이 더 문제이다.

성공하는 사람들이 쥐꼬리만큼만 쉬고도 1만 시간을 채울 수 있는 비결은 바로 목표를 갖고 몰입할 때 부여받는 도파민 때문이다. 그래

서 그들은 값비싼 포도주와 상어알을 잠깐 음미하고 홀연히 파티장을 나선다. 그리고 연구실이나 작업실, 혹은 명상의 방으로 들어가 도파민 스위치를 켠다. 파티장에서 빨리 사라지는 그들에게 친구들은 "아니, 집에 꿀단지를 모셔놨어? 왜 그리 서둘러 가?"라며 아쉬워하거나 비아냥거린다. 맞다. 이들의 뇌 속에는 꿀단지가 있다. 하루라도 그 꿀을 먹지 않으면 오히려 공허하다고 느낀다.

몰입을 한다고 해서 연구실이나 작업실에서 거창하게 해야 하는 것은 아니다. 책 보기, 신문 보기, 음악 감상하기, 그림 그리기, 글쓰기, 화초 키우기, 뜨개질같이 일상적인 활동에서도 얼마든지 전두엽의 몰입이 일어날 수 있다. 텔레비전 프로그램 〈생활의 달인〉의 주인공들이 바로 이런 생활 속의 몰입을 하는 분들이다. 불량품 검수의 달인, 택배의 달인, 외발자전거의 달인, 똬배기의 달인들이 등장하는데 하나같이 표정이 밝다.

어느 해인가, '달인들의 1년 후'라는 콘셉트로 방송을 했던 기억이 난다. 방송에 소개된 후 그들이 갑자기 부자가 되었다거나 하는 큰 변화는 없었지만 여전히 그들은 자신의 전문성을 지켜내고 계속 업데이트하고 있었다. 그리고 그들 대부분은 "죽을 때까지 할 것이다"라는 말을 했다. 떼돈을 버는 것도 아닌데 그 일을 계속 하겠다는 이유는 내적 동기에 의해 유발된 깊은 수준의 행복의 비밀을 알고 있기 때문이다. 앞으로 이런 프로그램을 보게 된다면 신통방통한 그들의 능력과 함께 얼굴도 꼭 보기 바란다. 그들은 절대로 나대지 않고 우쭐대지도 않는다. 크게 웃지도 않는다. 하지만 은근한 여유와 평화로움이 느껴진다.

내적 즐거움으로 인해 얻은 도파민과 세로토닌이 가득한 표정이기 때문이다. 사실 이들은 편도체에서 3시간을 놀다가 전두엽으로 돌아온다기보다는 그 반대이다. 전두엽의 일을 먼저 한 후 휴식이나 상으로 편도체를 즐겁게 한다. 원래는 이 순서가 정상적인 것이며 당신도 곧 그렇게 될 것이다.

하루 10분 마법의 행동요법

전작인《하루 3시간 엄마 냄새》에 관한 강연을 하러 갔을 때 플래카드에 '하루 10분 엄마 냄새'라고 잘못 쓰인 것을 본 적이 있다. 하루 10분만 엄마 냄새를 주어도 아이가 잘 자란다면 얼마나 좋겠는가? 하루 3시간은 24시간 중 결코 많은 시간이 아니지만 대부분의 엄마들에게는 '3시간만'이라기보다는 '3시간씩이나?'일 것이다. 엄마들에게 무척이나 고된 시간을 따로 내어 아이에게 주라고 한 이유는 아이는 전두엽이 완성되지 않았기 때문이다. 스스로 문제를 해결할 수 없으니 하루 최소 3시간은 부모가 옆에서 철석같이 지켜주고 도와주어야 한다.

하지만 전두엽이 완성된 어른은 하루 10분만으로도 문제를 해결할 수 있다. 10분 동안 할 수 있는 일은 의외로 많다. 여성이라면 머리를 감고 말리고 기초화장을 끝낼 수 있다. 남성이라면 머리를 감고 말리고 옷까지 입을 수 있다. 하지만 우울증 환자는 머리를 감는 것조차 힘들다. 당신이 만약 그러하다면, 딱 10분만 하기로 하고 목욕탕에 들어가서 머리에 물을 묻혀보자. 시작만 하면 자신도 모르는 새에 옷을 입고 있는 것을 볼 수 있게 될 것이다. 여자들은 다 안다. 머리를 감고 화장을 마치기까지 골든 타임이 있다는 것을. 머리를 감은 후 각자의 머릿결에 따라 10분에서 30분 이내에 손질을 하지 않으면 그날 헤어스타일은 엉망이 되고, 세수를 한 후 각자의 피부 상태에 따라 1분에서 5분 이내에 스킨을 바르지 않으면 각질이 일어나고 주름이 생긴다는 것을 알기 때문에, 일단 머리를 감으면 말리게 되고 세수를 하면 화장까지 하게 되어 있다. 오랜 몸의 습관이 자동적으로 당신을 이끈다. 그리고 당신을 살린다. 머리까지는 감았는데 도저히 다음 일을 하기 싫다면 그때 도로 자리에 누워도 된다. 그러니 딱 10분만 시간을 내어보자. 그러면 도로 눕는 일은 거의 없다는 것을 알게 될 것이다.

한 번 더, 딱 10분만 하기로 하고 집을 나서서 어디로든 가보자. 마트든 도서관이든 영화관이든 나서보자. 가다가 싫으면 돌아오면 된다. 그러니 일단 10분만 움직여보자. 그러면 10분 안에 돌아오는 일은 거의 없다는 것을 알게 될 것이다. 설사 10분 안에 돌아온다 해도 결코 허튼 일을 한 것이 아니다. 그 사이에 몸을 움직였고 햇빛도 쬐었기 때문에 당신의 전두엽은 살짝 움직이기 시작했다. 급하게 돌아오지만 않았다면 본격적으로 가동되어 기분도 더 좋아질 예정이었다. 전두엽에 바람을 쐬어주면 당신의 인생도 숨통이 트인다. 그러려면 일단 일어나 손과 발을 움직여야 한다. 그래야 전두엽의 창이 열려 탁한 공기가 나가고 신선한 공기가 들어온다.

나갔다 왔는데도 기분이 좋아지지 않았다고 화를 내지 않으셨으면 한다. 이 세상에 한 번으로 되는 일이 어디 있단 말인가? 이미 당신의 뇌와 몸 속에서는 변화가 시작되고 있으므로 믿고 기다리자. 감기도 나으려면 최소 7일이 걸리고 암도 완치 판정을 받으려면 치료 후 5년 내에 재발이 없어야 한다는 기준이 있다. 우울증을 가리켜 '마음의 감기'라는 표현을 많이 쓰는데 '마음의 암'이라는 표현이 더 적절하다고 생각한다. 증상이 심한 경우에는 암 못지않게 오래가고 고통스럽기 때문이다. 몸이 아플 때 회복되려면 시간이 걸리듯이 마음이 아플 때도 마찬가지이다.

하루 10분의 행동요법은 결국 당신을 많이 움직이게 하기 위한 고책으로 생각한 것이다. 움직여야 하는 이유는 세 가지이다. 첫째, 다시 시작하기 위한 에너지를 얻기 위해서이다. 에너지가 있어야 움직이는 것이 아니라 움직여야 에너지가 순환된다. 움직여야 배가 고파지고 배가 고파야 물과 음식을 먹게 되며 물과 음식이 들어와야 에너지가 발생한다.

둘째, 새로운 기회를 만들기 위해서이다. 당신이 우울해 있다면 그동안의 삶에 지쳐 마음의 문을 닫았을 가능성이 높다. 그 문을 삐그덕 열게 하는 기회가 반드시 온다. 다만, 당신이 좀 움직여주어야 한다. 어떤 강가에 앉아 발장구를 치려는데 물속에 더러운 것이 많다는 것을 알게 되었다면 좀 더 위로 올라가거나 아래로 내려가보지 않는가? 좌절했던 그곳에 웅크리고 있어봐야 그곳에서 새로 얻을 것은 거의 없다. 물론 궁극적인 목표는 좌절했던 그곳을 언젠가는 다시 수용하고 사랑하는 것이지만 그럴 힘이 생길 때까지는 일단 그곳을 벗어나야 한다.

물리학자들이 '기적의 해'라고 부르는 연도가 있다. 1905년이다. 아인슈타인이 물리학계의 판도를 뒤집을 논문 다섯 개를 동시에 발표한 해이기 때문이다. 그런데 아인슈타인이 천재적인 논문을 썼던 곳은 대학교가 아니라 스위스의 특허청이었다. 그는 대학교를 졸업한 후 독일을 비롯한 여러 나라의 대학교에 지원서를 냈지만 강사로 채용되지 못했다고 한다. 그는 크게 상심했지만 가족을 먹여 살리기 위해 특허청에 취직했다. 하지만 아인슈타인이 바로 대학교수가 되었다면 물리학계는 기적의 해를 맞이하지 못했을 것이다. 과학사에 대한 실력 있는 저술가인 짐 배것Jim Baggot의 표현을 빌리자면, 아인슈타인이 교수가 되지 못하여 '학계의 아웃사이더가 되었기 때문에' 다른 물리학자들이 상상조차 하기 어려운 파격적인 논리를 마음껏 펼치는 것이 가능했던 것이다. 배것은 특허청에서 일했던 아인슈타인을 삼류기술자였다고 표현했다. 특허청에서 일하는 것이 삼류인지는 모르겠지만 나중의 위상에 비해 그렇다는 말인 것 같다. 어쨌든 아인슈타인은 좌절했던 곳을 벗어나 다른 곳으로 움직였고 그곳에서 전무후무한 초일류 학자가 되는 기회를 만들었다. 아울러 인류는 그전에 접하지 못했던, 자연법칙에 관한 일류 방정식을 얻게 되었다.

예전에 몇 번 강연을 하러 갔던 노인복지기관의 팀장님이 전화를 했다. 남편이 명예퇴직을 한 후 고깃집을 차렸는데 3년 만에 문을 닫았다고 한다. 상심이 커서 안 먹던 술만 마시며 의욕을 상실해 있는데 심리상담이라도 받아야 하는 건지 물었다. 나는 먼저 팀장님의 심경을 물었다.

"돈 날린 거 아까운 건 당연하죠. 하지만 열심히 살아보려다가 그리된 건데 후회한다고 일이 해결되는 것도 아니고…. 그래도 아직 기회가 있으니까 일단은 일어섰음 좋겠거든요."

예전의 수더분한 성격이 그대로였다. 그 남편이 장가 한번 잘 가셨다고 생각하며 남편의 생활에 대해 구체적으로 물어보니 심각한 우울증까지는 아니었다. 나는 남편에게 특별한 취미가 있으신지 물었다. 그녀는 남편이 성실하게 일만 하던 사람이라 술, 담배도 하지 않았고 취미 같은 것도 없지만, 예전에 직장 그만두면 등산을 다니고 싶다는 말을 한 적은 있는데 바로 식당을 차리느라 산에 제대로 가본 적이 없다고 했다. 마침 산수유꽃이 피기 시작하는 봄이었다. 나는 다시 시작하려면 마음 붙일 것이 있어야 하니 좋은 등산화를 선물해서 등산하도록 내보내고 한 달이 지나도 변화가 없으면 상담을 하러 오라고 했다. 그렇게 팀장님의 남편은 이 산 저 산 다니기 시작했고, 한 달 후 팀장님은 "큰 변화는 없어 보이지만 술은 끊었고, 아침에 눈 뜨면 일단은 등산가방을 메고 나가니 숨통이 트인다"라는 소식을 전했다. 나는 더 지켜보자고 했다.

그다음은 나중에 들은 이야기이다. 남편분은 등산을 다니다가 우연히 4,500원짜리 밥집을 발견했다. 처음에는 값이 싼데도 음식이 아주 정갈해서 놀랐고, 너무 맛있어서 또 놀랐다. 제철 재료로 만든 반찬들은 매우 신선했고 먹고 싶은 만큼 맘껏 먹을 수 있는 닭볶음은 자신의 음식점에서 1인분에 1만 1,000원에 팔던 돼지갈비보다 맛있었다. 자율배식 음식점이라 손님들이 식판에 직접 음식을 담아서 먹는데, 스테인레스 식판과 수저는 얼굴이 비칠 정도로 윤이 났다. 가장 말이 안 되는 것은 호박전이었다. 이렇게 싼 음식점에서 20분에 한 번 꼴로 따뜻한 호박전이 계속 나오는 것도 놀라웠지만 부드럽고 아삭한 것이 돌아가신 어머니가 명절 때나 부쳐주던 바로 그 맛이었다. 이분은 호박전을 먹다가 어머니 생각이 나서 왈칵 눈물이 났다. 그날 허겁지겁 먹은 호박전만 해도 2인분의 밥값을 내야 할 정도였는데 달랑 5,000원만 있어서 너무 죄송했다고 한다. 눈물이 그렁그렁한 채 호박전을 먹다가 우연히 사장님과 눈이 마주쳤는데 나이 많은 여사장님은 마치 '당신 마음 다 안다'는 듯한 표정을 지었다. 말로 표현할 수 없는 따뜻함이 온몸을 감싸는 느낌이었다.

이분은 이후 비슷한 밥집에 관심이 생겨 여기저기 돌아다니다가 눈에 띄면 무조건 들어가보았다. 가격은 4,500원부터 5,000원까지 다양했지만 5,000원을 넘는 곳은 없었다. 두어 군데는 물론 실망스러운 곳도 있었지만 대부분 음식이 신선하고 기가 막히게 맛있었다. 어떤 집은 5,000원으로 개중에 비싼 편이었지만 대신 반찬이 무려 일곱 가지나 되었고 딱 먹어보아도 합성조미료가 들어가지 않은 것을 알 수 있었다.

이분은 어떻게 이렇게 하고도 식당을 유지할 수 있는지 궁금해서 유심히 관찰을 해보았다. '재료를 싸게 들여 오는 걸까?' 생각해보면 그럴 것 같았다. 밥집들은 보통 시장 근처에 있거나 산 근처에 있으니 신선한 재료를 바로바로 구하는 것 같았다. '값이 저렴한 공장김치를 쓰는 걸까?' 생각해보면 그건 아니었다. 한 번씩 갈 때마다 늘 배추며 열무며 다듬고 있는 것으로 봐서는 김치도 직접 담그는 것이 분명했다.

'새벽부터 밤늦게까지 일하는 걸까?' 생각해보면 그것도 아니었고 심지어 어떤 집은 재료가 떨어졌다며 오후 2시에 문을 닫기도 했다. 무슨 배짱인지 가늠조차 안 되었다. '사장이 인상이 좋은 걸까?' 생각해보면 그것 또한 확실치가 않았다. 70%는 웃는 얼굴이었지만 30%는 눈인사도 안했다. 자신은 식당을 할 때 그렇게 거짓웃음을 짓고 있었는데도 말이다. 더 돌아다니다 보니 밥집만 있는 것이 아니었다. 6,000원짜리 대구탕집, 3,000원짜리 칼국숫집, 2,000원짜리 자장면집 등이 곳곳에 숨어 있었는데 맛있다고 소문이 나 줄을 서서 먹는 경우가 다반사였다.

그렇게 1년 정도를 돌아다니다가 이분은 비로소 자신이 왜 망했는지 알게 되었다. 문제는 세상이 아니라 자신의 정성이 하늘에 미치지 못했던 것이었음을. 자신은 카운터에서 손님 머릿수와 돈이나 세고 있을 때, 이 사장님들은 식판을 윤이 나도록 닦고 바닥이 미끄러지도록 걸레질을 하며 요리경연대회에 나가는 것도 아닌데 자부심을 갖고 음식을 만들었다. 그들은 진정 백년손님을 영접하고자 했고 자신은 그저 돈만 벌고자 했다. 그다음은 길게 말하지 않겠다. 이분은 5,000원짜리 밥집으로 재기했다. 어머니만큼이나 요리를 잘하는 이모님이 음식의 간을 맞추었고 본인은 식재료와 식당 관리를 담당했다. 이제 이분의 식당에는 점심 때 앉을 자리가 없다.

이 부부는 귀한 여름휴가의 하루를 내어 직접 담근 매실청을 들고 나를 보러 왔다. 나는 남편분에게 "카운터에 앉아 계실 때보다 많이 힘드실 텐데 후회한 적은 없으세요?"라고 물었다. 이분은 솔직히 고깃

집 잘 될 때처럼 돈을 버는 것은 아니지만 자기들은 '느무느무' 행복하다며 자신이 실의에 빠져 있을 때 정성으로 버무린 음식으로 힘을 내게 해준 재야의 고수들에게 늘 빚을 진 느낌이라고 했다. 하루는 척 봐도 실직자인 게 분명한 50대 초반의 남성이 그날 메뉴였던 냉이쑥국을 두 그릇 연거푸 먹더니 촉촉해진 눈으로 "정말 감사합니다. 이런 밥을 먹게 해줘서요"라고 몇 번이나 인사를 하고 갔다고 한다. 예전에 남 생각은 하지도 않은 채 호박전을 무지막지하게 갖다 먹던 자신과 눈이 마주쳤던 사장님이 왜 그런 표정을 지었는지 그때서야 이해가 되었다고 한다. 이분은 "제가 언제 사람들로부터 그런 감사의 인사를 받아보겠습니까? 몸이 힘들어도 그런 인사를 받을 때마다 이 일을 참 잘했지 싶습니다. 그리고 그렇게 힘든 것도 아니에요. 가끔씩 산나물 뜯어 오는 재미도 쏠쏠하구요, 하루하루가 재미있어요"라고 말하면서 반찬 하나하나가 자식 같다고 했다. 제철재료로 반찬을 만들다보니 봄여름 자식들이 따로 있고 가을겨울 자식들이 따로 있다고 했다. 자식 같은 반찬에 이상한 짓을 할 수도 없으니 당연히 신선하고 맛있을 수밖에 없었다. 그의 정성이 하늘에 이르렀음을 알 수 있었다.

"남편이 성실하고 남한테 폐 끼치지 않으려는 사람이지만 지나치게 손해를 보지 않으려는 거 하나는 좀 아쉬웠거든요. 고깃집을 할 때는 손님들이 반찬을 더 달라고 하면 '추가 반찬값을 더 받아야 하는 거 아니야? 어차피 다 먹지도 않을 거면서 욕심만 많아가지고…' 하면서 툴툴댔는데, 지금은 손님들이 몇 번씩 갖다 먹어도 '그렇게 맛있나? 오늘도 내가 잘 했네' 하면서 웃고 지내니 얼마나 보기 좋은지 모르겠어요.

몸도 더 건강해졌구요."

아내분이 말했다. 참으로 부창부수였다.

남편분은 아내의 칭찬에 멋쩍은 표정으로 웃더니 "이런 밥집엔 실직자나 우울해 보이는 사람들이 많이 와요. 심리상담 한 번씩 받으면 좋겠더라구요. 저도 박사님이 등산 가라는 처방을 해주셔서 인생이 바뀌었잖아요"라며 화제를 바꾸었다.

"애고, 그게 무슨 처방이라구요. 잘 만든 영화 한 편, 노래 한 곡이 백 상담보다 낫고, 정성 어린 밥 한 그릇이 천 번의 상담보다 낫습니다. 사장님의 음식으로 이미 치료받은 분들이 많을 겁니다. 냉이쑥국은 제외할머니도 너무 맛있게 해주셨는데, 저도 치료받으러 언제 한번 가겠습니다."

나도 웃으면서 말했다.

이 부부는 내게 감사하다고 했다. 그들이 감사하신다면 나도 감사하다. 하지만 이 부부가 삶의 해답을 찾은 것은 스스로 움직였기 때문이다. 당신도 움직이면 그런 고수들을 반드시 만날 것이다. 그리고 그들에게 영감을 받아 다시 일어설 것이다. 먼저 움직여보고 그래도 안 되면 상담을 받아도 된다.

당신이 움직여야 하는 세 번째 이유는, 자연으로 나가도록 하기 위해서이다. 당신이 우울해 있다면 힘들게 살아왔다는 증거이므로 위로를 받아야 한다. 자연만큼 위로받기 쉬운 곳도 없다. 자연은 내가 다가서고 싶은 만큼만 손을 내밀지만 그 손은 무척 따뜻하여 상심한 사람들이 부담 없이 마음을 붙여보기에 매우 좋다. 에베레스트 산에 올라가도 될 정도의 등산복을 차려입고 꼭 높은 산에 올라가라는 말이 아니다. 동네 뒷산, 집에서 30분 거리의 산언저리와 개천이면 충분하다.

봄에 꽃잎이 하늘에서 내려오는 그 첫날, 혹은 가을에 낙엽이 하늘에서 떨어지는 그 첫 시간에 있어본 적이 있는가? 아이들이 졸라서, 혹은 친구 따라서 얼떨결에 봄꽃 구경을 가본 적은 모두 있을 것이다. 하지만 웬만큼 부지런을 떨지 않고서야 꽃은 이미 많이 짓밟혀 있다. 그럼에도 사람들은 〈벚꽃엔딩〉을 흥얼거리며 좋아하지만, 나는 우연히 '낙엽엔딩'을 맞아본 적이 있다. 분명 1분 전까지도 잎이 나무에 달려 있었는데 내가 그 나무 밑에 들어선 순간 잎이 우수수 면사포처럼 내 머리에 내려앉았다. 그때 나무가 마치 이런 말을 하면서 위로하는 것 같았다.

"환영합니다. 당신은 충분히 아름답습니다!"

마치 자연으로부터 융숭한 대접을 받는 느낌이었다.

당신만의 치유 장소를 찾을 때까지 밖에 나가서 자연과 자주 교감하라. 어떤 사람은 아픈 딸에게 쑥떡을 만들어주겠다며 쑥을 캐던 꼬부랑 할머니를 만난 봄의 들판에서 얼었던 마음이 녹았다고 한다. 언제 어느 곳에서 당신의 심장이 다시 두근거릴지 알 수 없다. 오가는 길에 마음 붙일 것을 찾게 되면 세상이 다시 예뻐 보이기 시작한다. 그래야 새로운 시작이 가능하다. 물론 자연이 늘 우리를 반겨주는 것은 아니다. 그쪽 나름대로의 사정에 따라 만벌이 윙윙거릴 때도 있다. 그럴 때는 "여긴 내 구역이니까 그만 빠져주시지" 하지 말고 조용히 피해가면 된다.

바라건대, 당신이 이 책을 읽으실 때가 봄에서 가을 사이였으면 좋겠다. 한국의 봄과 가을 사이는 문밖을 나서기에 아주 좋다. 특히 4월에서 6월 사이는 마치 첫사랑을 다시 할 수 있을 것처럼 '날 좀 보소, 날 좀 보소' 하는 생동의 에너지가 넘치고, 9월에서 10월 사이는 장중한 끝사랑을 몇 번이라도 할 것처럼 '내가 봐주리, 내가 봐주리' 하는 옹골찬 포용의 기운이 대단하다. 나서기만 해도 치유가 되는 날들이 많다. 겨울에는 기껏 마음을 먹었다 해도 실행이 쉽지는 않다. 하지만 겨울 어느 곳에도 양지 바른 곳은 반드시 있다. 10시에서 4시 사이의 햇빛의 은총을 기꺼이 받아들이라. 햇빛이 우리에게 주는 혜택은 대단히 많지만 그 자체가 우울증을 감소시켜준다니 각본을 짠데도 이 이상 완벽하게 짤 수 없다. 우울하지 않으려면 세로토닌이라는 신경전달물질이 충분해야 하는데 햇빛은 그 세로토닌이 분비되도록 유도한다. 너무 추워서 밖에 나갈 수 없는 날에는 나의 마음밭에 감사의 꽃이 잘 자라고 있는지 점검하자. 몸이 마비되지 않은 이상 아무리 힘이 없어도 10분은 움직일 수 있다. 일단 10분을 움직이면 60분을 움직이게 된다. 60분을 움직이면 3시간도 움직일 수 있다. 이 시간에 좋은 기억들을 만들라. 그렇게 당신의 시계는 째깍째깍 다시 돌아가기 시작한다.

시곗바늘을 뒤로 돌리지 말라

지난밤에 남편과 심하게 다투었다 치자. 아침에 눈도 안 맞추고 각자 출근했다가 퇴근하여 집에 왔는데 1시간 정도 후 남편이 사과의 꽃다발을 사왔다면, 거기서부터 시작해 좋은 기억으로 어제의 다툼을 덮어야 한다. 남편은 현재부터 미래로 가려 하는데 당신은 "어제 일은 사과도 안 했으면서 웬 꽃다발?" 하면서 과거부터 시작한다면 화해가 불가능하다. 남편은 다시 화를 낼 것이며 당신은 그런 남편에게 "웬 적반하장?" 하면서 3일 이상 깊은 골이 패어 있으면, 다툼의 기억이 영구 저장되어 당신은 남편의 발소리만 들어도 혈압이 올라갈 것이며 남편은 당신의 목소리만 들어도 분노로 몸을 떨 것이다. 만약 당신이 사과의 손을 잡았는데, 나중에 남편이 진심어린 사과가 아닌 대충 때우려는 마음에서 꽃다발을 주었다는 것을 알게 된다면 그때 시계 바늘을 뒤로 돌려도 늦지 않다. 가족처럼 매일 얼굴을 봐야 하는 사이에서는 과거로 돌아가는 것은 가능하면 나중에 하는 것이 좋다. 현재 할 수 있는 것을 먼저 해보고 과거로 돌아가도 늦지 않다.

반대로, 당신이 감사로 새로운 삶을 살아보겠다고 마음먹고 있는데 사람들이 과거의 당신의 못난 모습만 계속 거론한다면 잠시 낯을 가려도 된다. 시곗바늘을 뒤로 돌리는 그들의 손아귀가 너무 세서 감당하기 힘들기 때문이다. 시계의 주인 노릇을 강단 있게 할 수 있을 때 다시 얼굴을 맞대도록 하자.

감사는
행복보다 쉽다

　　　　　　　행복은 세 살짜리 아이도 아는 단어
이지만 행복하기는 쉬운 일이 아니다. 잠시는 행복할 수 있지만 태어
나서 죽을 때까지 지속적으로 행복하기란 불가능하다. 아플 때, 가난할
때, 외로울 때 행복하다는 것은 거짓말이다. 아픔, 가난, 외로움이 행복
이 아니라는 것은 분명하게 알 수 있기 때문이다. 행복은 피상적으로
는 '해피'해 보이는 단어이지만 이처럼 헤프게 버려지는 단어도 없다.
사람들은 이제 하루 세 끼를 먹을 수 있음에도 반찬이 왜 이러냐며 숟
가락을 탁 놓아 그나마 갖고 있던 행복까지 툭 떨어뜨린다. 또한 편히
잘 집이 있음에도 다른 집 부모들은 다 보내주는 어학연수를 안 보내
줘서, 다른 집 자식들은 다 보내주는 효도여행 안 보내줘서 불행하다

며 그나마 내 곁에 머물던 행복을 비행기 태워 날려 보낸다. 이제는 지복至福수준이나 되는 행운이 제 발로 걸어와야 행복하다고 주장할 참이며 그러면서도 남들의 행복은 또 얼마나 크게 보이는지, 어느덧 행복은 엄청난 중압감을 주는 무서운 단어가 되었다.

나는 왠지 행복이라는 단어를 들으면 《그리스 로마 신화》에 나오는 프로메테우스가 생각난다. 프로메테우스는 불을 훔쳐 인간에게 준 죄로 제우스의 분노를 사 바위산에 쇠사슬로 묶여 독수리에게 간을 뜯어먹히는 벌을 받는다. 그의 간은 밤에는 다시 멀쩡해진다. 그러면 무엇하나. 낮이 되면 어김없이 찾아오는 독수리를 볼 때마다 그는 말할 수 없이 고통스러웠을 것이다. 밤에 프로메테우스의 간이 회복되듯이, 우리 인생에도 간간이 회복되는 행복이 분명히 있다. 하지만 그러면 무엇하나. 어김없이 그 행복을 쪼아대는 독수리가 날아오기 마련이다. 독수리가 간을 쪼는데도 "아니, 아니, 이것은 사실이 아니야! 난 행복해!"라고 부르짖는 것은 그저 거짓말일 뿐이다.

행복은 어렵다. 하지만 감사는 쉽다. 적어도 감사는 거짓말을 하지 않는다. 아무리 절박한 상황에서도 그보다 더 절박한 상황이 아니라는 것을 감사할 수 있기 때문이다. 감사와 행복은 모두 긍정적인 단어이지만 차원은 크게 다르다. 행복은 무겁지만 감사는 가볍다. 행복은 복잡하지만 감사는 단순하다. 행복하다고 말할 때는 무언가 움켜쥐고 부자연스러운 마음이 드는데, 감사하다고 말할 때는 마음의 저항이 거의 없다. 마음이 아픈 사람은 이미 마음이 돌덩어리같이 무거운데, 더 무겁고 복잡하고 부자연스러운 것을 추구하라고 한다면 죽으라는 말과 같다. 긍정적인 의미를 담은 수많은 단어 중에서 나는 '감사'보다 가볍고 단순하면서도 일정한 힘을 갖는 것을 찾지 못했다. 감사는 우리가 추구하는 긍정적인 감정들 중 가장 에너지가 적게 든다. 혹 당신이 감사보다 에너지가 덜 드는 단어를 찾게 된다면 꼭 알려주시기 바란다.

행복은 통계 수치로 재단할 수 있는 것이 아니다. 100명 중에 99명이 행복하다는 통계 결과가 있다 해도 나머지 한 명이 나라면 행복은 이 세상에 없다. 반대로, 100명 중에 99명이 별로라고 하는데도 나머지 한 명인 내가 감사하다면 나는 행복한 사람이다. 어떤 상황에서도 감사를 할 수 있다면 삶의 좌표를 잃어버릴 일은 없을 것이다.

감사는 행복과 비교해서만 쉬운 것이 아니다. 감사는 그 어떤 감정 관리법보다 쉽다. 심리치유서에서 흔히 볼 수 있는 일반적인 감정 관리 단계를 보자. 감정 알아차리기 4~5단계, 감정 인식하기 4~5단계, 감정 느끼기 4~5단계, 감정 이해하기 3~4단계, 감정 표현하기 7~8단계, 삶에 통합하기 4~5단계 등으로 이루어져 있다. 마치 감정 뷔페를 먹는 느낌이다. 매우 고급스럽고 다채로운 요리를 먹는 것은 분명하지만 소화 불량의 위험성이 있다. 감정을 위한 감정, 치료를 위한 치료가 되어 오히려 에너지가 소진되는 면도 있다. 이 정도의 과정을 따라갈 수 있다면 어쩌면 우울한 것이 아닐지도 모른다. 우울감이 심하면 에너지가 바닥이므로 일어나려면 진수성찬이 아니라 죽부터 먹어야 한다. 감사는 아래의 3단계만 거치면 되는 죽 같은 치유식이다.

'내 감정을 안다, 어느 분리수거 통에 넣을지 판단한다, 당장 감사할 것인지 나중에 감사할 것인지를 결정한다.'

화려하진 않지만 소화할 수 있는 영양소가 제대로 들어간 죽을 먹고 힘이 나면, 그 후에는 뷔페를 드시든 무한리필 고기를 드시든 어느 것도 환영이며 꼭 그렇게 해보기를 바란다. 삶이 훨씬 더 윤택해질 것이다. 하지만 고작 죽 한 그릇이 웬만한 밥보다 나을 때가 있다. 어렸을 적 심하게 아파서 물 한 모금도 넘기지 못할 때 엄마나 할머니가 정성스럽게 끓여주었던 흰 쌀죽처럼 우리를 기운 나게 하는 것이 감사이다.

심리치료에 관심이 있다면 한번은 들어봤을 '감정의 표출'에 대해 생각해보자. 감정을 많이 억제하면 해로우니 참지 말고 발산하라는 말을 들어봤을 것이다. 이 말 자체는 전혀 문제가 없다. 문제는 나의 발산을 수용해주는 사람이 거의 없다는 것이다. 살아오면서 감정을 발산해본 적이 있으신가? 그리했다가 오히려 상대방으로부터 역정을 듣거나 은혜도 모르는 놈이라고 호되게 야단맞았다는 사람들이 한둘이 아니다.

나의 한 후배는 매우 온순하고 순응적인 사람으로 웬만한 갈등 상황에서도 자신이 참는 쪽으로 문제를 해결하는 편인데, 살아오면서 딱 세 번 감정을 발산했다고 한다. 한 번은 가족에게, 또 한 번은 친구에게, 마지막 한 번은 직장 동료에게. 결과는 모두 참혹할 뿐이었다고 한다. 얼마나 더 큰 역공격을 받았는지, 얼마나 더 논리 정연한 주장을 들었는지, 한국 사람들이 머리가 정말 좋다는 것만 확인했고 오히려 만신창이가 된 느낌이었다고 했다. 자기가 그래도 심리학 전공자인데 막말로 발산을 했겠느냐, 최대한 상대방을 배려하면서 감정을 표현했는데도 속 한번 풀려다가 물벼락을 맞는 느낌이었다고 말했다. 심지어 그녀의 가족은 "네가 심리학을 공부했다면서도 나를 이해하지 못하고 그따위로 서운하다는 말을 하느냐"며 크게 화를 냈다고 했다. 심리학을 공부한 사람도 감정 한번 표현하려 했다가 만신창이가 되는데 일반 사람들은 말할 것도 없을 것이다.

내가 대학원에 들어갔을 때는 한국 심리학계에 집단심리상담의 열풍이 불었던 시기로, 그 당시는 집단상담을 한 번도 안 해봤다면 심리학자가 아니라는 말을 했을 정도였다. 외국에서 공부하고 돌아온 교수들이 '외국에서 배운 대로' 감정을 억제하지 말고 표출하라는 말을 많이 했는데, 한 참석자가 교수님의 말을 믿고 집에 돌아가 감정 표출을 했다가 그 부모님이 "사람 되라고 심리상담 보냈더니 개만도 못한 놈이 되어서 왔다"며 노발대발해서 죽다 살았다는 후일담을 들은 적이 있다. 외국은 개인주의가 강하고 독립적인 문화이기 때문에 감정을 표출하는 것이 용이하다. 하지만 한국과 같은 동양 문화는 부모-자녀의 관계가 굉장히 돈독하고 현실적으로도 오래 붙어 있기 때문에 섣불리 감정을 표출했다가는 풍비박산이 날 수 있다.

감정을 억제하지 말라는 것은 가둬놓지 말라는 것이다. 가둬놓으면 병이 되기 때문이다. 하지만 가둬놓지 말라고 해서 다른 인격체에 아무렇게나 발산해서는 안 된다. 그럼 어떻게 해야 할까? 땅 속에 대고 소리를 치거나 하늘로 날려버릴 수도 없으니 우리의 맥가이버인 감사를 동원할 수밖에 없다. 감사를 하면 억제할 필요도 없이 그냥 해소된다. 억제할 것이 없는데 발산할 것도 당연히 없다.

잭 콘필드는《깨달음 이후 빨랫감》이라는, 영감을 주는 제목의 책에서 "깨달음은 실재한다. 깨어나는 것은 가능하다. 하지만 그 황홀한 체험은 지속되지 않는다. 깨달은 상태 그대로 삶에서 은퇴하게 되지는 않는다. 밀월 여행 후에는 결혼 생활이, 선거 당선 이후에는 고단한 정치가 뒤따른다는 것을 우리는 모두 알고 있다. 영적 생활에서도 마찬가지다. 황홀한 상태에서 깨어나면 생활이라는 이름의 밀린 빨랫거리가 기다리고 있다"라고 썼다.

감사는 수련과 생활의 간극이 거의 없어서 깨달음 이후의 빨랫감을 걱정할 필요가 없다. 설거지를 하면서도, 멸치를 손질하면서도 할 수 있는 것이 감사이다. 감사는 황홀과 애당초 거리가 멀다. 감사하는 사람은 예쁜 꽃을 보고 황홀감에 빠져 마치 꽃과 결혼이라도 할 것처럼 사진을 수십 장이나 찍고 마침내 꺾어오지 않는다. 감사하는 사람은 그 꽃을 보고 미소를 짓고 조용히 가슴에 담아올 뿐이다. 감사는 평소의 나의 모습을 유지하면서 내적인 기쁨만 키우는 것이기에 제대로 된 감사를 할 때는 오히려 정신이 또렷하다.

감사는 억제보다 쉽고 깨달음보다 쉽다. 그리고 감사는 행복보다도 쉽다. 후회 없이 사랑하고 전심을 다해 행복을 추구하되, 뜨거운 여름의 소나기 같은 사랑에, 질식할 것 같은 억제에, 허무하게 끝나버리는 깨달음에, 그리고 프로메테우스의 간 같은 행복에 지쳐서 행여 갈 길을 잃었다면 언제라도 감사의 나무 아래서 쉬어보자. 감사는 노래를 흥얼거리며 소풍을 가듯이 인생을 살게 하면서도 결국은 우리가 원하는 것을 다 가져다준다. 그것이 사랑이든 깨달음이든 행복이든 말이다.

감사의
선물

생일날, 좋은 사람들과 즐거운 대화를 하면서 맛있는 식사를 한 후 노래를 흥얼거리며 집에 가려고 하는데 멋진 선물까지 받았다면 하늘을 나는 기분이 들 것이다. 감사하는 것만으로도 나의 생활은 매일 맛깔난 생일상을 받는 것처럼 기분이 좋은데, 심지어 선물까지 받게 된다. 그것은 바로 몸의 건강이다.

감사는 몸을 건강하게 해준다. 마음은 편하지만 몸이 상시로 약하다는 사람들이 있다면 감사를 좀 더 적극적으로 해보라고 권하고 싶다. 감사와 같은 긍정적인 감정이 몸을 건강하게 한다는 증거가 계속 나오고 있기 때문이다. 신뢰성이 높은 종단적 연구를 중심으로 몇 개만 살펴보도록 하자.

데이비드 스노든David Snowdon은 미국 켄터키 주의 한 수녀원에 보관되어 있던 수녀들의 개인사를 포함한 방대한 자료를 수집하고, 75~106세의 수녀 678명을 대상으로 여러 가지 심리검사를 실시한 결과를 2001년에 발표했다. 건강하게 장수한 수녀들은 그렇지 않은 수녀들에 비해 건전하고 활달한 생활 습관을 가졌고, 즐겁게 식사를 하며 긍정적인 정서를 갖고 있었다. 장수한 수녀들의 자서전 형태의 글을 분석한 다른 연구에서는 이 수녀들의 84%가 긍정적인 단어를 사용했음을 밝혔다. 또한 긍정적인 단어를 가장 많이 사용한 집단은 가장 적게 사용한 집단에 비해 평균 수명이 7년 정도 길었으며 조기 사망률은 2배나 낮았다.

이번에는 반대로 부정적인 감정이 병을 일으킨다는 연구로, 2014년 유럽심장협회 연례회의에서 발표한 내용이 〈연합뉴스〉를 통해 보도됐다. 리즈 투세 구스타드는 11년간 6만 3,000명을 대상으로 우울증과 심장질환의 관계를 분석하여, 중등도 이상의 우울증이 있는 사람은 향후 심장 관련 질환에 걸릴 가능성이 40%나 높다는 결과를 보고했다. 그는 우울증에 걸리면 스트레스 호르몬의 수치가 높아져 체내 염증이나 동맥경화 등 심장 관련 질환을 높인다고 설명했다.

백혈구가 암세포를 공격하는 시각화기법으로 암을 이겨낼 수 있다고 주장한 칼 사이먼튼Carl Simonton의 책을 흥미롭게 읽은 적이 있다. 그는 《마음의술醫術》에서 암 환자의 심리적 배경을 파헤친 몇 명의 연구자를 소개하는데, 그중 로렌스 르샨Lawrence LeShan은 500명 이상의 암 환자의 인생 이력을 검토했다. 그 결과 이들이 유년 시절에 고립되고 무시받은 경험이 있거나 청년기에 사람이나 일에 엄청나게 몰입했다가 관계가 단절되거나 배신당한 경험을 겪었고, 어느 시점부터는 자신이 더 이상 세상에 필요 없다는 절망감과 무가치감을 느끼면서 무의식적으로 죽기만을 바란 지 6개월에서 8년 안에 치명적인 암이 발생한다는 패턴을 잡아냈다. 그리고 이런 패턴이 심리요법을 받았던 암 환자 집단에서 무려 95% 이상이었다고 했다.

　나는 르샨의 연구 결과를 보면서 오래전에 가졌던 의문이 일부 해결되었다. 병원에서 근무할 때, 외도한 남편을 비난했다가 맞고 살거나 암에 걸린 여성을 많이 보았다. 인과응보의 법칙이 정말 존재한다면 남편이 병에 걸리고 벌을 받아야 할 것 같은데, 이상하게도 아내가 암에 걸리고 남편은 아내가 그 지경이 되어도 여전히 바람을 피며 잘 산다. 왜 착하게 산 희생적인 여성들이 오히려 암에 걸리는 것일까? 착한 것보다 더 중요한 것은 '스스로 자신을 어떻게 생각하는가', 그리고 '자신에게 무슨 말을 하는가'이다. 르샨이 말했듯이, 암은 자신이 가치 없다고 생각하며 절망하는 사람에게 많이 발병한다. 이 여성들은 겉으로는 남편에게 분노하는 듯 보이지만 속으로는 남편으로부터 버림받았다는 배신감과 절망감, 자신에게 매력이 없다는 무가치감이 엄청나게 심하다. 결국 전두엽에서 어떤 메시지를 전송하는가의 문제인 것이다. 부정적인 자기평가와 함께 하루 종일 화가 나 있으니 교감신경계가 과활성화되어 면역 기능이 저하되기 때문에 암에 취약해진다.

　비록 암의 여러 가지 원인 중 심리적 원인에 대해서는 일부 의문이 풀렸지만, 이 메시지를 남편의 외도로 힘들어하는 여성에게 납득시키려면 상당한 시간이 걸린다. 배신감과 분노가 너무도 크기 때문에 핵심을 놓치고 몇 마디 단어만 듣고서 흥분할 때가 많다. 그녀들은 펑펑 울면서 "(됐고, 내가 암에 걸리든 그게 중요한 것이 아니고) 왜 '그놈'은 병에 안 걸리냐"며 분노한다. 글쎄, 바람 피운 남편은 왜 암에 안 걸릴까? 젊고 예쁜 여자를 만나고 있는데 절망을 왜 하겠으며 무가치감을 왜 느끼겠는가? 그들은 아내의 상처를 생각해볼 겨를도 없이 자신의 정욕을 채우느라 바쁘고 바람을 피우고도 자신은 그럴 가치가 있다며 뻔뻔하게 산다. 그러니 심장이 비대해지거나 간이 비정상적으로 커지는 병에 걸릴지는 몰라도 외도만 갖고는 절대로 암에 걸리지 않을 것이다.

르샨의 연구는 암 환자만 대상으로 한 것이었지만 암 외의 다른 질병의 발생에도 절망감과 무가치감이 기저하고 있음을 나 역시 상담실에서 항상 느낀다. 평소에 어떤 말을 하고 어떤 생각을 하는지 단순히 건강과 상관 있는 정도가 아니라 암과 같은 심각한 병의 원인이 되기도 하고 수명까지 좌우한다니 이쯤 되면 감사를 안 하는 것이 더 이상하다. 마음의 보물을 찾기 위해 시작한 감사였는데 보물 이전에 우리의 목숨을 먼저 살리니 말이다.

감사가 몸을 건강하게 하는 원리는 웃음치료 효과와 동일하다. 웃음은 감사가 더 외현적이고 적극적으로 표현되는 것이다. 웃음의 효과를 먼저 체험해보자. 다음 페이지에 얼굴 그림이 있다. (a)그림에는 입을 일자로 그리고 (b)그림에는 웃는 입을 그려보라. 이번에는 (c)그림의 눈을 아래로 쳐지게 그리고 (d)그림은 눈을 위로 치켜뜨게 (e)그림은

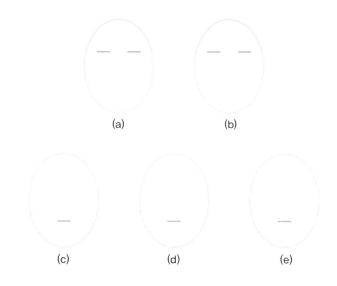

(a)   (b)

(c)   (d)   (e)

웃는 눈을 그려보라.

그림을 완성하지 않고 책장을 넘겼을 독자들을 위해 뒷장에 답을 제시해놓았다. 입 하나, 눈 하나만 살짝 바꾸었는데도 기분이 좋아진다. 아주 간단한 웃음 기호인데도 얼굴 근육이 펴지는 느낌이 들지 않는가? 하물며 진짜로 웃는다면 온몸이 이완된다. 많은 병의 기원이 몸과 마음의 긴장임을 고려할 때 입 하나 올리고 눈꼬리 하나 펴는 단순한 동작이라도 건강에 미치는 영향은 크다는 것을 명심하자.

최근 국내의 주요 대학병원에도 웃음치료클리닉이 늘어나고 있으며 심지어 웃음치료로 암을 극복했다는 환자들의 사례도 많이 보고되고 있다. 몇 가지만 살펴보면, 웃음의 혈액순환 효과는 운동을 하거나 콜레스테롤 저하 약을 먹을 때의 효과와 비슷한 것으로 나타났다. 15

초만 크게 웃어도 100미터 전력 질주 효과가 있다고 한다. 2011년 영국 리즈대학교 안드레 넬슨 교수는 5년간 다리에 종양이 생긴 337명을 치료하면서 웃음이 초음파치료보다 오히려 도움이 된다는 사실을 발견했다. 넬슨 교수는 그 원인을 웃으면 횡격막이 움직이면서 뇌부터 다리까지 피가 잘 통하기 때문이라고 설명했다. 또한 유니버시티칼리지런던 연구팀은 즐겁게 지내는 사람들의 조기 사망률이 35%까지 낮아진다는 결과를 보고한 바 있다.

학자들은 웃음이 통증을 완화시키는 요인으로 신경전달물질이나 호르몬의 역할을 주시하고 있다. 웃으면 신경전달물질인 엔도르핀이 분출된다. 엔도르핀은 체내에서 자연적으로 생성되는 모르핀으로 통증 완화 효과가 있을 뿐 아니라 행복감을 느끼게 해준다. 이런 행복감은 뇌의 신경전달물질인 세로토닌 수치가 상승하면서 더 높아진다. 기적의 약이라 불리는 항우울제인 프로작 역시 세로토닌의 수치를 올려서 우울한 기분을 감소시키는 것이다. 감정적으로 안도감을 느끼게 되면 이번에는 또 도파민이라는 기분을 좋게 해주는 물질이 분비된다. 반대로 코티졸과 같은 스트레스 호르몬 수치는 내려간다.

우리는 흔히 좋은 일이 있어야 기분이 좋아진다고 믿고 있지만, 먼저 웃기만 해도 긴장이 풀어져서 행복감과 안도감을 일으키는 좋은 물질은 증가하고 불안감과 우울감을 일으키는 나쁜 물질은 감소한다. 이 물질들은 신체 상태에도 영향을 미치기 때문에 몸이 건강해지는 것은 당연하다. 그래서 웃음치료 전문가들이 가짜로 웃어도 진짜로 웃는 것과 동일한 효과가 있다고 말하는 것이다. "웃으면 복이 온다"는 말은

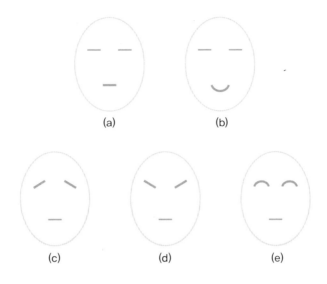

(a)　　　　　　　(b)

(c)　　　　　(d)　　　　　(e)

명백한 과학적인 토대를 갖고 있는 말이다.

　세상에 100% 좋은 것은 없는 것인가? 이렇게 좋은 웃음치료도 안 맞는 사람들이 있다. 굉장히 내성적인 사람들이다. 텔레비전에 웃음치료의 효과를 보여주려고 나오는 사람들을 보면 처음부터 작위적이라고 할 정도로 입을 쩍 벌리고 다짜고짜 웃기 시작한다. 그렇게 웃다 보면 실제로 웃게 되고 그걸 보는 사람들이 또 웃게 되어 삽시간에 웃음이 퍼지면서 아주 명랑한 분위기가 된다. 그런데 내성적인 사람은 작위적으로 웃는 것을 아예 못 하거나 그런 장소에 가는 것 자체를 싫어한다. 이런 사람에게는 속으로 감사하는 것이 훨씬 좋은 방법이다.

40대 후반의 여성이 상담을 받으러 왔는데 이분이 상담을 온 것은 다섯 번 정도였다. 서울에서 멀리 떨어진 지방에 사셨고 체력이 좋지 않아 상담을 자주 오기가 힘드셨기 때문이다. 이분은 심리적으로 크게 의존했던 친정엄마가 폐렴 합병증으로 유언도 못 남기고 급작스럽게 돌아가신 후 우울증에 걸렸다. 원래도 몸이 허약한 편이어서 건강에 예민했는데 어머니가 돌아가신 후 건강염려증이 생겼고, 때이른 갱년기 증상까지 더해져 불면증을 비롯한 여러 가지 신체적 불편함으로 인해 하루하루를 지옥같이 살았다. 피부에 종기가 나도 혹시 피부암이 아닐까, 관절이 아파도 골다공증이 심해져 길을 가다가 갑자기 뼈가 부러지지 않을까, 목이 따끔거려도 갑상선암이 아닐까 걱정이 되어 뜬눈으로 밤을 새우면서 "엄마, 날 그냥 데려가"하며 울곤 하였다. 어머니가 살아 계실 때는 맛있는 음식도 같이 해먹으며 이런저런 불안을 수다를 떨면서 떨쳐냈지만, 이제는 얘기를 나눌 상대도 없어서 가족들에게 감정의 발산을 수시로 하다 보니 가족들도 점점 지쳐갔다. 공황발작 증상이 생겨 응급실에 두어 번 간 적도 있었다. 아직 엄마 마음을 헤아리기에는 역부족인 사춘기 아들과 딸도 엄마의 격렬한 감정 기복에 힘들어서 거세게 반항하기 시작했고, 그러면 그럴수록 가족에 대한 서운함이 더해지면서 지독한 고독감과 무망감에 사로잡혔다. 친구 따라 웃음치료 교실에 나가보기도 했지만 바늘방석에 앉은 것처럼 불편하기만 해서 그마저도 관두었고 외출을 거의 하지 않았다.

이분이 첫 상담을 오게 된 것은 지역 자원봉사센터에서 내가 양육에 관한 강연을 했던 것이 계기가 되었다. 워낙 내성적인 성격이라 성당

미사만 참석할 뿐 외부 활동을 거의 안 했는데, 어머니가 돌아가신 후 성당마저 발걸음이 뜸해지자 이분의 딱한 사정을 알고 있던 교인이 강요하다시피 끌고왔던 것이다. 마침 딸아이가 삐딱선을 타고 있어서 훈육 지침이나 몇 개 얻어갈 생각이었다고 했다. 막상 와보니 사람들이 서로 잘 아는 듯 끼리끼리 앉아 즐겁게 얘기를 하고 있었고 멀찍이 성당 교인들도 몇 사람 보여서 괜히 왔나 싶은 마음에 뒤에 앉아 있다가 여차하면 중간에 빠져나갈 생각이었다고 했다.

이분의 마음 문이 열린 것은 강연 막바지의 질문 시간이었다. 한 어머니가 "부모는 뼈 빠지게 일해서 학원비 대는데 아들 녀석이 공부를 열심히 안 해서 화가 납니다"라고 말했다. 나는 "자식이 공부를 열심히 하는 것이 당연하다고 생각하면 화가 납니다. 자식이 공부를 열심히 하는 것은 우리 인생의 덤이지 당연한 것은 아닙니다. 공부를 열심히 하면 정말 좋겠지만 건강하게 자라는 것만으로도 정말 감사한 거죠. 어떤 상황에서도 감사거리를 찾아보면 화가 많이 누그러집니다"라고 답했다. 그러자 다른 어머니가 "나는 공부 열심히 하는 건 바라지도 않아요. 그냥 집에만 일찍 들어오면 좋겠어요. 그런데 이 녀석은 밤 11시나 되어야 기어들어 온단 말이죠. 무엇을 감사해야 합니까?"라고 물었다. 나는 "아예 안 들어오는 것보다 낫지 않습니까?"라고 말했다. 순간 어머니들이 "와하!" 웃음을 터뜨렸다. 나는 이어서 "오늘부터는 11시에 들어온 아이에게 '늦었구나, 배 안 고프니? 뭐 먹을 것 좀 차려줄까?'라고 해보십시오. 아이들이 집에 늦게 들어오는 것은 집에 와도 낙이 없기 때문입니다. 집에 있는 것이 즐겁고 편하면 일찍 오지 말라고 해도 들어옵니다"라고 말했다. 또 한번 "와하!" 웃음이 터졌다. 나는 또 이어서 "어떤 점 때문에 아이가 밖으로만 도는지를 살펴서 지혜로운 타협점을 끌어내야 한다"는 말을 하려고 했는데 갑자기 왁자지껄해진 분위기에 묻혀버렸다. 한 어머니가 큰소리로 앞의 질문을 했던 어머니 에게 "학원 열심히 다녀서 대학 가도 소용없어요. 우리 딸은 대학 나와 서 취직했는데 회사에서 커피 심부름이나 시킨다고 맨날 찡그리고 다 녀요. 어차피 커피나 나를 건데 뼈 빠지게 학원비 벌지 마요"라고 말했 다. 그랬더니 반대쪽에 있던 어머니가 "아, 커피나 나르는데 월급도 받 다니 그런 신의 직장이 어디 있어? 나도 좀 소개시켜줘. 감사한거네~" 라고 말했고 장내는 또 웃음이 터졌다. 이번에는 또 반대쪽에서 어르 신 한 분이 "대학이고 취직이고 결혼에 비하면 문젯거리도 아니여. 아 들놈이 결혼한다고 해서 그래도 집은 하나 얻어줘야겠다고 생각해 방 두 칸짜리 빌라를 알아봤는데, 월세를 내더라도 꼭 아파트로 들어가야 한다지 뭐야? 겉멋만 잔뜩 들어서 걱정이 태산이여"라고 했더니 반대 쪽의 중년 어머니가 "아, 전셋집 내놓으라고 안 하면 다행이죠. 월세는 지들이 내겠죠. 감사한 거네요~"라고 해서 또 웃음이 터졌다.

오랫동안 봉사활동을 하신 분들이라 그런지 삶의 지혜와 여유가 가 득했고 입담도 너무들 좋으셨다. 한동안 이런 얘기들이 웃음 속에 왔 다 갔다 했지만 한 중년 어머니가 "애들 걱정도 다 내가 건강할 때 하 는 거지, 대상포진이 와서 죽을 정도로 아프다 보니 애들이 들어오든 말든 신경도 못 쓰겠고 하나님도 원망스러워요"라는 말을 했을 때는 분위기가 가라앉으면서 다른 어머니들이 섣불리 감사하자는 말을 못하고 있었다. '내가 나서야 하나?' 하고 생각하고 있었는데 반대쪽에 앉으신 어르신 한 분이 나직한 소리로 말했다.

"자식이 아픈 것보다는 감사하죠."

이때 이분이 왈칵 울음이 터졌다고 한다. 친정엄마가 매일같이 했던 말이었기 때문이다. 어머니는 감기에 걸려 음식을 먹지 못할 때도 "아녀, 네가 아프지 않아서 다행이고 감사하지. 늙으면 여기저기 다 아픈 거야. 금방 나을 거니까 네 몸이나 신경 써. 어찌 나보다 더 기운이 없어 보이냐"라는 말을 하시곤 했다고 한다. 그날 도망치듯이 집으로 와서는 한 3시간을 내내 울었다고 한다. 한참을 울다가 눈을 들어 자식들을 바라보았다. 자신은 엄마로부터 그렇게 큰 사랑을 받았는데, 자식들은 엄마로부터 "사랑한다"는 말을 듣기는커녕 매일 울기나 했던 나약한 엄마에 대한 기억만 가질 참이었다. 이런 생각을 하면서 무언가 마음의 정리가 되었고 어떤 작정을 했는데 확인도 받을 겸 해서 내게 상담을 오셨던 것이다.

첫 상담 때는 친정엄마에 대한 그리움과 건강에 대한 두려움을 호소하며 많이 우셨다. 감정이 어느 정도 가라앉은 후 이분은 "이렇게 살면 안 된다는 것을 벌써부터 알고는 있었지만 뜻대로 되지가 않았어요. 긍정적으로 생각하는 것이 중요하다는 것도 알았고 그래서 웃음치료도 받아보면서 마음을 잡아보려고 했는데, 이상하게 맞지 않더라구요. 저는 집에서 혼자 텔레비전을 볼 때도 무릎을 끌어안고 웅크린 자세로 보는데 웃음치료는 다리를 쩍 벌리고 내 안의 것을 몽땅 내놓는 느낌이 들어서 오히려 불편하더라구요. 그런데 내 처지에서도 감사할 것이 있다는 생각이 드니 마음이 많이 편해지고 이렇게 살면 길이 있겠구나 싶더라구요. 제가 제대로 하는 것 맞겠지요?"라고 물었다.

나는 지금 가장 감사한 것이 무엇인지 물어보았다.

"제 아이가 클 때까지 엄마가 저를 보살펴주셨던 것이에요. 엄마가 없었다면 저는 결혼은 고사하고 애를 낳거나 키우지도 못했을 거예요. 엄마의 극진한 사랑을 받았으니 얼마나 감사한지요. 죽기 전에 비로소 누구한테 의존하지 않고 아이들의 엄마 노릇을 해볼 기회가 주어진 것도 감사해요. 처음에는 막막했는데 엄마가 했던 말, 행동, 하다못해 요리까지 그대로 해본다면 그리 어려울 것 같지도 않더라구요."

나는 이분이 감사를 시작한 지 얼마 되지도 않았는데 매우 높은 차원의 감사를 해서 놀랐고, 그런 마음을 표했다. 이어서 감사가 마음의 평화를 가져다주고 건강도 회복시켜준다는 다양한 근거들을 얘기해주었고, 일단 시작해보면 예상을 뛰어 넘는 좋은 일이 많이 생길 거라고 말했다. 이분은 생각 같아서는 자주 와서 좋은 얘기도 듣고 싶은데 몸도 안 좋고 거리도 멀어서 힘들 것 같다며 어떻게 하면 좋을지를 물었다. 나는 "감사라는 것이 시작하기가 어려운 것이지 이미 중요성을 아셨다면 특별한 방법이 뭐가 있겠습니까? 혼자서도 얼마든지 할 수 있으니 일단 해보시고 안 되면 그때 오셔도 됩니다"라고 말해주고 〈감사 목록〉과 〈즐거운 일 목록〉의 작성 방법과 실천 방법에 대해 설명했다. 아울러 운동 시간을 포함한 생활계획표와 식단을 같이 점검했다.

이분은 내 설명을 꼼꼼하게 적더니 "이제 살 길을 하나 찾은 것 같기는 한데 도로 주저앉을까 봐 겁이 나요. 제가 이제껏 살면서 뭐 하나

진득하게 해본 것이 없어서요"라고 말했다.

"두 가지만 약속해주신다면 성공할 수 있을 거라고 자신 있게 말할 수 있어요."

"그게 뭔가요?"

"우선은, 정말로 몸이 심하게 아픈 경우를 제외하고는 병원에 가지 않겠다고 약속해주세요. 정기적으로 하는 건강검진만 받고 그 사이에는 몸에 대해 신경을 껐으면 좋겠어요. 걱정한다고 병원에 자주 간다고 병에 안 걸리는 것도 아닙니다. 물론 정말로 건강상의 문제가 있다면 제대로 치료를 받아야 하지만 40대 후반의 나이는 특별한 의학적 문제가 없다면 골골할 나이는 아닙니다. 병원에서 특별한 문제가 없다는데도 몸이 여기저기 안 좋다면 마음이 원인이지요."

"네, 그렇게 할게요. 그런데 다른 하나는 무엇인지요?"

"몰입해서 할 수 있는 즐거운 일을 꼭 찾아야 합니다. 어떤 일을 할 때 시간 가는 줄 모르고 하시는지요?"

"엄마가 살아 계실 때는 같이 요리할 때 기분이 좋았어요. 제가 몸이 약하다 보니 설거지는 늘 엄마가 하셨는데, 그래서 요즘도 요리를 해볼까 하다가도 설거지할 게 엄두가 나지 않아 포기하곤 해요."

"건강해질 때까지 요리는 보류하죠. 또 다른 일은 없으신지요?"

"책 읽는 거 좋아하구요. 학교 다닐 때 글 쓰는 것을 좋아했어요. 공부는 별 흥미가 없었지만 일기나 독후감을 쓸 때는 재미있었어요."

"책 읽기, 일기 쓰기, 다 좋습니다. 단, 한 번에 1시간 이상은 하지 마시구요. 중간에 한 번씩 일어나서 몸을 움직이고, 물도 마시고, 하루 이

틀에 30분 이상은 밖에 나가서 햇빛을 쬐야 합니다. 책을 좋아하신다면 신뢰성 있는 건강 전문가의 책을 읽고 실천해보세요."

"알겠어요. 그렇게 해볼게요. 근데 이 두 가지를 한다고 해도 좀…. 어떻게 그렇게 자신하세요?"

"그날 3시간 넘게 울었다고 하셨는데, 저의 상담 경험에 의하면, 누구 앞에서나 누가 시켜서가 아니라 혼자 있는 시간에 온몸으로 울면서 무언가를 작정했다면 결코 예전 삶으로 돌아가지 않습니다. 영혼의 힘이든 성령의 힘이든 무엇으로 표현을 하든지요. 어머님은 벌써 한 단계를 넘어서셨습니다. 그러니까 저를 찾아오셨구요. 자신을 믿으세요."

"그렇게 말씀하시니 정말 안심이 돼요. 그날 울 때 사실은 예전으로 돌아가지 않을 거라는 확신이 들긴 했거든요. 예전에는 '왜 나는 이렇게 몸이 약한가' 하며 하나님께 원망도 많이 했는데, 가만히 생각해보니 몸이 약하다는 것은 갑자기 세상을 떠나기 전에 아이들에게 사랑한다는 말을 할 수 있는 기회를 주신 거잖아요. 그 생각 때문에 더 많이 울었던 것 같아요."

이분은 다시 눈물을 흘렸지만 마지막에는 홀가분한 표정으로 상담실을 나섰다. 하지만 나는 "아이들에게 사랑한다는 말을 할 수 있는 기회"라는 이분의 말에 가슴이 먹먹해져서 인사도 제대로 못 했다. 그리고 상담실을 나서는 이분의 앙상한 어깨에 너무도 많은 감정과 희망과 책임이 올려놓아진 것 같아서 무거운 마음에 한동안 그 뒷모습을 쳐다보았다. 그 뒷모습이 우리 모두의 모습일 것 같았다. 사랑하는 어머니를 떠나보낸 상실감을 잠시 내려놓고 자신 또한 어머니로서의 역할을 해내기 위해 허약한 몸으로 고군분투해야 하는 앞으로의 시간들이 너무도 길게 느껴졌다.

내가 비록 감사로 인생의 문제들을 해결해야 한다고 말하고 있지만, 그것을 실천하는 사람들이 실제로 느껴야 하는 삶의 무게에 직면할 때마다 너무 가볍게 말로만 떠드는 것 같아 죄스럽기도 하고 솔직히 기운이 빠질 때도 있다. 하지만 아무리 생각해봐도 우리에게 힘든 일이 일어난다면 이분이 일어섰던 그 방법, '감사'만큼 강력한 돌파구가 없다는 결론에 이르곤 한다. 그리고 그런 결론은 늘, 성 프란치스코의 '평화의 기도'가 이루어지는 것을 보며 수정 없이 견고해지곤 한다. 감사로 역경을 넘어선 사람들은 어느 순간, 위로받기보다는 위로하고 이해받기보다는 이해하며 절망뿐이던 곳에서 희망을 보며 마음의 평화를 얻는다. 물론 그들이 그 즉시 '평화의 기도'의 모든 구절을 완성하는 것은 아니다. 여전히 미움 대신 사랑으로, 다툼 대신 용서로, 의혹 대신 신앙으로, 슬픔 대신 기쁨으로 바꾸는 데에는 많은 마음의 싸움을 한다. 여전히 그들은 울기도 하고 때로 포기하기도 한다. 하지만 다른 사람들이 일생에 한 번도 생각해보지 않았던 고귀한 통찰을 얻고 조용히 실천하면서 최대한 마음 편히 현재에 충실한다.

두 달 정도 후 이분이 두 번째 상담을 오셨다. 잘 지내고 계셨다. 지난번 상담 후 한 번도 가족 앞에서 울지 않았으며 자식들과 하루에 최소 한 번은 웃으면서 지내려고 한다고 했다. 그럼에도 한 번씩 우울감이 올라올 때는 딸아이에게 일기를 써놓는다고 했다. 결혼할 때 어떤 남자를 만나면 좋은지, 임신 때 무엇을 조심해야 하는지 등에서부터 산후조리 방법, 아이가 울 때 대처하는 방법, 심지어 탄 냄비 닦는 법까지 적다 보면 한두 시간이 훌쩍 지나간다고 했다. 사실 일기나 자서전을 쓰는 등의 인생 회상 기법은 좋은 마음 치료 방법이기도 하다. 게다가 그냥 일기도 아니고 딸에게 주려는 일기를 쓴다니 매우 신선했고 희망적이었다. 사랑이 자신을 관통해서 어떤 대상을 향하게 되면 100% 결과가 좋기 때문이다. 기분은 많이 나아졌지만 체력은 여전히 딸린다고 하시길래 시간이 걸리니 차근차근 해나가자고 했고, 운동과 영양의 측면을 검토 후 보강해야 할 점을 알려주었다. 아울러 일기 쓰기에 너무 많이 몰입하지 말고 몸을 움직이는 즐거운 일을 좀 더 많이 하고 부담 없는 범위에서 봉사활동도 늘려보라고 조언해주었다.

이후 한두 달에 한 번씩 와서 이것저것 생활 습관을 점검했는데, 이분이 갑자기 오시는 경우는 대부분 건강에 관한 불안감이 심한 때였고 그때마다 상담을 통해 근거 없는 걱정을 교정했다.

첫 상담을 온 지 8개월 쯤 되었을 때, 다섯 번째 상담을 오셨다. 기다려왔던 바로 '그날'이었다. 얼굴 가득 웃음이 넘쳤고 혈색도 좋았다. 운동은 습관이 되었고 음식도 잘 먹는 편이라고 하셨다. 그동안 재미있는 일이 있었다고 말문을 여셨다.

어느 날, 그날도 일기를 쓰다가 잠깐 빨래를 걷으러 간 사이에 딸이 예전보다 이른 시간에 귀가해서 엄마의 일기를 봤다고 한다. 이분이 안방 쪽 베란다에서 거실로 나오자마자 딸이 고래고래 소지를 지르기 시작했다.

"누가 이따위 일기나 적으랬어? 한동안 잠잠하길래 좀 나아졌나 했더니 아예 죽을 준비나 하고 있었던 거야?

"아이고, 내가 그만… 아니, 말도 없이 일찍 와서 남의 일기장을 읽으면 어떡하니?"

"언제는 미리 말하고 들어왔어? 아니 그럼, 일기장을 펼쳐놓았는데 누가 안 읽어?"

"그래도 읽으면 안 되지. 네 일기장을 엄마가 읽으면 좋겠어?"

"뭔 딴소리야? 무슨 개어이야? 유서야, 뭐야?"

"그놈의 개, 개, 개소리는. 어이없다는 말이냐? 그냥 쓰는 거야. 심심풀이로. 요즘 젊은 엄마들이 한다는 블로그 그런 거랑 똑같아."

"심심하면 나가서 놀든가, 아예 블로그를 하든가. 왜 이따위 짓을 하냐고!"

"난 블로그는 싫어. 우리 가족 얘기 다른 사람 입에 오르내리는 것도 싫고 나랑 안 맞아. 언젠가는 엄마가 너보다 먼저 죽잖아. 나중에 엄마 없을 때 읽어보면 도움이 될 거야."

"필요 없어. 누가 이런 걸 봐? 인터넷 검색하면 다 나와."

"알았다, 알았어. 너는 읽지 말고 네 딸 보게 해라. 아님 오빠 딸에게 주든지."

"누가 결혼한대? 그리고 내가 딸을 낳을지 어떻게 알아?"

"나도 네 나이 때 엄마한테 대들었다가 너 같은 딸을 낳았으니 너도 분명히 딸을 낳을 거다."

"나 참, 엄마도 유머를 다 쓸 줄 아네. 하여간 무조건 싫어. 유서 써놓고 죽겠다는 거야?"

"안 죽어, 안 죽는다고. 네 딸이 아이 낳을 때까지 팔팔하게 살 거다. 네 성격에 손주 하나 제대로 봐주겠냐? 잘 먹고 잘 자고 감사하면서 살면 건강해진대. 그런 사람 엄청 많대. 유서가 아니라 그냥 힘내려고 하는 거야. 일기 쓰면 마음이 편해져. 상담 선생님이 기분 좋은 일을 많이 하랬어. 엄마가 말을 안 해서 그렇지 예전에 글 좀 썼거든. 나중에 읽어보면 꽤 재미있을 거다. 그렇게 엄마 죽는 거 싫으면 제발 엄마한테 소리 좀 그만 지르고 공부나 좀 열심히 하시지."

"그럴 줄 알았어. 결국 공부하란 얘기지. 내가 책도 하나 안 보는데 무슨 일기장을 봐? 그럴 거면 동영상으로 남기던지."

"엄마도 해봤어. 그런데… 동영상으로 하려니까… 자꾸 눈물이 나와서…."

이분의 목소리가 떨리면서 눈물이 주르륵 흘러내렸다. 그것을 본 딸이 갑자기 눈이 빨개지더니 막 울더란다. 그래서 둘이 안고 또 한참을 울었단다.

"사람은 원래 죽잖아. 당연히 엄마가 너보다 먼저 죽고. 할머니가 돌아가시기 전까지는 그런 생각을 못 해봤어. 처음에는 할머니가 유언도 남기지 못하고 돌아가신 것이 그렇게 한스러웠는데, 생각해보니 할머니는 평소에 항상 엄마에게 사랑한다는 말을 하셨던 거야. 옛날 분이라 직접 사랑한다는 말을 하진 않았지만 당신이 아프실 때도 내가 아프지 않아서 다행이라고 하셨으니, 그런 사랑의 말이 또 어디 있겠어. 유언을 새삼 남길 것도 없는 거지. 그런데 엄마는 지금까지 살면서 너희들한테 뭐 하나 잘해놓은 것이 없으니 글이라도 남겨보고 싶었어.

엄마는 마음이 편해. 그리고 엄마 빨리 안 죽어. 불안해하고 슬퍼하면 몸이 아프지만 감사하는 마음으로 운동하고 즐겁게 살면 몸도 건강하대. 엄마 요즘 공부 많이 하고 있어. 너더러 공부 열심히 하라는 것은 학교 시험 잘 보라는 게 아니고 책도 많이 보고 생각도 많이 하고 그랬으면 한다는 거야."

딸은 엄마 말을 들으면서 끄윽끄윽 계속 울고 있었다고 한다.

"엄마가 미안해. 할머니 돌아가시고 너도 충격받고 많이 놀랐을 텐데, 울고 싶었을 텐데, 엄마만 힘들다고 울고불고해서 정말 미안해. 할머니가 너 정말 예뻐하셨잖아. 엄마랑 똑같이 생겼다고. 엄마는 강해질 거야. 이 일기장, 나중에, 아주 나중에 직접 주면서 옛날에 엄마가 주책부렸다고 웃으면서 말할 거야. 그때 엄마 용돈 많이 줘야 해. 그러려면 너 돈 많이 벌어야 한다. 돈 많이 벌려면 일단 대학은 가봐야 할 텐데?"

딸은 고개를 숙인 채 "마지막 말만 안 하면 100점이었지"라고 한마디 하더니 자기 방으로 들어갔고 한참을 나오지 않더란다. 이후 딸은 표면적으로는 크게 달라진 것이 없었지만 식탁에 좀 더 오래 앉아서 예전보다 웃긴 얘기를 많이 한다고 한다. 처음에는 왜 그런지 몰랐는데 나중에 아들한테서 들은 바에 의하면, 딸이 "많이 웃으면 건강해진다는데 웃긴 얘기 많이 나오는 사이트를 알려달라"고 했다는 것을 보면 나름 엄마를 챙긴다는 것을 알 수 있다고 했다. 뿐만 아니라 예전에는 공부를 포기한 듯이 보였는데 요즘에는 그래도 학교나 학원 숙제를 밀리지 않고 해가는 편이라고 했다. 물론 1시간도 안 되어 "으헥, 짜증나"라고 말하면서 머리카락을 움켜쥔 채 침대에 벌러덩 눕지만, 이분은 그것만으로 충분하다며, 이제 겨우 중2인데 언젠가 때가 되면 제대로 자기 일을 할 것이라며 편한 표정으로 말하셨다.

그렇고말고였다. 이분은 재미있는 일이었다고 웃으면서 말했지만 이 얘기를 웃으면서 읽을 독자는 없을 것이다. 최선을 다해 자신의 자리를 지키고 사랑의 마음을 남기려고 했던 엄마의 모습을 기억하는 한, 그 딸이 잘못된 삶을 산다는 것은 강물이 위로 흐르는 것만큼이나 있을 수 없는 일이다. 이분의 딸이 엄마에게서 받았던 사랑은 다시 그 딸의 딸에게로 흘러내려갈 것이다. 정말 딸일지 아들일지는 모르겠지만 말이다.

감사한다고 영원히 살겠는가? 감사한다고 늙지 않겠는가? 감사한다고 '생로병사'에서 한 글자라도 내 맘대로 할 수 있겠는가? 하지만 감사를 시작하면 생…로…병…사…로 글자 사이의 간격이 늘어난다. 그리고 글자 사이의 점들에는 수많은 희로애락이 섞여 들어간다. 삶의 의미가 달라지고 삶의 질이 달라진다. 비록 생로병사의 수레바퀴를 거꾸로 돌릴 수는 없겠지만 바퀴가 지나가는 길이 어떠할지는 우리가 결정할 수 있다. 어떤 사람들은 생, 로, 병까지 조금의 틈도 없이 일사천리로 진행되다가 어느 시점에서 병…사의 간격이 길어지곤 한다. 이분도 그랬다. 평생 의존적인 삶을 살면서 온전한 충만감을 누리지 못하다가 어머니의 죽음을 계기로 비로소 '사死'에 대해 생각해보고 이 단어들 '사랑 사' '감시 시'로 바꾸고 있다.

너무도 많은 사람들이 '병病'에 이르러서야 자신의 인생에 대해 생각해보게 된다. 하기사 아픔이나 늙음을 느껴보기 전에는, 작아 보이지만 한없이 깊은 삶의 의미와 기쁨을 체감한다는 것은 매우 어려운 일이다. 햇빛 한 줌, 달빛 한 줄이 아까운 시점이 되어야 비로소 자신이 가진 가장 소중한 것을 들여다보게 되는 것 같다.

갑자기 너무 경건해지는 분위기가 되어 딴 나라 사람의 감사수기로 읽지 않았으면 좋겠다. 이분은 내성적인 성격이라 진지하고 경건한 태도가 오히려 일상적이지만, 모든 사람들이 그러할 수도, 그럴 필요도 없다. 내가 알기로, 신은 하염없이 용서하시고 사랑하시는 존재이며 각자의 스타일을 존중하신다. 열심히 감사해보되 안 되는 날에는 "아니, 이러실 겁니까? 도대체 무얼 더 바라시는 겁니까? 내가 그저 애들 클 때까지만 건강하게 살아보겠다는데 그거 하나도 허락을 안 하신단 말입니까? 도대체 속내가 무엇입니까? 너무 바쁘셔서 까먹으셨나 본데요, 나, 그렇게 수준 높은 사람이 아니란 말입니다. 계속 이런 식으로 절망하게 하면 아예 당신을 떠나는 수가 있다구요. 그런들 당신께 좋은 것이 무엇이겠습니까? 그러니 좋게 말할 때 이쯤에서 그만 내게 기쁨을 허락하시죠" 이렇게 툴툴대어도 좋다. 까짓것 죽기 직전까지만 회개하면 받아주실 텐데, 경건한 맏이도 있고 떼 쓰는 막내도 있는 법이다. 마지막 말만 잘 하자.

"그래도 제가 사랑하는 거 아시죠? 그리고 어쨌든 오늘까지는 일단 감사합니다요."

나의 친구는 낙천적인 성격의 소유자로 평소 감사의 태도가 습관화되었는데도 한번은 심한 두통이 5일 내내 지속되면서 감사의 주문으로도 가라앉지 않자 대자로 벌렁 누워서 "됐습니다. 어차피 이렇게 살아도 죽고 저렇게 살아도 죽을 건데 뭐 하러 고결한 척 감사니 뭐니 하면서 산단 말입니까? 됐습니다. 이제 나도 더 이상 할 게 없네요"라고 화를 내며 넋두리를 하다가 깜빡 잠이 들었단다. 깨어나 보니 두통이 가셔서 "아이고, 하느님, 제가 철없이 떠든 망언을 그냥 잊으소서. 이렇게 또 용서하시고 다시 감사의 기도를 할 기회를 주셨군요. 흐흐흐흐" 하며 머리를 조아렸단다.

사람들은 이런 경우 자연치유라는 표현을 쓰겠지만 자연치유의 시점이 참으로 희한하지 않은가? 신께서도 인간이 당신을 버리겠다고(?) 하면 "어쭈? 요것 봐라? 으이그, 싫으니 죽지. 한번 봐줬다!" 이러시는 걸까? 요점은 당신만의 스타일로 감사의 삶을 완성하라는 것이며 심리학적으로는 이런 즐거운 스타일이 더 건강하고 오래 산다. 감사한다면서 지나치게 경건하게 사느라 에너지가 소진되고 엄숙한 슬픔에 빠져 있다면 오히려 건강을 해치게 된다.

웃음치료같이 사람들과 활발하게 어울리면서 우울에서 벗어난다면 더 즐겁기도 하고 설사 다시 우울해져도 사람들의 도움으로 일어나기도 쉽다. 하지만 그런 방법이 맞지 않다면 자신만의 방법을 찾으면 된다. 감사는 몸에 무리를 주지 않는 아주 경쾌한 마음 관리법이며 특히 내성적인 사람에게 아주 좋다. 무리 지어 피는 꽃만 아름다운 것은 아니다. 절벽에 홀로 피어 있는 꽃도 충분히 아름다우며 오히려 비바람에 더 길 견딘다. 같이 있든 홀로 있든 감사의 꽃을 피우도록만 하자.

내과의사인 래리 도시Larry Dossey의 책 《치료하는 기도》에는 우리의 상식과 다른 이야기가 나온다. 캘리포니아의 소살리토순수지성과학연구소의 부회장이던 브렌던 오레건Brendan O'Regan은 자발적인 치유 현상을 보이는 사람들을 연구해본 결과, 오히려 이들은 치료를 강하게 요구한 적이 없고 기적이 일어나길 간절하게 원하지도 않았으며 그저 자신의 상태를 인정하고 감사하는 성격의 소유자들이었다고 한다. 감사, 볼수록 매력이 끝이 없어서 이 책을 마무리할 수 있을지나 모르겠다.

여러분은 '생로병사'의 글자들을 어떻게 조합하고 싶은가? 금방 답할 수 있는 문제는 아닐 것이다. 우선은 사행시라도 지어보자. 다음은 자신의 인생이 불행하다고 생각하는, 우리나라에 꽤 많은, 중학생의 작품이다. X표시는 여러분의 상상에 맡긴다.

생 생까지 마
노 노려보지도 마
병 병X 같은 새X
사 사약 먹고 뒈XX

다음은 그래도 희망을 갖고 성실하게 생활하고자 하는 다른 중학생의 작품이다. 최근 남자친구가 생겼다고 한다.

생 생명이 다하도록
로 로미오와 줄리엣처럼

병 병이 들지라도 죽도록

사 사랑하겠다

다음은 우울한 30대 남성의 작품이다.

생 생일날에도

노 노동을 해야 하니

병 병이 나서

사 사망하겠구나

다음은 다섯 살 아이를 둔 엄마의 작품이다. 학창시절에 글 좀 썼다고 한다. 이 작품을 이해하려면 아이들은 다섯 살까지는 진짜 천사라는 사전 지식이 필요하다.

생 생명의 빛으로 피어나는

노 노란, 샛노란

병 병아리같이, 볼 때마다 심장을 달달하게 하는

사 사랑스러운 내 아이

당신의 사행시가 참으로 궁금하다. 전국 생로병사 사행시 대회에서 장원을 하는 실삭을 만드시기를 간절히 바란다.

무엇을
감사할 것인가?

　　　　　　　　　이윤기 선생님은 이 책에서 유일하게 실명으로 소개하는 감사와 웃음으로 기적을 이룬 사례의 주인공이다. 이윤기 선생님은 심리학 박사이자 목사이자 강연자로 성실성과 열정, 해박한 지식 등 많은 장점을 갖고 있지만 그중에서도 천부적인 유머 감각은 경이로울 정도이다. 이 선생님이 웃기겠다고 작정하면 청중은 1분에 한 번씩 웃지 않고는 못 배긴다. 순식간에 청중의 마음을 사로잡기 때문에 다른 강사들은 이분 뒤에 강연을 하는 것을 꺼릴 정도이다.

　이 선생님은 신학 공부를 하기 전에 유치원 관리실장을 했었다. 우연한 기회에 학습진로검사 워크숍에 참석한 후 한 중학교의 학습코칭

통째로 비단 천으로 태어난 인생이 어디 있겠는가.

한 조각 한 조각 다 예쁘면 좋겠지만

맘에 안 드는 조각이 있다 해도

마지막에만 멋진 이불을 만들면 된다.

당장 눈물 흘리는 것을 막지 못한다 해도

울더라도 계속 이 길을 걸어가라.

용기를 내어 감사의 걸음을 떼기 시작하면

어느새 미소 짓고 있는

당신을 발견할 것이다.

강사로 나갔다고 한다. 보통 학습능력향상 프로그램을 할 때는 성적이 상위권인 아이들과 하위권인 아이들이 따로 팀을 이루는데 그날따라 전교 2등과 전교 꼴등이 한 팀에 있었다고 한다. 아마 학교에서 프로그램에 대해 큰 기대를 하지 않고 형식적으로 팀을 만들었던 것 같다.

이 선생님은 처음에는 당황했지만 이내 마음을 잡고 아이들의 고민을 들어보았단다. 전교 2등의 고민은 제발 한 번만이라도 1등을 해보는 것이었고 전교 꼴등의 고민은 제발 한 번만이라도 꼴등에서 벗어나 보는 것이었다.

이 선생님은 아이들이 좋아하는 과목을 묻고서는 처방을 내렸는데 그 결과 이 학교에서 레전드가 되었다. 처방의 내용은 이랬다. 전교 2등 아이에게는 "넌 한 문제만, 딱 한 문제만 더 맞히면 1등을 하는 거야. 수학 한 문제만 더 맞히면 돼. 시험 보는 날 1등 아이가 등교할 때 선생님이 골목길에 숨어 있다가 옷자락을 끌어 잡고 지각하게 할 수도 있어. 하지만 그럴 필요 없어. 넌 딱 한 문제만 더 맞히면 돼"라고 했고, 전교 꼴등인 360등의 아이에게는 "넌 한 문제만, 딱 한 문제만 더 맞히면 359등을 할 수 있어. 도덕 문제 하나만 딱 맞히면 되는 거야"라고 했다고 한다. 놀랍게도, 한 달 후 중간고사에서 전교 2등은 생애 처음으로 1등을 했고, 전교 꼴등은 생애 처음으로 꼴등에서 벗어난 정도가 아니라 전교 260등을 했다. 부모와 교사들, 특히 전교 꼴등의 부모가 감사를 한 것은 물론이다.

이 선생님은 이 일을 계기로 자신이 가르치는 재능이 있음을 알게 되어 본격적으로 심리학 공부를 하게 되었으며, 어디를 가든 이런 식의 유쾌하고 허를 찌르는 재기발랄한 아이디어로 사람들을 사로잡았고, 이재에도 능해서 결혼 후 아이를 낳기까지는 세상에 무서운 것이 없었다고 한다.

이 선생님이 31세에 첫 아이인 아들을 낳았는데 선천적인 장애를 갖고 태어났다. 선천성 근무력증으로 온몸의 근육이 처지고 코끼리 주름 같이 쭈글쭈글했으며 조로증까지 있어서 병원에서는 열세 살을 넘기지 못할 것이라고 했고, 살아 있다 해도 급속한 노화를 보일 것이며 언어장애, 정신지체 증상도 나타날 거라고 했다. 아들은 세 살부터 여러 차례 경기를 보였고 뇌가 쭈그러들었으며 척추는 70도로 휘었고 급노화가 진행되어 초등학교 때 벌써 노안과 녹내장이 생겼다. IQ는 55였다.

이 선생님은 아이가 태어난 후 하나님을 원망하며 다니던 교회도 끊었다. 아이가 태어난 지 1주일째 되었을 때 산속에 들어가 아이도 죽이고 자기도 죽겠다고 나섰는데 장모님이 울면서 말려 주저앉았지만, 1년 후 다시 같이 죽겠다고 아들을 차에 태워 강원도 산속으로 들어갔다. 마침 겨울이라 며칠 전에 내린 눈으로 길이 꽁꽁 얼어 있었는데, 마주 오던 대형버스를 피해 반사적으로 핸들을 틀다가 차가 빙글빙글 돌며 높은 고개에서 낙하하기 시작했다. 그 순간 그는 울면서 "하나님, 잘못했습니다. 이 아이는 살려주시고 저만 데려가십시오. 만약 살아난다면 다시는 원망하지 않고 아이를 잘 키우고 신학도 하겠습니다"라고 기도했다.

천만다행히도 아이와 자신 모두 살아, 아이를 안고 몇 시간을 엉엉 울었다고 한다. 이후 이 선생님은 180도로 변하여 성심성의껏 아이를 키웠다. 신학 공부도 시작했다. 아이를 볼 때마다 "감사합니다, 하나님"이라고 말했고 "이 아이 때문에 겸손해지고 정신을 차리게 되어 감사합니다"라는 기도가 매일 터져나왔다. 그러면서 원래 갖고 있었던 탁월한 유머 감각도 되살아났다. 등굣길에 아이가 기분이 안 좋으면 배기가스를 내뿜는 앞차를 가리키며 "코끼리 엉덩이에서 방구가 새나오고 있다"고 하고, 약을 안 먹으려 하면 "화난 엄마기차가 뿡뿡 경적을 울리며 쳐들어오기 전에 빨리 약 먹고 도망가자"고 하면서 하루에도 수십 번 아이를 웃겼다.

그 결과 아이는 누구보다도 밝게 자라났을 뿐 아니라 열세 살을 넘기지 못할 거라는 의사의 예측을 뒤엎고 고등학교 졸업 후 호산나대학교에 갔고 지금은 대학교도 졸업해서 한 복지관에 취직해 일하고 있다. 물론 초등학교와 중학교 시절에는 왕따도 당했고 고등학교 때는 스트레스를 견디지 못해 일시적인 환청도 있었지만 그때마다 부모의 지혜로운 대처로 이겨냈다.

아이가 하루하루 성장할 때마다 어려움도 더해졌지만 그만큼 감동도 더해졌다. 그중에서도 가장 감동적일 때는 아이가 유머를 쓸 때였다. 고3 수능날에 수험장 앞에서 아이를 기다리고 있는데 아이가 모든 시험을 무사히 마치고 늠름하게 교문 밖으로 나오더란다. 이 선생님이 어깨를 안으며 "아들, 수고했어. 그래, 서울대 갈 수 있겠어?"라고 물었더니 아이는 무덤덤하게 "결과가 나와봐야 알지"라고 했단다. 또 한번은 아무리 감사하며 산다고 해도 약값에 교육비에 너무 힘들어서 이 선생님이 소파에 앉아서 한숨을 쉬고 있는데, 턱 근육이 가슴까지 늘어지고 등이 굽은 아이가 옆에 와서 앉더란다.

"아빠, 힘들어?"

"응. 아빠가 힘드네"라고 했더니, 아이가 갑자기 아버지의 등을 후려치며 이렇게 말했단다.

"시끄러. 내가 더 힘들어."

아이큐가 55라도 자신이 어떤 상태인지는 안다. 하루가 다르게 늘어지는 근육과 악화되는 자신의 건강 상태를 보는 일반적인 아이라면 어쩌면 한 번쯤은 죽고 싶다는 생각을 할지도 모른다. 하지만 이제 청년이 된 이 아이는 단 한 번도 그런 생각을 하지 않았다. 매일 즐거운 일이 벌어지기 때문이다. 자려고 누우면 내일은 또 아빠가 어떻게 웃길까 궁금해졌을 테고 아침에 눈을 뜨면 가장 먼저 아빠를 찾으면서 삶의 의미를 찾았을 것이다. 아파도 잠시 후엔 웃게 되고 학교에서 시달림을 당해도 집에 오면 웃을 수 있다면 하루 뒤의 삶을, 한 달 후의 삶을, 1년 후의 삶을 기대하고 희망했을 것이다. 그렇게 아이는 의학적으로 예측되었던 수명의 2배를 넘기게 되었다. 그 비결은 어쩌면 '나는 죽을 이유가 없다. 나는 계속 즐겁게 살고 싶고, 또 그렇게 살 수 있다'는 의지의 발로일지도 모른다. 많은 것을 갖추고도 불만이 난무하는 가정이 있고, 객관적으로 행복하다고 할 수 없는 환경인데도 웃음이 넘쳐나는 가정이 있다. 이윤기 선생님 댁이 바로 그런 매우 보기 드문 가정이었다. 그리고 그 비결은 그리 어렵지 않은, 감사와 웃음이었다.

1장과 2장에서는 감사의 필요성에 대해 살펴보았고 이 장에서는 감사의 방법에 대해 살펴보았다. 하지만 여기까지 읽고서도 여전히 감사를 어떻게 해야 할지, 도대체 무엇을 감사해야 할지 모르는 분들이 있을지도 모르겠다. 쉽게 답을 낼 수는 없다. 하지만 이것 하나는 분명히 알아야 할 것 같다. 내가 너무 힘들어서 포기하고 싶을 때 세상 누구로부터도 "시끄러. 내가 더 힘들어"라는 말을 듣지 않을 자신이 있는가? 아마 없을 것이다. 그렇다면 우리가 계속 낙담할 자격이 있을까?

　이 청년의 "시끄럽다"는 말은 어쩌면 신의 음성일지도 모른다. 우리에게 "시끄럽다"고 말할 사람을 생각해보라면 1분 안에도 금방 여러 명을 들 수 있다. 팔 다리가 없는 닉 부이치치가 친구들이 자신더러 "(팔이 없어서) 아이 기저귀를 갈아주지 않아도 되니 정말 행복한 일이다"라고 했다며 어떻게 그렇게 환하게 웃을 수 있는지, 죽을 정도의 심한 화상을 입어 40번 넘게 큰 수술을 해야 했던 이지선 씨가 불길에서 자신을 살려낸 오빠로부터 "차라리 그때 너를 꺼내지 말았어야 했다"는 눈물 섞인 이야기를 들을 때 "왜 그래? 이제 좀 살 만한데"라는 말을 했다며 어떻게 그렇게 여유롭게 웃을 수 있는지, 그들은 우리에게 한 번도 시끄럽다는 말을 한 적이 없지만, 마음의 보물을 찾겠다면 진심으로 그 비결을 궁금해해야 한다. 그런 영적인 거장들이 우리에게 싫증이 나서 "시끄럽다"는 말조차 거두기 전에 진심으로 경외심을 갖고 경청해야 한다.

　'사지 없는 인생' 대표인 부이치치는 2014년 내한하여 한 방송에 출연했고, 우연의 일치인지 같은 방송에 이지선 씨도 출연한 적이 있다.

그들의 방송 화면을 캡처한 인터넷 사이트에는 어김없이 많은 댓들이 달렸다. 하지만 우리는 혹시 그들의 미소를 마치 셀럽의 기사거리로만 여기고 그들이 고통 속에서 견뎌낸 방법을 자서전의 일화로만 받아들이며 오늘도 어제와 똑같이 얼마나 힘들고 고단하며 희생을 했는지 계속 떠들고만 있지는 않은가? 어쩌면 그들은 불굴의 용기를 유전자 속에 갖고 태어났는지도 모른다. 그래서 그들이 정신계의 모차르트, 베토벤이라고 생각하면서 평범한 우리와 다르다고 생각했는지도 모른다. 하지만 닉 부이지치와 이지선 씨 모두 "어떻게 그렇게 행복하게 지낼 수 있냐"는 질문에 아주 평범한 단어 하나로 대답했다. 그것은 역시 '감사'였다. 부이지치 대표는 지금 자신이 가진 것에 감사한다고 했다. 그는 아이 아버지이다. 이지선 박사는 화상으로 온몸에 붕대를 감고 떠먹여주는 밥만 먹고 있다가 어느 날 스스로 밥을 먹을 수 있게 되었을 때 엄마가 더 이상 힘들지 않게 되어서 말할 수 없이 감사했다고 했다. 그녀의 얼굴은 그대로였는데도 말이다.

친구들과의 모임에서 한 친구가 직접 만든 패치워크 필통을 보여준 적이 있다. 얼마나 꼼꼼하고 예쁘고 세련되게 만들었던지, 우리는 돌아가며 만져보면서 감탄을 했다. 이 정도 실력이면 홍대 앞에 내놓아도 팔릴 거라고 하자 그 친구가 고개를 저으며 "이거 하나 만드는 데 드는 시간을 생각하면 최소 3만 원은 받아야 하는데 누가 그 돈 내고 가내 수공업 필통을 사겠냐"고 했다. 어쨌든 그날 친구의 멋진 수공예품을 본 이후 이상하게 패치 이불에 마음이 끌리기 시작했다. 예전에는 산

만해보여서 싫었는데 그 이유가 기계로 찍어낸 것만 봤기 때문이라는 것을 알았다. 핸드메이드 패치는 명장이 한 땀 한 땀 누빈 것처럼 조각조각 스며 있는 정성이 실로 대단했다. 또한 한 조각씩 볼 때는 평범하게 느껴지는데 모아서 작품이 완성되면 기가 막히게 매력적인 모습으로 변하는 것이 마치 요술을 보는 것 같았다. 전체는 단순히 부분의 합이 아니라는 말이 새삼 와 닿으면서, 문득 우리 인생도 패치 이불 같다는 생각이 들었다. 통째로 비단 천으로 태어난 인생이 어디 있겠는가? 모두 조각조각을 모아 결국에는 한 장의 이불을 만드는 것이다. 이왕이면 한 조각 한 조각이 다 예쁘면 좋겠지만 맘에 안 드는 조각이 있다 해도 마지막에 멋진 이불을 만들면 되는 것이다. 닉 부이치치는 인생이라는 이불을 짤 때 도저히 없으면 안 될 것 같은 조각, 팔과 다리가 아예 없었지만 전혀 개의치 않고 오색찬란한 이불을 만들었다. 그의 감사는 바로 골든 땡큐였다.

그들이 극심한 고통 속에서도 골든 땡큐를 해냈다면, 그들이 "시끄럽다"고 말할 정도로 엄청나게 많은 것을 갖고 있는 우리들이 못 할 이유는 전혀 없다. 그들이 뛰어난 사람들이라고 치자. 하지만 평범한 사람들에 대한 증거도 이미 넘친다. 이 책에 나오는 분들은 모두 우리같이 평범한 사람들이었지만 자신이 있는 바로 그 자리에서 골든 땡큐를 해냈다. 그들은 더 좋은 나라로 이민을 간 것도 아니었고, 갑자기 좋은 가족이 앞에 나타난 것도 아니었으며, 갑자기 직장이 생기거나 돌아가신 엄마가 살아오신 것도 아니었다. 그저 마음을 하나 살짝 바꾸었을 뿐이다.

그들이 했다면 우리도 당연히 할 수 있다. 그러니 당장 눈물 흘리는 것까지는 막지 못한다 해도, 울더라도 계속 이 길을 걸어가야 한다. 용기를 내어 감사의 걸음을 떼기 시작하면 울 일이 점점 줄어드는 것은 당연하고, 어느 새 미소를 짓고 있을 것이라고 자신 있게 말씀드릴 수 있다. 다시 한 번 말하지만, 이제 당신이 골든 땡큐를 할 차례이다.

·
·
·

우리는 생각보다 훨씬 더 많은 성공을 했던 사람들이다.

성공의 역사를 단 한 줄도 쓸 수 없는 사람은 절대 없다.

그저 자신이 얼마나 많은 것을 이루어왔는지 잊고 있을 뿐이다.

한 번 성공했다면 얼마든지 다시 할 수 있다.

걱정하지 말고 다시 시작해보자.

골든 땡큐,
아름다운 모험

세상 무서울 것 없게 만드는 감사의 힘

골   든   땡   큐

감사에
필요한 시간

　　　　　　　　　　　　　　　'골든 땡큐, 아름다운 모험'이라는
이 장의 제목은《치유, 아름다운 모험》이라는 책의 제목에서 힌트를
얻었다. 치유가 왜 아름다운 '모험'일까? 치유는 단번에 되는 것이 아
니라 과정마다 많은 어려움이 있다는 것, 하지만 결국은 아름답게 마
무리된다는 뜻일 것이다. 감사 역시 단번에 우리 문제를 해결해주지는
못한다. 중요한 것은 '단번에' 해결해주지 못한다는 것이지 해결해주
지 '못한다'는 것은 아니다. 해결은 반드시 된다. 다만 시간이 걸릴 뿐
이다. 감사를 시작하는 것만 해도 떡 한 조각 집어먹듯 쉽게 되는 것이
아닌데, 막상 시작해도 과정들이 순조롭지 않다. 기분이 오르락내리락
하기도 하고, 잘될 것 같다가 갑자기 희망이 보이지 않기도 하고, 정말

'감사'만 해도 되는지 회의가 들기도 한다. 이런 크고 작은 장애물을 만나게 되면 순간순간 포기하고 싶어진다. 하지만 가치 있는 모험일수록 장애물이 등장하는 것은 가상의 인터넷 게임에서조차 진리이다. 하물며 모든 것이 변화무쌍하게 살아 움직이는 현실세계에서 마음의 보물을 찾겠다는 큰 모험을 하려면 장애물쯤은 당연한 것으로 받아들이자. 다행스럽게도, 잠시 후 살펴보겠지만, 감사의 여정에서 만나는 장애물은 생각만큼 압도적이지 않다. 지금까지 이 책의 내용을 충실히 따라오셨다면 이제 모퉁이 하나만 더 돌면 마음의 보물을 찾을 수 있다. 조금만 더 힘을 내어 모퉁이를 돌아보자.

감사에 시간이 오래 걸린다는 것은 새삼 설명이 필요하지 않다. 밥 짓기와 같은 비교적 단순한 일에서부터 봄에 심은 벼가 가을에 쌀이 될 때까지, 꼬마 아이가 청소년을 거쳐 어른이 될 때까지, 책 쓰기와 같이 어떤 결과물을 내기까지, 시간 없이 되는 것은 하나도 없지 않은가. 그런데도 사람들은 이상하게 마음의 문제는 빠른 시간 내에 해결되기를 바란다. 마음의 문제는 나 자신이 모든 과정을 직접 겪는 것이기에 너무 고통스러워 한시가 급하게 해결되기를 바라는 것이다.

마음을 치료하는 방법 중 그나마 효과가 빠른 축에 속하는 '약'도 그 효과를 내는 데 시간이 걸리는 것은 물론이다. 가장 효과적인 항우울증 약은 '선택적 세로토닌재흡수억제제(SSRI, 뉴런에서 재흡수를 차단함으로써 뇌에서 행복한 기분을 불러일으키는 세로토닌을 증가시키는 항우울제)'이다. 많은 신경과학자들은 이 약이 효과를 보려면 최소한 3주가 지나야 한다고 말한다. 세로토닌이 작용하기까지는 불과 몇 시간이면 되는데 왜 3주나 걸리는 걸까? 세로토닌이 뇌 전역의 주요 신경회로들에 영향을 미치는 데 그만한 시간이 걸리는 것 같다는 것이 현재까지의 결론이다.

2002년 신경과학자 미겔 니코렐리스Miguel Nicolelis는 침팬지의 뇌에서 뉴런군이 만들어내는 전기신호를 들으면서, 여름 밤하늘을 수놓는 순수하고 맹렬한 심포니 같다고 표현했다. 만약 당신의 뇌의 신경활동을 스피커로 출력한다면 어떤 심포니가 울릴 것 같은가? 베토벤의 〈비창〉일까, 〈환희의 송가〉일까? 중요한 것은 나의 뇌 속에서는 끊임없이 심포니를 만든다는 것이다. 내가 지금 우울하다면 뇌의 심포니는 분명 왈츠곡은 아닐 것이다. 따라서 뇌 심포니를 즐거운 것으로 바꾸기까지는 당연히 시간이 걸릴 수밖에 없다. 긍정의 뇌 회로가 새로 만들어지는 시간이라고 생각해도 좋겠다.

감사에 절대적인 소요 시간이 정해져 있다면 감사의 여정에 훨씬 의욕이 생길 것이다. 하지만 사람들마다 인생이 다르고 뇌의 역사도 달라 기준을 잡을 수는 없다. '감사 테라피' 초기에 감사 노트를 쓸 때는 하루에 30분 이상 걸리지만, 이제 감사 노트를 쓰지 않고도 감사를 하게 되었다면 골든 땡큐 작업의 70%는 달성된 것으로 볼 수 있다. 신형 세탁기를 샀을 때 처음에는 매뉴얼을 보면서 작동해야 하지만 어느 정도 익숙해지면 세탁기 앞에 서자마자 바로 작동할 수 있는 것처럼, 감사 또한 자동적으로 하는 수준이 되어야 새로운 뇌 행복 회로가 왕성하게 형성되고 있을 것이다. 나와 내담자들의 경우를 통해 볼 때, 우울증의 강바닥에서 치고 나오는 데 1년 정도가, 이후 잔물결과 수초를 헤치고 강가로 나와 소용돌이쳤던 그 강을 한때의 추억으로 바라볼 정도의 여유를 갖기까지 2년 정도의 시간이 더 걸리는 것 같다. 즉, 평균 3년은 되어야 마음의 보물밭에 발을 들이게 되는 것 같다. 물론 사람들마다 더 걸리기도, 덜 걸리기도 할 것이다.

시간이 걸리는 이유는, 변화가 일어나려면 역치를 넘어야 하기 때문이다. 화학 분야 용어 중에 벨로조프-자보틴스키 반응Belousov-Zhabotinsky reaction이라는 것이 있다. 황산세륨, 말로닌산, 브롬화칼륨 등을 황산용액 속에 넣어 서서히 온도를 높이면 온도가 낮을 때는 별 특징이 없는 평형 상태였다가 역치에 도달하면 갑자기 극적인 현상이 일어나는데, 액체가 청색 - 보라색 - 붉은색 - 청색으로 계속 순환한다고 한다. 《양자의학, 새로운 의학의 탄생》의 저자 강길전 박사는 이 현상을, 100만 개의 흰 탁구공과 100만 개의 검은 탁구공이 처음에는 무작위로 섞여 혼란스럽게 부딪히다가 어느 순간 갑자기 탁구공의 색이 모두 흰색으로, 다시 검은색으로, 다시 흰색으로 일정한 간격을 두고 완전히 바뀌는 것만큼이나 놀라운 현상이라고 비유한 적이 있다.

감사를 시작했는데도 큰 변화를 못 느낀다면 역치에 이르지 못했기 때문이다. 계속하거나 강도를 높여야 한다. 그렇게 역치에 이른 순간, 당신은 100만 개의 탁구공 쇼 저리 가라 할 정도의 엄청나게 강한 마음의 힘을 느끼게 될 것이다. 슬픔과 무력감의 검은 공들만 있는 줄 알았던 마음이 즐거움과 행복감의 흰 공들로 삽시간에 바뀌는 드라마틱한 경험을 기필코 하고야 말 것이다.

3년은 결코 짧은 시간은 아니지만 하염없이 무력하게 기다려야 하는 비어 있는 3년이 아니다. 도를 깨치기 위해 반드시 거쳐야 한다는 '물 긷고 밥 짓는' 인고의 3년도 아니다. 그야말로 하루하루가 새록새록 다르며 재미있다. 편도체를 달래고 전두엽이 해야 할 일에 하나씩 몰입하면 마음은 그 즉시 5분 전에 비해, 3시간 전에 비해, 어제에 비해 평화로워진다. 물론 괴로운 상태로 되돌아갈 때도 있다. 하지만 감사를 처음 시작했던 그 시점만큼 괴로워지지는 않는다. 정말 그러한지는 직접 확인하는 수밖에 없다. 그러니 시간을 벗 삼아 유유히 헤쳐나가 보자.

자신에게 확신이 없고
막막하다면

　　　　　　　자신에 대한 확신이 부족한 사람은 마음이 치유되는 데 시간이 오래 걸리는 것을 견디지 못한다. 이런 사람들 중에는 선천적으로 성격이 부정적인 경우가 많다. 〈서울신문〉 인터넷 판에 호주 뉴사우스웨일스대학의 한 연구 결과가 실린 적이 있다. 연구진은 시드니리버풀병원에 입원해 있는 임신부 127명 중 과거에 엄마와 사이가 좋지 않았다고 답한 57명을 대상으로 혈액 샘플을 채취해 출산 전후의 호르몬을 분석했다. 이들은 다른 여성들보다 유독 '사랑의 호르몬'이라 불리는 옥시토신 호르몬 수치가 낮았으며, 출산 후 자녀에 대해 부정적인 인식을 하는 경향이 높았다. 즉 낮은 옥시토신 호르몬 수치가 세대를 건너 유전된다는 이야기이다. 그렇다면 부모로부터 물려받은 부정적인 성격을 평생 갖고 살아야만 하는 것일까?

연구진은 "이 연구 결과는 유독 자녀와 사이가 좋지 않은 여성들의 악순환 유전 고리를 호르몬이라는 근본적인 접근 방식을 통해 끊어낼 수 있다는 가능성을 제시한다"고 설명했다. 어렵게 써 있지만, 여기서 말한 호르몬 방식이라는 것은 옥시토신 호르몬 주사를 맞는다는 의미이다. 실제로 출산 과정에서 자궁 수축을 유도할 때 주로 사용하는 옥시토신 호르몬 주사를 맞으면, 수줍어하던 사람이 적극적이 되고 애정 표현도 늘어난다는 보고가 있다. 이를 토대로 자폐증을 비롯한 내성적인 아이들의 성격 개조를 위해 호르몬 주사를 사용해볼 수 있다는 가정이 제기되고 있다고 한다. 원리상으로만 본다면 옥시토신 주사를 맞아 긍정적인 성격을 늘려볼 수 있을 것이다. 하지만 이 주사는 부작용 또한 만만치 않기 때문에 주의 깊게 사용해야 한다는 큰 약점이 있다.

부모의 거친 양육으로 인해 사랑과 기쁨의 경험이 부족했다고 해도, 부작용이 우려되는 '옥시토신 호르몬 주사'가 아닌 다른 방법으로 출발선을 재설정할 수 있다. 그것은 바로, 그리고 역시나, 감사이다. 닭이 먼저인가, 달걀이 먼저인가? 이 끝없는 논쟁을 끝내기 위해서 당신이 달걀이라고 생각되면 거기에서부터 시작하여 감사의 닭이 되기로 결정하고, 당신이 닭이라고 생각되면 거기에서부터 시작하여 감사의 알을 낳는 것으로 해야 한다. 유전의 영향을 무시할 수는 없지만 유전의 문제를 생화학적인 방법으로 해결할 정도로 과학은 아직 완벽하지 못하다. 우리의 의지가 지금으로서는 훨씬 빠르고 강력한 방법이다.

일부라도 자신에 대한 확신을 가지는 역할을 해보면 실제로도 확신이 생긴다. 치료자, 봉사자, 보호자, 엄마 등의 역할을 해보는 것이다. 엄마라고 해서 모든 일에 확신을 갖는 것은 아니다. 하지만 적어도 자신의 아이에 대해서만큼은 '이 약을 먹으면 열이 내릴 것이다' '열심히 공부하면 좋은 인생이 펼쳐질 것이다'라고 믿고, 그것도 아주 강하게 믿고 아이들을 이끈다.

내게 상담을 받으러 오는 성인들을 관찰해 보면, 시간 여유가 가장 많은 집단은 휴학 중이거나 취직 전인 20대로, 경제력과 사회적 의무감이 다른 연령대에 비해 상대적으로 낮다. 가장 여유가 없는 사람은 아기 엄마들로, 육아의 어려움을 혼자 이겨내는 것도 힘든 판에 아이가 껌딱지같이 붙어 있어 잠시도 눈을 뗄 수 없으니 설상가상인 형국이다. 그런데 상담 효과가 가장 빠르게 나타나는 집단은 의외로 "애만 없으면 빨리 나을 것 같다"고 하소연하는 이 아기 엄마들이며, 가장 느리게 낫는 집단은 시간적 여유가 많은 20대이다. 이들은 말로는 변화를 원한다고 하면서 실제로는 고집이 매우 세고 쉽게 변하려 하지 않는다.

두 집단의 차이는 누군가를 보살펴야 한다는 의무감이 있고 없고이다. 일시적으로는 아이가 나의 치료를 방해하는 것 같다고 느끼지만, 아이를 보살펴야 한다는 '치료자'로서의 마음이 자신의 회복을 빠르게 한다. 엄마들은 흔히 아이를 돌보느라 몸살 날 시간도 없다는 말을 하는데, 자신도 슬프고 힘들지만 더 약한 아이를 지키려다 보니 슬픔에 빠질 시간이 정말 없다. 유난히 사고가 많은 한국의 재해 현장에 한걸음에 달려오는 자원봉사자들도 치료자의 마음, 엄마의 마음으로 오는 것이다. 그들 중에는 예전에 사고로 가족을 잃은 사람들이 많다. 나보다 더 힘들고 슬픈 사람을 돕다 보면 없던 자신감과 다시 살아볼 용기가 생긴다.

성격적으로 자신감이 부족하지 않았더라도 큰 스트레스를 받으면 당연히 자신감이 떨어진다. 우리는 그동안 숱하게 성공을 해왔음에도 일이 잘 풀리지 않으면 '실패한 인생'이라고 단정 짓곤 한다. 하지만 지금까지 살아왔다면 우리는 모두 '성공한 인생'이다. 다만 성공의 감각을 잊어버렸을 뿐이며 그 감각을 다시 찾으면 된다.

상담을 받으러 왔던 50대 후반의 여성도 그랬다. 그녀는 성공한 CEO였다. 아이가 다섯 살이 될 때까지 현모양처로 살아왔는데, 갑자기 큰 병에 걸린 아버지를 대신하여 부도 직전의 가구 사업을 운영하게 되면서 자신도 몰랐던 잠재 능력을 발휘해 사업을 크게 번창시켰다. 유일한 걱정거리가 아들이었는데, 어렸을 때는 명석하고 착한 아이였지만 바쁜 엄마가 세심한 주의를 기울여주지 못하면서 반항을 하고 서서히 공부를 등한시하더니 고등학교에 들어가서는 아예 성적이 뚝떨어졌다. 이후엔 부모가 원하는 대학은 아니었지만 그래도 대학에 진학했기에, 지금부터라도 정신을 차려 잘하면 사업을 물려줄 계획이었다. 하지만 아들은 힘들게 붙은 대학을 아예 자퇴하고 방에 처박혀 온종일 게임만 하면서 지냈고, 하루에 단 한 번도 엄마와 마주치지 않으려 했다. 그녀는 충격과 좌절에 빠졌다가 겨우 정신을 차리고 아들과의 관계를 회복하고자 노력했지만, 이번에는 모든 면에서 자신감을 잃어버렸다. 아들이 도통 마음의 문을 열지 않았기 때문이다. 그녀는 아들에게 사랑을 주지 못했음을 인정하고 지난 시간을 보상하기 위해 갖은 애를 썼지만 아들은 엄마와 밥을 같이 먹는 것조차 거부했다. 책상 위의 종이에는 '엄마는 이기적이고 돈밖에 모르며 돈을 위해 자식을 버린 사람'이라고 써 있었다. 그녀는 넋이 빠진 표정으로 자신의 인생이 통째로 실패라면서 울먹였다.

나는 "아닙니다. 아들의 문제가 워낙 막중하긴 하지만 어머님의 인생이 통째로 실패한 것은 아니지요. 어머님이 이렇게 애쓰고 계시니 반드시 좋아질 겁니다. 오랫동안 아들이 버림받았다고 생각하면서 살아왔으니 그 마음을 다시 회복하려면 시간이 걸릴 수밖에 없습니다"라고 말했다. 그녀는 "그래도 무슨 말을 하고 무슨 행동을 해도 반응이 없으니 미쳐버리겠어요. 어떤 마음으로 하루하루를 버텨야 할지, 어디에 내 마음을 쏟아야 할지 모르겠어요. 이제는 사무실에 있는 고급 가구만 봐도 내동댕이치고 싶어요. 아들과 그 비싼 가구를 바꾼 것 같아서요"라며 한숨을 쉬었다.

잠시 후 나는 말했다.

"친정아버님의 기울어가는 사업을 일으켰다고 하셨잖아요. 아들이 부도난 사업체라고 생각하고 다시 일으켜보세요."

순간 그녀의 눈이 번쩍였다. 그녀는 비로소 자신감 있는 표정으로 일어났다.

"해볼 수 있을 것 같습니다."

이 책에 나오는 상담자들의 사례를 다시 찬찬히 읽어보신다면, 모두 자신이 과거에 성공했던 것을 기점으로 하여 다시 일어섰음을 알아 차릴 수 있을 것이다. 가란 씨는 독서실에서 뚝심 있게 버텨냈던 성공 의 경험으로, 박 선생님은 유머와 영어에서의 성공 경험으로, 아영 씨 는 고3 때 독하게 버텨냈던 성공의 경험으로 다시 일어섰다. 그 성공 의 경험에는 자신만의 서바이벌 공식이 녹아 있다. '독서실에서 버텼 듯이' '유머로 사람들의 마음을 얻었듯이' '고3 때 공부했듯이'처럼, 떠 올리기만 해도 바로 알 수 있는, 온몸으로 익힌 생존 방법이 이미 당신 의 전두엽에 등록되어 있다.

오늘부터 당신의 전두엽에 등록되어 있는 '~듯이'를 찾아보라. 우리 는 생각보다 훨씬 더 많은 성공을 했던 사람들이다. 3억대 1의 경쟁을 뚫고 최초의 몸 세포를 만들었고, 두려움을 무릅쓰고 초등학교 정문을 들어섰으며, 수도 없이 학교에 가기 싫었지만 마침내 고등학교 정문을 걸어나왔고, 내 두 발로 결혼식장에 들어섰다. 성공의 역사를 단 한 줄 도 쓸 수 없는 사람은 절대 없다. 그저 자신이 얼마나 많은 것을 이루 어왔는지 잊고 있을 뿐이다. 감사 노트를 적다 보면 성공의 히스토리 도 덤으로 기억날 것이다. 한 번 성공했다면 얼마든지 다시 할 수 있다. 걱정하지 말고 다시 시작해보자.

무의식을 알아야
치료의 완성!?

　　　　　　　　　　제목에 느낌표와 물음표를 동시에
단 것은 '정말 그렇다'와 '과연 그럴까?'의 마음이 섞여 있기 때문이다.
심리상담을 받으러 오는 사람들의 반은 그저 빨리 문제가 해결되기를
바라고, 나머지 반은 어느 정도 사전 지식을 갖고 온다. 가장 많은 사전
지식은 무의식에 관한 것이다. 즉, 자신의 문제가 어렸을 때의 경험에
서 시작되었는데 그것이 무의식의 영역에 있다는 것을 어느 정도 알고
온다. 그런 내담자들에게 무의식에 대한 언급 없이 바로 감사 테라피
를 시도하면 무언가 정식치료를 받지 않는 느낌을 갖는 것 같다.

　한 30대 여성이 상담을 하러 왔다. 고민거리는 유부남과의 관계를
끊지 못한다는 것이었다. 하지만 이 여성은 아는 것이 오히려 병이라

는 것을 온몸으로 보여주었다. 그녀는 이렇게 물었다. "그 사람과의 관계를 끊어야 한다는 것은 알고 있지만 잘 안 돼요. 나의 무의식 속에 어떤 문제가 있는 걸까요?"

관계를 끊으려면 무의식을 들여다보기 전에 의식적으로 할 수 있는 일들을 우선 하면 된다. 전화를 받지 않고, 전화번호를 바꾸고, 집을 옮기고, 그의 회사나 집 근처에서 얼쩡거리지 말고 만남을 단호하게 거절하는 등 할 수 있는 일은 정말 많다. 그녀는 "전화가 울릴 때 도저히 받지 않을 수 없다" "그가 울고불고 매달릴 때 도저히 그를 물리칠 수 없다" 등 많은 이유를 댔지만, 이중에서 무의식적으로 물리쳐야 하는 이유는 하나도 없었다. 그가 찾아왔을 때 문을 열어주지 않고 전화를 받지 않는 과감한 '실행'의 습관을 3주에서 3개월만 하면 문제를 해결할 수 있다. 하지만 그녀는 이런 식의 의식적인 노력에 관한 설명에 설득되지 못했다. 그녀는 무언가 더 깊은 수준에서, 자신이 알지 못하는 영역에서 의지가 바뀌는 것을 원했다. 나는 정신분석 전문가를 추천했다.

무의식을 무시할 수 있는가? 절대 없다. 무의식을 하나씩 알 때마다 문제가 더 잘 풀리는 것은 당연하다. 대학 졸업 후 몇십 년 만에 연락이 된 후배가 있었다. 그녀는 일로는 성공했지만 남편과는 신혼 초부터 맞지 않았다. 세련되고 고운 외모와 달리 입이 좀 거칠고 정의감이 투철하고 맺고 끊는 것이 분명한 후배와, 평소에는 우유부단하지만 술을 먹으면 폭력적인 모습으로 변하고 경제적 능력도 없는 남편이 매일같이 부딪히는 것은 당연하기도 해서, 그녀가 남편을 "죽을 놈, 썩을 놈, 세상에 태어나지 말았어야 할 놈"으로 부르며 이혼한다는 얘기를 할 때마다 지인들은 이혼이 시간문제일 뿐이라고 생각했고, 결국 그녀는 이혼했다. 그러니 1년 만에 3명의 아이들을 건사하기 힘들어 남편과 다시 합친다고 했을 때 지인들이 결사반대한 것은 당연했다. 그들이 우려했던 대로, 예전보다 빈도는 감소했지만 남편의 폭력적인 술버릇이며 경제적인 무능력은 여전했던 데다가, 그녀 자신도 명예퇴직 압박이며 사춘기 자녀들의 일탈 행동까지 더해져 급성우울증이 생겼다. 견디다 못한 후배는 내게 심리상담을 받아보겠다고 했다.

심리상담가는 가족이나 지인을 직접 상담하려 하지 않는다. 갈등 상황에서 자신도 모르게 그들의 편을 들어 객관적인 판단과 치료에 방해가 될 수 있기 때문이다. 의사가 자신의 손으로 가족을 수술하지 않는 것과 같다. 그래서 처음에는 다른 상담가에게 가라고 권했지만 만사가 귀찮아진 후배는 "에이, 그냥 언니가 해요. 심리검사라도 일단 받아볼래요" 하며 쳐들어오듯이 상담실을 찾아왔다.

먼저 후배에게 가족의 모습을 그려보라고 했다. 그녀는 바닷가에서 가족이 놀고 있는 광경을 그렸는데, 아이 셋은 모래사장에서 놀고 바다 안에서는 남편이 그녀를 튜브에 태워 끌어주고 있었다. 둘 다 웃는 표정이었다. 나는 어안이 벙벙해져 "이게 사실화야, 공상화야?"라고 물었다. 후배는 의아한 표정으로 눈을 껌벅이더니 "공상이라뇨? 우리 가족은 놀러 가면 거의 이렇게 있어요. 애들은 아빠를 싫어하니 남편이 내 쪽으로 와서 노는 거지요"라고 말하는 것이었다.

"너희 부부, 사랑하잖아."

"우리가요? 우리가 사랑을 해요?"

"아니 그럼, 사랑하지도 않는 부부가 애들은 저쪽에 떨어뜨려놓고 이렇게 웃으면서 물놀이를 하겠나?"

"남편이야 나를 좋아할 수는 있죠. 지가 평소에 하는 짓 때문에라도 이런 상황에서는 실실 웃으면서 제게 잘하긴 해요."

"남편은 그렇다 치고 너도 남편을 사랑하잖아."

"에이, 아니거든요."

"사랑 맞거든. 정말로 싫어한다면 바다에서 둘이 웃으며 노는 그림 자체가 나올 수 없다오. 다른 문제들도 복잡한데 당신네 부부가 서로 애정이 있다는 것은 더 이상 거론하지 말자구. 그 문제는 앞으로 다루지도 않을 테니까. 이미 정리가 된 거라고."

후배는 그제야 그림의 의미를 진지하게 들으면서 눈을 동그랗게 뜨고 몇 번이나 물었다.

"이 그림이 정말 서로 사랑한다는 뜻이란 말이죠? 다른 부부들은 이렇게 안 한단 말이죠?"

"그렇다니까. 앞으로 한 번만 더 '사랑하네' '안 하네' 했다간 시끄럽다고 할겨."

그날 그녀는 집에 가서 남편에게 심리검사 이야기를 했고, 그후 적어도 둘 사이에 애정에 관한 문제로 싸우는 경우는 없었다.

후배는 오랜 기간 '의식적'으로 남편을 미워한다고 말해왔시민, 실제로 사랑하고 있었다는 것은 '무의식적'인 접근을 통해서만 강렬하게 통찰할 수 있었다. 그렇다. 무의식은 분명 무시할 수 없다. 하지만 무시할 수 없다는 것과 해결할 수 있다는 것은 다른 문제이다.

　나는 프로이트를 좋아하고 존경한다. 천재적인 아이디어는 물론이고 세상 사람들의 비난 속에서도 굽히지 않던 신념과 서른세 번이나 턱암 수술을 받고서도 살아남았던 불굴의 의지도 존경스럽다. 하지만 그의 핵심 사상인 '무의식'에 직면하기만 하면 양가감정이 생긴다. 무의식의 넓은 바다에 황홀감을 느끼다가도 압도적인 양에 심히 무력해진다.
　다음 페이지의 그림은 무의식과 의식을 빙산에 비유한 그림이다. 의식은 물 위에 떠 있는 빙산의 일각—角에 불과할 뿐이며, 그 아래에는 몇 배나 큰 무의식이 존재한다는 의미이다. 프로이트가 정말 이렇게 표현했는지는 명확하지 않다. 어떤 프로이트 해설서에는 프로이트가 무의식의 7분의 1만 의식화된다고 했다 하고, 또 어떤 학자는 무의식의 양이 의식의 8~9배를 훨씬 넘는 것으로 "의식은 무의식이라는 무한한 바다에 솟아 있는 몇 개의 섬일 뿐"이라고 말하기도 했다. 어쨌든 무의식이 양이 엄청나다는 것을 이해하기에 충분한 그림이므로 이 그림을 토대로 심리학 넌센스 퀴즈를 하나 드리겠다.

　〈심리학 넌센스 퀴즈〉
　빙산의 일각인 의식으로 무의식의 문제를 풀려면 시간이 얼마나 걸릴지 계산하시오.

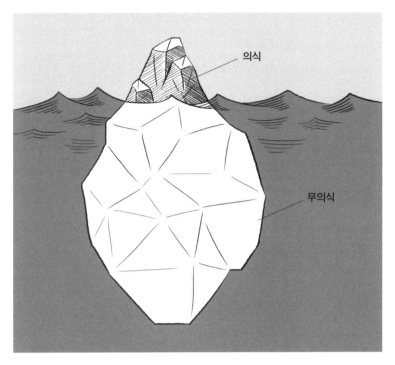

의식과 무의식의 양을 빙산에 비유한 그림 | 무의식의 양이 의식에 비해 압도적으로 많다.

미안하지만 이것은 연습 문제였다. 진짜 문제를 제시하겠다.

단, 무의식은 매일 늘어나며 의식과 무의식의 비율도 매일 조금씩 변한다는 점을 고려하여 위의 문제를 푸시오.

아마도 인간은 살아생전 풀지 못할 것이다. 신도 이 결과가 궁금하다면 일단 300년 정도의 목숨을 보장해야 하지 않을까 싶다. 물론 전두엽이 멀쩡한 채로 말이다.

엄청나게 많은 양의 무의식은 우주의 별처럼 바라봐야 한다. 우리 뇌 속에 있는 신경세포들의 개수와 우주에 있는 별의 개수는 신기하게도 똑같이 1천억 개이다. 별의 존재가 하나씩 밝혀질 때마다 우주에서 지구의 위상도 조금씩 변하고 지구 탄생의 비밀도 조금씩 드러나지만, 999억 9,999만 9,999개의 별을 죽기 전에 다 찾아보겠다는 생각은 하지 않는다. 아니, 못 한다. 그중 극소수의 별을 찾은 것만으로도 (내가 아닌 과학자들이) 대단하다고 생각하고, 특별한 경우가 아니고서는 '저 별이 내 별이니, 네 별이니' 노래하면서 먹고 자고 사랑하고 미워하고 용서하다가 세상을 떠난다. 그리고 그렇게 세상을 떠나도 아무 문제가 없었다. 떠나는 중에 돌아온 사람도 없었고 지구가 폭발한 적도 없었다. 그런데 왜 그렇게 무의식에는 미련을 갖는단 말인가. '무의식'을 다루는 정신분석 치료는 수많은 심리치료 중의 한 가지일 뿐이며, 심지어 프로이드가 무의식을 푸는 방법을 명확하게 밝히지 못했다고 생각하는 연구자들도 많다.

그렇다고 해도, 무의식을 멀리할 수는 없다. 무의식은 인정을 받고 못 받고를 떠나 생명의 시작에서부터 나타나는 근본적인 속성이다. 우리의 출생 과정 자체가 무의식적이었다. 정신분석 이론가인 가발드Glen O. Gabbard가 '정신결정론'을 설명하며 "우리는 마치 선택의 자유가 있는 것처럼 살고 있지만 실제로는 무의식에 의하여 써진 대본을 살아가고 있는 그저 그런 사람들"이라고 말한 것도 당연하다. 지구에서 살려면 중력의 법칙에서 자유로울 수 없듯이 인간으로서 살려면 무의식의 법칙에서 자유로울 수 없다.

다만 우리는 '게임의 룰'을 잘못 알고 있는 건지도 모른다. 중력을 그저 인정하고 거기에 맞추어 살듯이, 무의식 또한 그저 인정하고 맞추어 살아야 하는데도 100년 인생을 사는 내에 파헤칠 수 있을 것이라고 오판했는지도 모른다. 모든 것을 알아야 한다는 강박관념에서 벗어났으면 좋겠다. 무의식 콤플렉스에서 자유로웠으면 좋겠다. 무의식은 단순히 내 정신의 9할만 차지하고 있는 것이 아니라, 인류 진화 9만 년의 역사에 해당하는 양이 나의 몸과 뇌에 기록되어 있다.

한번은 오른쪽 눈꺼풀에 가로 세로 1cm 정도의 부기가 생겨 피부과에 갔다. 화장품 부작용이라는 진단에 따라 이틀 정도 약을 먹고 나았다. 2개월 후 똑같은 부위가 똑같은 크기로 부어 의사를 찾아가 "그때 완치가 안 되었나 봐요. 약을 더 먹어야 했었나요?" 하고 물었더니, 의사가 답했다.

"에이, 아니에요. 2개월이나 지났는데요. 그때는 나았는데, 자극을 받아 증상이 다시 생긴 겁니다. 우리 몸의 세포도 기억을 한답니다. 이 바닥에 오래 있다 보니 뇌에서만 기억을 하는 것이 아니라 피부도 기억을 한다는 걸 알게 되었어요. 한 환자는 10년 동안 매년 여름마다 똑같은 발바닥 부위에 염증이 생겨요. 올 여름에도 염증치료를 받으러 와서 푸념을 하길래, 그 기억이 몸 전체에 퍼지지 않는 것을 오히려 감사하라고 했죠."

피부정신의학의 창시자로 추대하여 팬클럽을 만들고 싶을 정도로 멋진 말이었다. 피부도 그 작은 염증을 10년 내내 기억하는데 정신은 어떻겠는가? 현기증이 날 정도로 엄청난 것을 기억하고 있을 것이다.

신문의 과학 칼럼에서, 내비게이션을 작동하려면 360도를 6으로 나눈 60도 간격으로 6개 궤도를 정한 다음 각 궤도에 위성을 네 개씩 놓아야 한다는 글을 읽은 적이 있다. 분명 한글로 써 있는데 내 차가 어떻게 길을 찾는지는 열 번을 읽어도 모르겠다. 하지만 나는 오늘도 내비게이션의 가르침에 따라 무사히 귀가했다. 그저 감사하다. 무의식을 충분히 알지 못한다 해도 "잠시 후 좌회전입니다" "유턴입니다"라는 의식적인 가르침만 제대로 따라도 문제가 풀리고 인생이 굴러간다.

나는 지금도 과거에 왜 우울했는지 모른다. 관심도 없다. 십여 가지의 원인이 떠오르지만 어느 것도 강력한 설명력을 갖지 못한다. 어차피 한 가지 원인을 찾아내도 다른 원인으로 이내 뒤집힐 거라는 것을 알고 있다. 그저 그것들이 다 모여서 어느 날 인내력의 역치를 넘어섰다는 설명이 가장 합당하다. 처음 우울감을 느꼈을 때 정신분석을 받아봐야겠다는 생각을 하긴 했다. 다만 아이 둘을 키우며 일도 해야 하는 입장에서 시간을 내기 어려웠고, 누군가를 찾아갈 만한 에너지도 없었기에 나중으로 미루고 먼저 할 수 있는 일을 해봤던 것이다. 그러고 나서도 회복되지 않으면 무의식을 들여다보러 가야겠다고 생각했는데 나는 나았고, 아직까지는 무의식을 들여다볼 필요를 느끼지 못한다.

치유는 어찌 보면 운명이다. 펄빈의 《성격심리학》에서 프로이트의 고백을 읽은 적이 있다. 프로이트는 많이 알려져 있듯이 주기적인 우울증과 불안발작을 경험했고 코카인을 복용하기도 했다. 그는 지적 추구를 통해 고통에서 벗어나려 했으며 "내가 건강을 회복하려면 무의식에 대한 탐색을 해봐야 할 것 같다. 의식적인 노력만으로는 안 되니까"라고 말했다고 한다. 마음이 짠했다. 학계에 엄청난 지각변동을 일으키며 수많은 칭송과 비난을 동시에 발생시킨 '무의식'의 개념이 사실은 격렬한 고통에서 벗어나고자 하는 프로이트 자신의 몸부림에서 파생된 것이었음에 숙연해지기까지 했다. 그는 의식적인 노력만으로 되지 않아 무의식을 탐색해봐야 한다고 했고, 나는 의식적인 노력만으로 되었기 때문에 무의식을 탐색할 필요성을 느끼지 못했다. 거대한 무의식을 군이 탐색하지 않고도 나을 수 있었던 나의 운명에 감사한다. 자기를 찾아올 줄 알고 기다리고 있었는데 아예 오지도 않은 나에게 심술을 부리며 방해하지 않았던 나의 무의식에 진정으로 감사한다.

내가 운이 좋았던 이유를 생각해본다. 어쩌면 나는 무의식의 마음에 들었는지 모른다고. 내가 자기를 믿어준 것, 즉 무의식의 최고의 가치를 내가 우연히 (사실은 여유가 없어서 그랬지만) 실현해서 그랬는지 모른다고. 무의식은 분석과 비난의 대상이 아니라 인정과 감사의 대상이라고 여겼던 것에 무의식이 "거참 마음에 드네" 했는지 모른다고.

우리는 왜 무의식에 경외를 갖게 되었을까? 마이클 칸Michael Kahn이 쓴《프로이트 다시보기》의 도입부에 인용된 조셉 캠벨Joseph Campbell의 〈천의 얼굴을 가진 영웅〉이라는 글을 보자.

의식이라는 작은 거처의 마룻바닥 밑에 있는 인간 왕국은 비시의 일라딘 동굴 속으로 이어진다. 그 동굴 속에는 갖가지 보물들이 가득 차 있지만 위험한 악귀도 살고 있다. (…) 이런 것들은 우리가 이룩해놓은 우리들 자신이나 가족이라는 안전망을 위협하기 때문에 매우 위험하다. 그러나 그것들은 자기를 발견하려는 바람직하고도 두려운 대장정의 여정을 시작하게 하는 열쇠를 가지고 있어서 몸서리치게 매혹적이기도 한 것이다.

얼마나 매혹적인 표현인가. '대장정'이라는 표현에서는 심장이 다 두근댄다. 세계적인 비교신화학자가 이토록 수려한 문장으로 무의식을 찬양했으니 일반인들이 무의식의 매력에 사로잡히는 것도 당연하다. 하지만 우리는 무의식이라는 집단최면에 걸려 있는 것은 아닐까? 아름다운 알라딘 동굴을 막연히 동경하며 거기에 가보지 못하면 큰일이라도 난다고 생각하는 것은 아닐까? 대장정을 시작할 힘 자체가 없는데 마룻바닥 밑에 반드시 가봐야 하는 걸까? 마루에서 벌어지고 있는 일을 먼저 처리해도 해결되는 문제가 수두룩한데도 말이다. 어쩌면 우리는 무의식을 핑계 삼아 의식적으로 할 수 있는 일도 하지 않는 것이 아닌지 생각해봐야 한다.

아기 엄마들과 이야기하다 보면 흥미로운 현상을 볼 수 있다. 전업맘은 언제라도 사랑의 품을 내어줄 수 있는 옥 같은 아이를 끼고 있는데도, 워킹맘의 구역만 동경하면서 자신의 인생이 한심하다고 말한다. 워킹맘은 전업맘이 그토록 부러워하는 자유와 경제력을 가졌는데도, 집에 두고온 금쪽같은 자식 생각만 하면서 자신의 팔자가 사납다고 말한다. 현재를 누리지 못하고 상대 구역만 동경하는 모습은 상담

장면에서도 늘 맞닥뜨리게 된다. 전두엽을 잘 가동하여 의식적으로 문제를 해결할 수 있는데도 환자들은 무의식만 동경하면서 지지부진하게 행동하고, 막상 무의식의 세계로 들어가자고 하면 1년도 되지 않아 "당장 내가 (의식적으로) 할 수 있는 일을 가르쳐달라"며 화를 내고 도망간다.

그만 망설어도 큰 탈이 나지 않는다. 전업맘이면 아이 냄새를 마음껏 맡으면서 먼저 행복해하자. 천연 향수 덕분에 굉장히 예뻐질 뿐 아니라 노화도 더디게 와 일할 기회가 반드시 온다. 워킹맘이면 그런 기회가 온 것에 먼저 행복해하자. 시간을 잘 안배하여 양육의 질을 높이면 아이가 잘못 자랄 일은 없다.

마찬가지로 마음의 문제도 그만 망설이자. 의식적으로 할 수 있고 해야 하는 것만으로도 인생이 꽉 찬다. 당신은 이 세상을 떠날 때 자신의 인생을 어떻게 정의내리고 싶은가? 사랑했다고, 적어도 노력했다고, 감사했다고, 그래서 이 세상에서 나름 할 일을 끝냈다고, 지금 죽는 순간도 감사하다고, 그렇게 말할 수 있으면 꽤 괜찮게 산 것 아닐까? 그렇게 사는데 무의식이 '의식적으로' 거들 일은 아주 조금밖에 되지 않는다. 어차피 무의식은 '무의식적으로' 당신을 도우며 수호천사같이 동행해왔다. 무의식에 '위험한 악귀'가 살고 있었다면 우리 모두 진작 죽었다.

지금 이 책을 읽고 있는 것만으로도 당신의 의식은 건강하고 무의식 또한 충분히 은혜롭다. 무의식은 영혼의 그림자로 늘 내 뒤에, 그것도 아주 포근하게 서 있으니 아무 것도 걱정하지 말고 오늘 할 일을 하나씩 해치우자. '의식적으로' 감사하며 최선을 다한 후 세상을 떠나면, 그때 우리는 비로소 나와 다른 영혼들이 함께 부르는 장엄한 심포니의 세계, 무의식의 세계를 제대로 알기 시작할 것이다. 진짜 알라딘 동굴에서의 새로운 모험이 시작되는 것이다.

감사의 상황을
심플하게 만들기

감사를 해야 하는 이유는, 부정적인 상황에서라도 긍정적인 의미를 찾으면 마음이 편해지기 때문이라고 앞서 말했다. 그러면 다시 시작할 수 있다. 따라서 스트레스 상황에 처할 때마다 전두엽에서 '괜찮다'는 메시지를 전송하도록 해야 한다. 그런데 그런 메시지를 전송해야 할 상황이 너무 많다면 시간도 많이 걸리고 힘도 빠진다. 부정적인 상황에서 감사거리를 하나하나 찾아 극복하는 것도 중요하지만, 부정적인 상황 자체를 최소화하는 것은 문제를 더 빨리 해결해준다.

친구 어머님이 건망증이 심해져 치매가 걱정된다며 검사를 받으러 오신 적이 있다. 60대 중반이신 이분은 계모임에 갔다 오기만 하면 열

불이 난다고 했다. 사람들이 돌아가며 신상 명품백이나 밍크코트, 대기업에 취업한 아들, 성지순례 다녀온 것, 새로 입주한 아파트 열쇠 등을 자랑하는 통에 며칠 동안 소화도 안 되고 가족들에게 심하게 짜증을 낸다고 한다. 한번 모임에 갔다 오면 보름 동안 힘들고, 그 뒤 보름 정도 잠시 가라앉는가 싶으면 다시 또 갔다가 괴로워하는 악순환이 벌써 3년째라고 한다. 정서가 불안하니 몸 여기저기가 아프고 기억력이 떨어지는 것도 당연했다.

그렇게 괴로울 거면 가지 마시라 했더니, 거기라도 안 가면 사람들도 못 만나 소외되는 것 같고 곗돈만큼 투자회수율이 높은 것도 없어서 어쩔 수 없이 간다고 했다. 투자회수율이라는, 나도 애용해본 적이 없는 용어를 쓰시는데 치매는 웬 말이며, 실제로 심리검사에서도 치매 의심 소견은 나타나지 않았다. 다만 화병과 우울증 양상이 나타났기에 생활 패턴을 바꾸어 보라고 설득했다. 경제적 차원에서만 보면 곗돈이 매력적일 수 있지만 마음 괴로운 거 따져보면 투자 대비 가치가 너무 떨어지니 새로운 투자를 해보는 것이 어떤가, 이러다가 병원비가 더 나갈 수도 있지 않겠는가, 그 사람들 아니라도 다른 이웃 주민들과 교류할 수 있는 것 아닌가 등의 얘기를 해드렸지만 가타부타 아무 말도 없으셨다.

그러다가 2달 정도 후 명랑한 목소리로 전화를 하셨는데, 마침 곗돈 타는 사이클이 한 번 끝나 지난달부터 모임에 나가지 않았다고 한다. 아파트 북카페에 주민 품앗이 프로그램이 생겨 용기를 내 ABC 기초 영어를 배우기 시작했고, 본인은 부침개 등 간식거리를 제공하면서 주

Part 4 · 골든 땡큐, 아름다운 모험 235

민들과 요즘 무척 즐겁게 지낸다고 했다. 또한 공항을 통과할 정도의 영어만 외우게 되면 곗돈 받은 걸로 성지순례를 다녀올 생각이며, 아파트 측에서 북카페를 유상 관리로 바꾸어 관리자를 모집한다기에 작은 투자를 해볼 생각이라는 것도 전해주셨다. 보라! 일이 훨씬 쉽게, 그리고 빨리 풀리지 않는가! 나는 "성지순례는 단체여행이니 공항에서 별다른 영어 대화 없이 그냥 나가실 수 있을 테니 너무 걱정 마세요. 그래도 영어 배우셔서 예쁜 스카프 하나 사오세요. 엄청 멋지신데요, 어머님?" 하고 격려해드렸다.

이렇게 멋진 분이 왜 그렇게 오랜 시간 자신을 구기고 살았을까? 타인의 힘을 너무 과신하기 때문이다. 타인과 어울리되 주인공은 항상 자신임을 잊지 말아야 한다.

수많은 스트레스 관련 도서에 사람들과 자주 교류하라는 지침이 빠짐없이 등장하는데, 내 생각은 좀 다르다. 교류의 중요성은 새삼 말할 것이 없지만, 이분의 경우처럼 사람들로 인해 오히려 상처를 입는다면 얘기가 달라진다. 모든 사람들에게 맞는 절대적인 방법은 결코 없다. 아무리 좋은 방법이라도 자신의 상황에 맞게 받아들여야 한다.

감사가 개인적 치유라면, 다른 사람의 도움을 받는 사회적 치유 역시 대단히 중요하다. 좋은 사람이 옆에 있어주기만 해도 불안이 감소하고 심장박동과 혈압이 정상 수치로 떨어지는 반면, 고립은 흡연, 고혈압, 고콜레스테롤, 비만, 운동 부족만큼이나 사망률에 영향을 미친다는 연구들이 보고된 바 있다. 그러니 '좋은 사람' 옆에 있는 것이 중요하다. 타인으로 인해 오히려 혈압이 상승한다면 혼자 있는 것보다 못하다. 사람들과 다툰 후 면역 기능이 급격하게 떨어진다는 등의 연구가 그 증거이다. 오늘 누구를 만나느냐에 따라 내일이 달라진다. 같이 웃을 수 있는 사람, "고마워요" 하고 말할 수 있는 사람, 나의 것을 기꺼이 내어줄 수 있는 사람, 배움을 얻을 수 있는 사람을 만나야 한다. 그리고 나 또한 남의 혈압을 높이는 사람이 되지는 말아야한다.

마음의 평화를 빨리 얻으려면 감사로 하루를 마무리할 필요가 없을 정도로 상황을 최대한 심플하게 해놓아야 한다. 상황이 복잡할수록 뇌가 처리해야 할 일이 많기 때문이다. 온갖 물건으로 가득 찬 거실을 날 잡아 청소하는 것보다 물건을 최소화하여 그때그때 청소하면 훨씬 편한 것처럼 말이다. 단순한 환경의 중요성은 동양권에 속하는 우리나라 사람들에게 특히 시사하는 바가 크다. 흔히 "서양인은 부분을 보고 동양인은 전체를 본다"라는 말을 하는데, 정말로 그럴 뿐 아니라 이런 차이가 뇌에서도 나타난다는 것을 증명한 학자가 있다.

서양인인 리처드 니스벳Richard E. Nisbett은 《생각의 지도》에서 이를 증명하는 많은 연구를 제시했다. '자신'의 개념에 대해 질문하면 서양인은 자신의 성격과 행동을 서술하지만('나는 친절하다'), 동양인은 자신이 속해 있는 사회적 맥락에서 서술한다고 한다('나는 친구들과 노는 것을 좋아한다'). 과연 그렇지 않은가. 또한 볼펜을 선물로 주면서 고르게 했더니, 미국인들은 가장 희귀한 색의 볼펜을 고르고 한국인들은 가장 흔한 색의 볼펜을 골랐다는 연구도 있다. 이에 대해 니스벳은 "미국인들은 항상 남의 눈에 띄고 싶어 하지만 한국인들은 늘 남들 정도만 되고 싶어 한다"고 해석했다. 이 또한 그렇지 않은가.

니스벳은 이런 차이를 '장독립성'과 '장의존성'이라는 용어로 설명했다. 외부 상황과 상관없이 독립적이고 주체적이면 '장독립성'이 높은 것이고 외부 상황을 늘 신경 쓴다면 '장의존성'이 높은 것인데, 두 용어는 어느 것이 더 낫다의 차원이 아니라 각기 다른 유형일 뿐이며, '나'보다 '우리'를 중시하는 동양권에서는 장의존성이 높은 사람이 튀지 않고 무난하게 성공하기에 더 적합하기도 하다. 하지만 우울증과 관련해서는 장의존성이 높은 사람의 치료가 더 어렵다. 신경 쓸 것이 너무 많기 때문이다.

또 다른 연구에서는 피험자들에게 다음 페이지의 그림과 같은 물 속 풍경을 담은 애니메이션을 20초 정도 보여준 후 장면을 회상하라고 했는데, 미국 학생들에 비해 일본 학생들이 배경요소(물, 바위, 물거품, 수초, 다른 동물들)를 60% 이상 더 많이 언급했다고 한다. 미국 학생들이 "송어 같은데, 큰 물고기가 왼쪽으로 움직였어요"라면서 물고기 자체(대상)에 집중했다면, 일본 학생들은 "음, 연못처럼 보였어요"라면서 전체적인 관계를 더 언급했다고 한다. 확실히 동양인은 전체를 보는 경향이 있다. 니스벳이 문화에 따라 '생각의 지도'가 다르다는 표현을 쓴 것도 이 때문이다.

이렇듯 전체를 보는 동양인의 인지 양상은 그야말로 전체 상황을 파악하는 데는 유리하지만 자신에게만 집중해야 하는 상황에서는 큰 걸림돌로 작용한다. 우울증에서 벗어나려면, 사람들과 의미 없이 만나고

니스벳이 피험자들에게 제시한 애니메이션 장면

술에 취하고 노래방에서 목이 터져라 노래하기보다 먼저 자신만의 시간을 갖고 원인과 해결 방법에 대해 온전히 집중해야 한다. 가족이나 친구조차도 서로 너무 얽혀 있으면 치료에 방해가 될 수 있음을 알고 현명한 조율이 필요하다. 우리 한국인의 뇌 지도에는 서양인의 뇌 지도보다 더 많은 사람들이 살고 있다. 상황이 좋을 때는 매우 강력한 내 편이 되어 '보험 여왕'이나 '자동차 판매왕'이 되게 하지만 스트레스 상황에서는 에너지를 앗아간다.

외부 상황만 단순하게 해야 하는 것이 아니다. 내 마음노 ㄱ렇게 해야 한다. 하루 종일 누군가를 비난하거나 험담하고서 자기 전엔 감사거리를 찾겠다고 하면, 뇌는 "나 원 참…" 하며 맥이 풀릴 것이다. 이런 일이 자주 일어나면 앞에서 본 '마음의 빙산' 그림과 같이 무의식의 수위가 높아져 점점 해결이 어려워진다.

태어나면서부터, 그리고 내가 정확하게 인식하기도 전인 성장기 환경에서 형성된 무의식의 존재는 어쩔 수 없더라도, 그 수위만은 더 이상 높이지 말자. 안팎으로 최대한 심플한 환경을 만드는 것은 골든 땡큐를 위한 중요한 조건이다.

이별이라는
멋진 선물

감사로 마음을 다독이면서 최선을 다해 살고 있는데도 상황이 전혀 변하지 않을 때가 있다. 나는 감사하지만 상대방은 나를 감시할 뿐이고, 나는 그래도 감사하려 하지만 상대방은 나를 감옥에 가둬버릴 때가 있다. 안타깝게도, 헤어짐이 유일한 답일 때가 있다. 이런 상황에 처하게 되면 누구라도 허탈감을 느끼고 감사로 버텨왔던 것을 오히려 후회하면서 되는 대로 살고자 하는 강렬한 유혹이 든다. 하지만 이런 때일수록 더욱 더 감사로 마무리를 해야 한다. 그래야 헤어질 수밖에 없는 고통스러운 상황들이 머리에서 발끝까지 깨끗하게 목욕을 한 듯이 말끔히 종료된다. 중학교 교사인 신정 씨가 그랬다. 그녀는 감사의 태도가 일상화된 사람이었지만 남편과의 갈등으로 이혼을 결심하면서 크게 한 번 흔들렸다. 하지만 다시 힘을 내어 감사 테라피를 시도했고 마침내 상처에서 자유로워졌다.

선경 씨를 처음 만난 것은 상담교사 자격 연수 과정에서였다. 나는 〈그림검사를 통한 청소년의 심리 상태 이해〉라는 주제로 실습 과정을 이끌었는데 많은 교사들 중 그녀는 단연 돋보였다. 이론과 실습의 전 과정에서 탁월함을 보였고 무엇보다도 그림이 예술이었다. 또한 말 한마디, 행동 하나에서도 천성이 순수하다는 것이 드러나 바라보기만 해도 기분이 좋아지는 사람이었다. 연수회를 계기로 나는 그녀가 근무하는 학교의 학부모들을 대상으로 〈아이에겐 엄마가 답이다〉라는 주제로 강연을 하거나, 전문 상담이 필요한 아이와 부모에 대한 연계 상담을 하기도 하면서 인연을 이어갔다. 여러 가지 프로그램을 지휘할 때라든가 자신이 상담한 아이들에 관한 보고를 할 때마다 지혜와 인성이 겸비된 '된 사람'임을 매번 느끼곤 했다. 이런 모습은 그녀의 아이에게도 잘 발휘되어 그야말로 그녀는 아이의 '답'이었다. 그런데 그녀는 엄마로선 '정답'이지만 남편에겐 '오답'이었다.

선경 씨가 중학교 2학년 때 어머니가 돌아가셨다. 성실하지만 융통성이 부족하여 공무원 말단직에 오랫동안 머물렀던 아버지의 수입이 많지 않아 어머니가 보험설계사 일을 하면서 가정을 일으켰는데, 스트레스가 많으셨는지 위암으로 돌아가셨다. 선경 씨에게는 최고의 어머니였다. 항상 온화한 미소로 안아주고 지혜로운 가르침을 주셨고, 꽃을 좋아해 정원을 예쁘게 다듬으며 딸에게 꽃의 특성이라든가 꽃말 등을 가르쳐주기도 하셨다. 어머니와의 추억을 떠올리면 온통 행복하고 즐거운 일뿐이었다. 딸이 미술에 소질을 보이자 어떻게 해서든 뒷바라지를 할테니 예술고에 가라고 늘 격려해주었고, 그녀 또한 당연히 예고에 진학할 것이라고 기대하며 열심히 노력했다.

그녀는 어머니의 죽음에 큰 충격을 받았지만 더 큰 충격이 연이어 몰려왔다. 아버지가 6개월 만에 재혼을 한 것이다. 가족이라곤 나이 어린 딸밖에 없으니 살림하는 것이 힘들어 재혼을 할 수도 있겠지만 그 시기가 너무 빨랐다. 어머니가 병을 얻은 것도 아버지가 이미 예전에 새엄마 될 사람을 만나고 있었던 것이 아닌지 의심이 될 정도였다. 비로소, 어머니의 눈이 매일 슬펐던 것 같다는 생각이 들었다.

초등학생 남자아이를 데리고 들어온 새어머니는 표면적으로는 친절하게 대해주었고, 살림도 이내 자리를 잡았다. 새어머니 덕분에 항상 깨끗한 교복과 운동화를 신고 다녔지만 마음 한구석이 늘 서늘했다. 그럼에도 새어머니가 마음 편하게 지낼 수 있도록 최대한 노력하며 지냈는데, 어느 날 "예고 진학을 지원할 수 없다. 네 아빠와도 얘기가 끝났다. 일반고를 졸업한 후 사범대학에 가서 교사가 되었으면 한다. 머리가 좋으니까 그렇게 할 수 있을 것이다"라는 말을 듣고는 마음이 아예 얼어붙었다고 했다. 그녀는 혼자서 며칠을 울었지만 아버지 혼자 버는 돈으로 예고 진학은 현실적으로 무리라는 것을 알았기에 어쩔 도리가 없었다. 그녀는 그 무렵부터 자신의 눈가가 처지면서 눈썹 한 올한 올에 슬픔이 새겨지는 것 같다고 했다.

어쨌든 선경 씨는 이후 사범대학 국어교육과에 들어갔고 거기서 동기인 지금의 남편을 만났다. 입학식에서 체크남방을 입은 그를 보았을 때 첫눈에 그의 눈썹에도 슬픔이 새겨져 있음을 알 수 있었다고 했다. 초등학교 때 부모를 여의고 나이 차가 많이 나는 누나와 살아왔다는 얘기를 듣고서 눈썹의 슬픔이 이해되었지만, 그럼에도 입학 장학금을 받을 정도로 자기극복을 잘해온 그가 존경스러웠고 좋았다. 두 사람은 금방 마음이 맞았고 행복한 시간을 보냈다. 그녀는 자신의 슬픔을 누구보다 잘 이해해줄 사람을 만났다고 생각했고, 실제로 남편은 선경 씨의 무심한 아버지와 냉정한 새어머니를 못마땅하게 여기며 "지금부터 잘 살면 된다"며 늘 따뜻하게 위로해주었다.

선경 씨는 큰 어려움 없이 중학교 교사로 발령받았고 3년 후 남편도 고등학교 교사로 발령받아 둘은 결혼했다. 결혼을 망설일 정도로 준비 과정에 부담을 주었던 시누이는 이들이 신혼여행에서 돌아오자 "이제 올케가 되었으니 가족으로서 한마디 할게. 우리 동생, 불쌍한 아이야. 그래도 잔소리 한 번 안 했을 정도로 훌륭하게 극복하며 살아왔거든. 두 사람만 잘 살면 된다. 그런데 일단은 남자가 먼저 잘 돼야 집안이 편하지 않겠어? 동생은 처음부터 교장을 목표로 사범대학에 갔어. 동생을 많이 도와주길 바라"라고 말했다.

선경 씨는 자신도 힘들었지만 잘 극복해서 교사가 됐고, 자신도 평교사 이상의 교육연구가 등의 계획을 갖고 있었는데 시누이가 조금도 배려를 하지 않아 서운함과 외로움을 느꼈지만, 2년 후 아들이 태어나면서 '시누이가 원한' 상황이 자연스럽게 되어버렸다. 아이가 너무 사랑스럽고 애틋하여 잠시도 떼어놓기 싫었고, 딱히 맡길 데도 없어 육아휴직 3년을 다 몰아 쓰면서 집에 들어앉았기 때문이다. 아이를 볼 때마다 웃고, 또 돌아가신 엄마 생각에 울면서 마음속의 얼음이 다 녹았다.

그때까지는 남편의 문제를 알지 못했다. 남편이 집 대출금을 갚아야 한다며 월급을 한 번도 갖다 주지 않았을 때 좀 이상하다고 생각하기는 했지만, 그동안 벌어놓은 돈과 휴직수당으로 생활할 수 있었기에 넘어갔다. 어차피 남편은 교장이 되기 위한 준비 과정으로 대학원을 다닌다든가 연수 등을 받느라 지출할 데가 많았다. 지금은 가족의 미래를 위해 남편에게 투자할 때라고 생각했다.

그녀가 복직을 앞두고 남편과의 갈등이 표면화되었다. 아이를 오전에는 어린이집에 맡기고 이후 퇴근 전까지는 도우미한테 맡긴다는 계획을 세우고 보육비 얘기를 꺼내자, 남편은 냉정한 어투로 "정식으로 월급을 받을 테니 보육비는 충분히 낼 수 있지 않느냐"고 말했다. 처음에는 분위기를 파악하지 못한 채 계속 설득을 했지만 무슨 말을 해도 남편의 결론은 한 푼도 줄 수 없다는 것이었다. 듣다 듣다 화가 나서 따지자 남편은 예상치 못한 말을 했다. 그동안 아이에게 비싼 유모차와 보행기, 백화점 옷 등을 사주는 것을 보고 돈을 헤프게 쓰는 여자라는 것을 알게 되어 믿을 수 없기 때문에 한 푼도 줄 수 없다는 것이었다. 그녀는 어이가 없었지만 차분해지려 애썼다.

이후에도 싸우다가 논리가 막힌다 싶으면 남편은 언제나 서재로 들어가버렸다. 남편은 그녀의 천적이었다. 어찌나 말을 잘하는지, 도무지 이길 수가 없었고 맨정신으로는 대꾸할 수 없는 말들을 했다. 어머니로부터 곧고 올바른 생각과 행동만을 배우면서 자랐던 그녀는 남편의 말을 정확하게 이해할 수 있게 되기까지 이후에 몇 년이 더 걸렸을 정도였다.

그녀는 밤새 울며 생각해보았다. 남편이 겉으로만 잘 자랐지 상처가 생각보다 크다는 것, 세상에 대해 부정적으로 보고 불신의 시각이 강하다는 것, 자신의 것을 절대 내놓지 않으려 하고 그것을 합리화하기 위해 상대방의 꼬투리를 잡고 있다는 결론에 이르렀다. 무엇보다도 사람을 사랑하는 법을 모른다는 결론도 얻어졌다. 남편의 실제 모습을 몰랐던 이유는 그동안은 남편에게 책임과 의무를 요구한 적이 없었기 때문이었다. 남편은 상대방이 자신의 영역을 침범하지 않고 명령이나 지시를 하지 않으면 관심이나 배려를 베풀지만, 일단 자신이 통제당한다는 생각이 들면 가차 없이 독한 말로 경계를 지었다. 아이와 관련된 일인데도 독한 말을 하는 것을 보면 무서운 사람이었고 쉽게 변할 사람도 아니었다.

이혼이라는 단어가 떠올랐지만 아이를 생각하자 정신이 멍해졌다. 딱히 기댈 곳이 없었기에 아무런 준비도 없이 당장 이혼할 수는 없었다. 가정이라는 울타리를 잃고 싶지 않다는 것, 그리고 아이에게 정상적인 부모로 오랫동안 있어주고 싶다는 마음도 절실했다. 또한 그때만 해도 남편에게 측은지심이 있었다. 저 사람이 과거의 상처와 직장에서의 스트레스 때문에 저러는 것이지, 시간이 지나고 생활이 안정되면 연애 때의 다정한 모습으로 돌아갈 것이라고 믿었다. 순수한 사랑으로 서로를 위하고 아껴주었던 시간들이 우리에겐 분명 있었다. 무엇보다도 "어떤 상황에서도 감사하며 살아야 한다"는 어머니의 말씀을 지키고 싶었다.

결국 당시에 그녀가 내렸던 최선의 결정은 '잠시 남편 없는 셈 치고' 사는 것이었다. '~ 없는 셈 치고'는 엄마와 자주 해보던 놀이이기도 했다. 놀이동산에 가자고 하고선 아빠가 약속을 잊었을 때, 외식을 하러 식당에서 기다리고 있는데 아빠가 1시간이 넘도록 안 왔을 때, 그때마다 엄마는 '잠시 아빠 없는 셈 치고' 놀이를 하자면서 즐겁게 놀고 맛있게 먹자고 선경 씨를 달래곤 했다.

그동안에도 가정을 유지하는 데 자신이 돈을 다 냈으니 보육비가 늘어난들 내지 못할 정도는 아니었다. 연수라든지 경비가 들어가는 자기계발을 좀 늦추면 될 것이었다. 그렇게 도우미 아주머니를 썼고, 그녀는 복직했다. 하지만 세상 일이 예상처럼 되는 것은 아니었다. 아무리 출퇴근 시간이 규칙적인 교사직이라 해도 늦게까지 일을 해야 하는 상황이 생길 수밖에 없었다. 하지만 남편은 결코 저녁 시간을 내주지 않았다. 언성이 높아지면 대꾸할 수 없는 궤변만 늘어놓았다. 결국 항상 그녀의 결론은 '남편 없는 셈 치고'였다. 아주머니에게 추가 수당을 지불하거나, 마음이 편치는 않지만 급할 때마다 시누이나 새어머니에게 아이를 맡기면서 하루하루를 연명해나갔다. 그나마 맘씨 좋은 아주머니를 만난 것을 늘 감사했다.

아이가 초등학생이 되기까지도 남편이 전혀 변하지 않자 희망을 포기한 그녀가 이혼 서류를 내밀었다. 남편이 얼씨구나 하며 도장을 찍을 줄 알았는데 웬일인지 아무 반응이 없었다. 재판이혼을 해야 하는

데 엄두가 나지 않았다. 사실 아이에게 충격을 최소화할 수 있는 가장 좋은 시기는 아무래도 고등학교를 졸업한 후일 것이었다. 그때까지 버틸 가능성은 없지만 최대한 버텨보기로 했다. 남편과는 이미 별거나 다름없는 생활을 하고 있었기에 새삼 더 불편할 것도 없었다. 아이에게 상처를 주지 않으려고 형식적으로 같이 밥을 먹거나 형식적으로 놀러를 가는 등 무늬만 부부인 생활을 오래 전부터 해오고 있었다.

다행인 것은, 아이가 너무도 건강하게 잘 자라준다는 것이었다. 샤일록 같은 남편의 마음도 소나무 같은 정기로 쭉쭉 뻗어가는 아이의 사랑스러운 기운이 스며드는 것을 피할 수는 없었다. 남편의 마음에도 봄은 왔다. 아이와 대화가 되면서 예전과 달리 시간을 내어 박물관에도 데려가고 스케이트도 가르쳐주었다. 엄마가 해주기 힘든 공 던지기, 축구 등을 해주고 가끔씩 훈계를 하는 엄마에 비해 아빠는 선물도 많이 사주고 즐겁게만 해주니 아이도 아빠를 좋아하기 시작했고, 죽이 잘 맞았다. 남편 또한 집안 물건 하나 사는 것에는 벌벌 떨면서도 아이에게는 좋은 운동화나 자전거를 사주기도 했다.

그 정도만 해도 아이의 마음을 얻기에 충분했을 텐데 남편은 비겁한 방법으로 아이를 자기 편으로 만들려 했다. 선경 씨가 아이 옷을 사오면 "미술도 했다는 사람이 이렇게 패션 감각이 없냐, 이런 옷이 애한테 어울리겠냐, 네 엄마는 왜 이렇게 사치스럽냐?"라고 한다든지, 여행 계획을 세우면 "애한테 그런 일정이 무리인 걸 모르냐, 생각 좀 하고 살라"는 등 애 앞에서 늘 선경 씨를 깎아내렸다. 선경 씨를 가장 심하게 깎아내리는 부분은 요리였다. 남편은 요리를 굉장히 잘하는 누나의 손

맛에 길들여져 웬만해서는 성에 차지 않았다.

실제로 선경 씨는 요리에서는 확실히 '오답'이었다. 그녀는 책과 예술을 사랑하는 사람이었고 살림이나 요리에 최적화되지는 않았다. 어머니는 항상 "가슴이 뛰는 일을 찾아서 절대 포기하지 말라"고 말씀하셨는데 그 가슴 뛰는 일에 요리와 살림이 들어있지 않았다. 하지만 남편에게 그녀의 예술적 감수성과 지성은 별로 매력적이지 않았고, 그저 늘 어수선하고 무엇 하나 제대로 하지 못하는 사람일 뿐이었다.

내가 그녀를 연수 과정에서 처음 만나고 이후 다양한 장면에서 그녀의 능력에 감탄하고 있었을 때 사실 그녀는 집에서 이런 수모를 겪고 있었다. 그럼에도 직장에서 한 치의 오차도 없는 모습을 보였던 것은 첫째, 어머니로부터 물려받은 마음의 힘 덕분이었다. 그녀와 어머니는 매우 긍정적이고 낙천적인 성격의 소유자들이었다. 둘째, 정말로 일을 사랑한 덕분이었다. 남편에게 상처를 받아도 학교에 가면 다 풀렸다. 다른 교사들은 문제아를 맡지 않으려 했지만 그녀는 오히려 문제아에게 더 마음이 갔다. 그녀가 실시한 그림치료를 통해 상처에서 회복되는 아이들을 볼 때마다 희열과 보람을 느꼈다.

그렇게 아이는 5학년이 되었다. 그해 가을에 남편과 심한 갈등이 또 불거져 본격적으로 재판이혼을 알아보고 있었다. 물질적인 것보다도 양육권을 가져오는 것이 가장 중요했고 큰 어려움이 없을 터였다. 그런데 갑자기 심한 위경련에 걸려 응급실에 실려 갔고 체력이 회복되지 않아 3일을 입원하게 되었다. 갑자기 벌어진 일이라 남편이 뒷수습을 하면서 아이는 할아버지 집에 가 있었는데, 퇴원 후 데리러 갔을 때 아이는 누렇게 뜬 얼굴을 엄마 품에 묻은 채 "엄마 죽는 줄 알았잖아"라며 울음을 터뜨렸다. 그녀는 그때 예전에 한 번도 느껴보지 못했던 감정을 느꼈다. 엄마도 위암으로 돌아가셨는데 자기도 아이를 놔두고 죽는 일이 벌어질 수 있겠구나 하는 엄청난 불안감이었다. 남편은 그 와중에도 설거지 한 번 해주지 않았지만 그런 서운함이나 적개심은 외려 사치스럽게 느껴질 정도로 두렵고 절박하기만 했다. 그녀는 수도 없이 고민해보았지만, 만약에 자신이 죽는다면 아이를 맡길 사람은 남편밖에 없었다. 적어도 남편이 아이에게만은 진심이라고 생각했다. 그렇게 해서 이혼은 다시 연기되었다.

그녀는 남겨진 자의 슬픔을 충분히 알고 있었다. 아이가 엄마 없이 살게 된다면 자신이 그랬듯이 부모에 대한 추억의 힘으로 살게 될 것이었다. 아빠가 옳았네, 엄마가 옳았네 하는 것은 중요하지 않을 것이며, 그런 옳고 그름은 아이가 성인이 되었을 때 스스로 깨닫게 될 것이었다. 그녀는 모든 것을 내려놓았다. 남편의 시시비비를 가리는 일을 그만하기로 했다. 그녀는 그저 아이 옆에 하루하루 살아 있는 것만으로 감사하자고 마음먹었다. 아침에 눈 뜨면 감사했고 저녁에 잠든 아이의 볼을 만지면서 감사했다. 아이에게만은 다정함을 보이는 남편도 감사했고 교사 일을 할 수 있는 것도 감사했다.

그렇게 또 4년이 흘렀다. 남편에게 따지는 것을 멈추자 표면적으로는 집안 분위기가 훨씬 안정되었고 작은 성과도 있었다. 남편으로부터 아이의 학원비를 받기 시작했던 것이다. 그렇지만 막상 돈을 내게 되자 이번에는 그녀의 돈 씀씀이를 더 감시했다. 그녀는 독서, 꽃 가꾸기를 하면서 스트레스를 풀었는데 책과 나무 등을 자주 사는 것에 대해 '쇼핑 중독'이라며 비난했고, 나뭇잎을 닦고 있으면 그럴 시간에 요리라도 하나 더 배우라고 비아냥거리기도 했다. 하지만 남편은 그녀에게 꽃 가꾸기가 치유책이었다는 것을, 그래서 그나마 자신에게 적개심을 덜 드러냈다는 것을 몰랐을 것이다. 아내에게 조금의 관심도 없었기 때문이다. 선경 씨는 흙을 만지며 엄마와의 추억을 떠올리면서 하루의 상처와 피로를 풀었고, 이런 경험을 살려 학교에 원예치료도 도입했다. 아이들에게 작은 나무를 하나씩 주고 키우게 했는데 효과가 매우 좋았다. 특히 시들어가는 나무를 잘 살렸던 그녀는 마음이 시들어가는 아이들에게 용기와 영감을 주는 데 탁월한 능력을 발휘했다. 그렇게 그녀는 묵묵히 '마이 웨이'를 갔다.

어느 날, 철두철미한 남편이 웬일인지 핸드폰을 두고 나갔다. 오프였던 선경 씨는 청소를 하다가 식탁 위에 있던 남편의 핸드폰에 1분에 한 번 꼴로 '딩동' 하면서 문자가 계속 들어오자 해서는 안 될 행동을 하고 말았다. 문자를 클릭하자 글 하나가 눈에 들어왔다.

"계속 전화 안 받아? 어제 그렇게 가고도 이런단 말이지? 이제 끝인 줄 알아!"

그녀는 손이 떨려 남편이 누군가와 수도 없이 주고받은 문자들을 다 보지도 못했다. 읽고 싶지도 않았다. 문자들을 휙휙 넘기면서 남편이 보냈던 문자에 하트 이모콘이 여러 개 찍힌 것을 얼핏 보고서는 핸드폰을 내던졌다.

그때 그녀가 상담을 받으러 왔다. 이혼을 고민하는 동료를 한 명 보낼 테니 상담을 부탁한다더니, 당일에 본인이 와서 얼마나 놀랐는지 모른다. 왜 그녀가 상담 전 자신을 숨겼는지 이해가 갔다. 내가 크게 당황할까 봐 염려했던 것이다. 그녀는 가까운 지인은 아니었지만 살면서 만난 사람들 중 다섯 손가락 안에 들 정도로 멋진 여성이었다. 든든한 가족이 지원해주고 있다는 생각이 절로 들게 하는 절제된 여유로움을 풍기던 사람이었다. 그런데 그토록 힘들었던 시간들이 있었다니 미안하고 가슴이 아팠다. 선량함과 고결함을 '둔함'과 '생각 없음'으로 몰아세우고, 책임감으로 버텨내는 것을 고마워하고 칭송하기는커녕 이용만 하는 세태가 하필이면 그녀를 가장 사랑하고 이해해주어야 하는 가족에게서 오랫동안 재현되어 온 것에 화가 났고 진정이 되지 않았다. 상담이고 나발이고 어디 가서 둘이 샌드백이라도 쳐야 할 판이었다. 하지만 그날 그녀는 모래 한 줌 들 힘도 없었다. 그날 그녀는 예전에 알던 사람이 아니었다. 눈에 총기가 하나도 없어 껌껌한 동굴 같았다. 그동안 살아왔던 이야기를 하는데, 나를 보고 하지도 않았고 넋두리에 가까웠다. 그녀는 이혼 상담을 하러 온 것이 아니라 이혼을 한다고 포고하러 온 것이었다. 세상에 정식으로 포고하기 전에 그저 정리를 하러 온 것이었다.

　나는 그녀가 이번에는 확실히 이혼할 것임을 알았다. 상담 경험을 통해 우리나라 여성들이 이혼을 실행하는 가장 강력한 요인이 배우자의 외도라는 것을 알고 있었다. 경제적 무능이나 고부 갈등과 같은 어떤 상황에서도 참고 참던 여성들이 이 문제에 닥치면 어지간해서는 결심을 돌리지 않는다. 하지만 그녀에게는 몇 배나 더 중요한 이유가 있었다.

"아이가 상처 입지 않도록 버텨왔던 것인데 더 이상 그 의미가 없어졌군요."

그녀의 눈에서 굵은 눈물방울이 뚝뚝 떨어졌다.

"네, 바로 그거예요. 이제는 아이 곁에 아빠가 있을 필요가 없어졌어요."

남편이 아무리 자신을 배려하지 않아도 아이에게만은 애정이 있다고 생각했지만, 다른 여자가 생기면 언제 아이가 있었냐는 듯이 냉정하게 마음이 변할 거라는 것을 자신의 아버지를 통해 뼈저리게 경험해본 터였다. 새어머니가 예고 진학을 반대할 때 미안하다거나 이해해달라는 말 한마디 하지 않았던 아버지였다.

"네, 이혼하셔야죠. 오랫동안 참으셨어요. 오늘은 여기까지 하고 다음 주에 한 번만 더 오세요."

나는 그녀에게 말하고 카페로 자리를 옮겨 바나나키위주스를 시켜주었다. 며칠 동안 밥도 제대로 먹지 못한 얼굴이었다. 우리는 아무 말 없이 주스만 홀짝였다.

"다음에 오실 때 말씀드리겠지만, 본인이 생각하는 것보다 몇천 배나 훌륭한 사람임을 잊으시면 안 돼요. 그동안 한 번도 제가 칭찬을 안 해드렸네요. 항상 좋은 말만 들으실 거라고 생각했거든요."

그리고 남편에게 핸드폰 사건을 얘기하고 반응이 어떤지 살펴보라고 했다.

다음 주에 그녀는 여전히 초점 없는 눈으로 찾아왔다. 남편에게 얘기를 했더니, 첫 번째 반응은 예상했던 대로 "남의 핸드폰을 훔쳐보다니, 애한테도 하면 안 될 행동을 하면서 그러고도 네가 교사냐"라며 화를 냈다고 한다. 하지만 두 번째 반응은 예상 외로, 여자와의 관계에 대해 펄쩍 뛰며 부인했다고 한다. 같은 팀의 동료여서 일 관계로 전화를 많이 했을 뿐이며 그저 장난 문자를 했을 뿐이라고 했다.

"자, 본격적으로 얘기를 해봅시다. 이혼 생각을 새삼 하신 것도 아닐 텐데 왜 상담 받으러 오셨을까요?"

"결국은 아이 때문이죠. 아이에게 어떻게 말하는 것이 좋을지 방법을 찾고 싶었습니다."

아들은 3개월 후 고등학생이 될 참이었다. 공부를 잘한다고 했다.

"이혼은 당연한 것이고 언제든 할 수 있으니 예약 이혼을 하면 어떨까요?"

"예약 이혼요? 이혼을 예약하라구요? 그럼 나중에 이혼하라는 건데 전 더 이상은 못 참습니다."

"강요하는 게 아닙니다. 생각만 해보자는 겁니다. 아이가 이제 본격적으로 대학 준비를 해야 하잖아요. 이때 이혼을 해서 만약 아이가 충격으로 입시에 실패한다면 엄마 탓을 하며 죄다 뒤집어씌울 수가 있습니다. 왜 그때 잠깐만 참아주지 못했냐고 평생 원망할 수도 있구요. 그렇게 된다면 얼마나 슬프겠습니까. 억울하기도 하구요."

"그럴 수도 있겠지만 잘 얘기하면 이해해줄 거라고 생각해요."

"저도 그렇게 생각합니다. 다만 여러 가지 상황을 고려해보자는 것

뿐이죠. 아이가 아직 어려서 진실은 나중 문제이고 당장은 이기적인 엄마로부터 큰 피해를 입었다고 생각하며 분노하게 될 겁니다. 어쨌든 이쪽에서 먼저 이혼 얘기를 꺼낼 텐데, 말 잘하는 남편이 얼씨구나 하면서 또 얼마나 '음모론'을 만들겠습니까?"

그녀는 고개를 끄덕이며 생각에 잠겼다.

"이번 일로 남편이 그 여자와의 관계에 대해 '그래, 좋아하는 사람 있다. 어쩔래?' 하며 뻔뻔하게 나왔다면, 언제든 일이 터질 테니 당장에라도 이혼하는 것이 맞습니다. 하지만 남편이 강하게 부인을 했다면 진실이 어떤지는 몰라도 문제를 표면화할 생각이 없다는 뜻입니다. 아들에게는 핸드폰 사건 전과 상황이 달라진 게 없다는 것이죠. 그러니 버티려고 했던 그 시기를 다시 떠올리며 아들이 대학생이 되면 이혼하는 것으로 예약하고 준비를 해보자는 겁니다. 뭐, 그 전에라도 준비가 되거나 도저히 참지 못하겠으면 이혼하는 거구요."

"그럼 예약 이혼을 남편에게 통보하란 말씀인가요?"

"그러면 가장 좋고, 안 해도 괜찮습니다. 본인이 마음의 준비를 해야 하기에 예약 이혼을 하자는 것이니 나머지는 부차적인 것입니다."

"제가 마음의 준비가 안 됐다고 보시나요? 이혼 생각만 벌써 15년째 입니다."

"생각만 하셨지 실제로 준비했다고 보이지는 않아요."

"아니요, 변호사도 알아보고 재산 분할에 대해 상담을 받은 적도 있습니다."

"잘하셨습니다. 하지만 재판이혼은 결코 쉬운 게 아니에요. 본인의 예상과 달리 재산 분할이 합리적으로 되지 않을 수도 있고, 혹시라도 남편이 그동안 장난을 쳐놓았다면 최악의 경우 못 받을 수도 있어요. 엄마 혼자서 아이를 먹여 살려야 되는 상황까지 다 예상해봐야 해요. 남편 명의라도 지금은 집에서 살고 있잖아요. 만약 재산을 분할받지 못한다면 집을 어떻게 구할 건지도 중요한 문제입니다."

"그런 말을 들으니 실제적인 문제를 너무 낙관적으로 생각하긴 했네요. 그래도 제가 직장이 있고 아들도 3년 후면 아르바이트를 할 수 있으니 어떻게 해서든 살아갈 수 있을 거라고 생각합니다."

"더 중요한 것은 경제적인 측면이 아니라 심리적인 측면입니다. 중요한 일을 결정할 때 이성적으로 차분하게 행하는지를 알 수 있는 저만의 방법이 있습니다. 지난주나 오늘이나 눈에 빛이 하나도 없어요. 그런 상태는 감정에 압도되어 있다는 증거입니다. 그럴 때 내린 결정은 반드시 후회를 남깁니다."

"어떤 마음의 준비를 말씀하시는 건지요? 남편과 헤어져도 눈곱만큼의 미련도 없습니다."

"미련 없는 것만 갖고는 진정한 홀로서기를 할 수 없어요. 어렸을 때 지혜로운 어머님 덕분에 '~ 없는 셈 치고' 놀이를 하면서 기분 나쁜 상황을 처리하는 방법은 잘 체득하셨던 것 같아요. '남편 없는 셈 치고'의 표현을 바꾸어 앞으로 3년 정도는 '싱글맘이듯이' 살아보세요."

"같은 뜻인 것 같은데 다른 말인가요?"

"'~ 없는 셈 치고'는 결핍 상태를 어쩔 수 없이 인정하는 수동적인 태도가 느껴지죠. '그래도 있긴 있다'라는 믿는 구석도 있구요. 반면

'싱글맘이듯이'는 혼자서 용감하게 대처해보겠다는 적극적인 태도를 갖는 거지요. 무늬만 부부였다고 하지만 그래도 집안에 사람이 있는 것과 없는 건 큰 차이가 있어요. 정말 싱글맘이듯이 먼저 살아보세요. 그게 되는지, 어떤 문제가 생기는지를 보시란 말입니다."

"저는 모든 것을 혼자 결정하며 이미 싱글맘이듯이 살아왔는데요?"

"큰 문제는 그렇게 하셨겠죠. 자, 한번 생각해봅시다. 지금까지 남편의 도움을 받은 적이 정말 한 번도 없으세요?"

그녀가 잠시 생각했다.

"그렇게 말씀하신다면, 전구가 나갔다든가 화장실 변기가 막혔다든가 대왕바퀴벌레가 들어왔다든가 아래층 아저씨가 무슨 오해를 해서 따지러 왔을 때 같은 경우는 남편이 해결을 했죠. 또 제가 아팠을 때 뒷수습을 했던 것도 그렇겠네요."

"그런 것들을 앞으로는 다 혼자서 해결하고 미리 준비해보세요. 남편이 정말 없다 치구요. 험한 사람을 다룬다든가 살림에 약하신 건 사실이잖아요. 의외로 과거에 정리했던 관계가 후회되고 화가 날 때는 그런 사소한 상황들에서입니다."

그녀는 수긍하는 표정이었다.

"물론 남편이 폭력을 쓴다면 당장 이혼해야 합니다. 남자들은 한번 주먹을 휘두르면 계속 휘두르게 되어 있습니다. 남편이 폭력을 쓴 적은 없으시죠?"

"네. 부부 싸움 중에 성질을 못 이겨 책 등을 던진 적은 있었지만 제게 직접 폭력을 쓴 적은 없습니다."

"그런 면에서는 남편분도 훌륭한 면이 있다고 보이네요."

"네, 한편으로는 감사한 부분이네요. 젊은 날 그 사람에게서 보았던 반짝임이 그나마 조금은 남아 있다고 생각합니다. 그래도 완전히 사람을 잘못 본 것은 아니었구나, 완전 구제불능은 아니구나, 내가 정말 바보천치는 아니었구나, 그렇게 생각합니다."

나는 턱에 손을 괴고 그녀를 그윽하게 쳐다보면서 장난스레 말했다.

"지금 눈에서 빛이 나는 거 아세요?"

그녀가 호탕하게 웃었다. 그제야 왜 내가 "눈에서 빛이 안 나네" "준비가 안 됐네"라는 말을 했는지 이해됐다고 했다. 최악의 상황에서도 감사거리를 찾아보며 정리한다면 비참할 일도 없을 것 같다고 했다.

그녀는 정확하게 포인트를 짚었다. 절제된 여유로움을 갖춘 원래의 모습이 되살아나고 있었다. 나는 그녀에게 감사 테라피에 대해서 설명했다.

"힘든 시기를 감사로 이겨내오셨지만 그런 사람도 한 번씩은 큰 고비가 오더라구요. 그럴 때는 '이따위 감사, 이제 쳐다보지도 않을 거야' 할 게 아니라 더 마음을 집중해서 '내가 아직도 감사하지 못하는 것이 무엇인지'를 생각해야 합니다. 그래야 삶의 빈틈이 메워집니다. 그동안에는 어머니의 말씀만 따라서 감사를 했다면, 이제부터는 테라피를 받듯이 진중하게 감사를 해보세요. 아울러 즐거운 일, 마음 붙일 만한 일을 많이 하세요. 장학사, 교장 등의 목표도 포기하지 말고 대학원도 가고 자유롭게 사세요. 웃긴 말이지만, 이혼은 따놓은 당상이니 아들이 '수능 며칠 남았네' 하듯이 '이혼 1000일 플래너'를 만들어 1주일마다 성공했던 일과 실패했던 일을 돌아보고 완벽하게 준비해보세요. 아들은 인생의 1막을, 엄마는 2막을 멋있게 마무리해보시지요."

그녀는 예약 이혼을 받아들였다. 시계는 3년 후로 맞춰졌다. 카운트다운이 시작됐고 그 사이에 '싱글맘이듯이' 살면서 감사 테라피를 열심히 실행했다. 두어 번 정도 괴로움을 토로하기도 했지만 갈수록 좋은 소식을 더 많이 전해주었다. 그렇게 시간이 흘러 그녀의 아들은 이제 겨울방학이 끝나면 고등학교 3학년이 될 참이었고 입시 준비를 잘해나가고 있었다.

오랜만에 그녀가 왔다. 맑은 얼굴이었다. 그 사이에 장학사 시험에 합격했다고 한다. 진심으로 축하를 해주었다. 그녀는 감사의 인사를 한 뒤 차분하게 말을 이어갔다.

"예전에는 내가 부족해서 남편이 시큰둥할 수 있겠다고 생각한 적도 있었죠. 그런데 이번에는 내게, 아니 우리 집에 좋은 일이 생긴 건데도 축하를 해주지 않더라구요. 이제는 그냥 인간 대 인간으로서 딱하다는 생각뿐이에요. 좋은 것도 좋다고 말해주지 못할 만큼 돌 같은 마음으로 살고 있으니 안타까워요. 예약 이혼 기간이 아직 남았지만, 아들이 예상보다 빨리 철이 들어 부모가 이혼한다 해도 소화를 할 수 있다는 확신이 들어요. 더 늦기 전에 그 사람도 요리 잘하고 애교도 많은 사람 만나 진실한 사랑을 한번 해보고 죽어야 하지 않겠어요? 이쯤에서 정리하려 합니다. 남편이 합의를 안 해주면 지금 마음을 먹는다 해도 어차피 1년 이상 걸릴 테니까요."

그날 그녀의 눈은 빛났고, 맑다 못해 투명했고, 깊이를 알 수 없을 정도로 아득했다. 비로소 때가 된 것이다.

"네, 이런 어머님을 매일 보고 사니 아들이 철이 안 들 수가 없죠. 장하십니다. 결정 잘하셨어요. 이제 정말 이혼이군요. 축하합니다."

"축하를 받을 일인지는 모르겠지만 홀가분하긴 합니다."

"이왕 하는 이혼, 축제처럼 맞이해야죠. 이혼 플래너가 차세대 유망 직업이라는 말을 들은 적이 있어요. 어느 나라에는 결혼식처럼 이혼식도 있어서 예비 이혼자(?)들이 식장에 입장해 큰 망치로 결혼반지를 부순답니다. 세계적인 영성가들 중에도 이혼한 사람이 꽤 많아요. 재혼한 사람도 많고요. 그들이 쓴 책을 보면 다들 예전보다 행복하다고들 하니 곧 그렇게 되실 겁니다"

"박사님, 그런 말을 이제 하시면 어떡해요? 그렇게 예약 이혼 하라시더니…."

"아니, 남들 그렇게 했다고 무턱대고 따라하실 겁니까? 그리고 그렇게 참으셨기에 이혼이 축제가 되는 것 아니겠습니까?"

우리는 큰 소리로 웃었다.

"정말 후련해요. 다만, 재혼은 못 할 것 같아요. 사람이 참 무섭고, 믿지도 못하겠고, 너무 질려서요. 이렇게 사람을 믿지 못하면서 교육가네 뭐네 하는 게 웃길까요?"

"제인 구달 아시죠?"

"네, 침팬지 박사잖아요."

"맞아요. 그분의 생애를 정확히 모르는 상태에서 함부로 말하면 안 되지만, 사랑하는 대상이 꼭 사람일 필요는 없지 않을까요? 침팬지를 사랑한다 해서, 꽃을 사랑한다 해서 사랑의 질이 떨어지는 건 아니잖아요. 지금처럼 꽃과 나무 사랑하시고, 아이들 사랑하시고, 그렇게 살다가 기회가 오면 사람도 다시 사랑해보는 거고, 안 오면 꽃 박사로 사시는 거고. 아무 걱정 마십시오. 어떻게 살든 지금까지 살아왔던 것보다는 행복할 테니까요."

그녀는 잔잔히 미소 지었다.

"그런데 박사님, 그때 남편이 외도를 인정했다면 예약 이혼 하라고 안 하셨을까요?"

"아뇨, 똑같이 했죠. 다만 이혼 플래너의 제목이 바뀌었겠죠. '이혼 90일' 이런 식으로요."

그녀는 고개를 끄덕였다.

"자, 마지막으로 어록 하나 남겨주시죠. 어떻게 그 긴 시간 동안 버텨올 수 있었는지."

"저처럼 자랐다면 누구든 그랬을 거예요. 어머니가 돌아가신 후 아버지에게 너무 서운해서 '약한 사람은 스스로 준비가 될 때까지 무조건 보호해주어야 한다'는 생각이 사무쳤거든요. 그게 제 필생의 강령이 되어버렸어요. 아이가 저처럼 되지 않기를 바랐을 뿐이죠. 예전에 박사님이 학교에 강연 오셨을 때 "아빠는 가출해도 집에 흔적이 없지만, 엄마가 가출하면 아이는 기필코 망가진다"고 말씀하셔서 학부모들이 막 웃고 그랬잖아요. 참 맞는 말씀이다 싶었어요. 제 어머니를 보면서 부모 중에 한 사람만 맨정신으로 버텨주면 아이는 절대 망가지지 않는다는 것을 알고 있었거든요. 그 한 사람이 왜 나여야 하는지 속상할 때도 많았지만, 아이에게 남겨줄 수 있는 가장 큰 유산이 '맨정신'이라고 생각해서 버틸 때까지 버텨본 것뿐이에요."

"수도 없이 힘든 일이 있었겠지만 가장 큰 고비가 언제였어요?"

"몸이 아팠을 때요. 그때 얼마나 불안하고 두려웠는지 손이 덜덜 떨려 밥도 못 먹겠는 거예요."

"세상에나, 정말 많이 힘들었군요. 어떻게 그 위기를 넘겼어요?"

"그 6개월 전인가, 학부모 한 분을 박사님께 상담 보낸 적이 있었죠? 화병이 심해서 매일 아이를 쥐 잡듯이 하길래 보냈는데, 그 어머니가 나중에 많이 편해진 얼굴로 와서는 박사님으로부터 '감사의 습관을 들이라'는 말을 들었다면서, 박사님이 이것저것 다 해봐도 사는 게 달라지지 않는다면 감사가 '마지막 처방'이라고 하셨다는 거예요. 그 단어가 뇌리에 남아 있었죠. 위경련으로 입원했을 당시, 친구들이 '너 병난거 남편 때문이잖아'라고 했을 때 처음에는 '정말 그렇지' 하면서 그냥 다 불 지르고 싶을 정도로 분노가 솟구치더라구요. 그런데 어느 날 갑자기 정신이 번쩍 드는 거예요. '아, 엄마가 이렇게 돌아가셨구나. 결국 엄마도 한계 상황에 이르러 포기하면서 세상에 졌구나. 나도 까딱하면 지겠구나. 하지만 난 지지 않겠다. 남편, 네가 아무리 세상을 부정과 불신으로 칠해놓아도 나는 무지개를 바라보며 오버 더 브릿지를 할 거다.' 그런 생각이 들었어요. '그럼 어떻게 이 다리를 넘어갈까. 한 번만 더 '마지막 처방'을 써봐야겠다.' 그렇게 감사할 것을 찾으며 위기를 넘겼죠. 다행히도 그때 효과가 있었어요. 제게 아주 잘 맞는 방법이었어

. . . . .

"두껍아, 두껍아, 헌 집 줄게, 새집 다오."

새집을 얻으려면
헌 집을 온전한 상태로 주어야 한다.
헌 집을 망가뜨리거나 불살라서는
두꺼비는 절대 새집을 내놓지 않는다.
거울 앞에 선 당신이 빛나는 눈으로,
'그래. 헌집에서 사느라 수고했어. 참 장해.
여기까지네. 이렇게 또 성장하게 되어 정말 고마워.
이제 새집으로 가자'라고
스스로에게 말할 수 있다면
비로소 아름다운 모험이 끝나고 보물을 갖게 된다.

. . . . .

요. 이렇게 웃으면서 말할 수 있다니 꿈만 같네요."

"네, 감사는 마지막 처방이죠. 하지만 인생의 첫 번째 강령으로 삼으면 아예 처방을 받을 일도 없게 됩니다."

"네, 그때 그렇게 다시 마음을 먹었는데도 남편의 문자를 봤을 때는 혼이 다 나가 '나는 긍정적으로 생각하며 버텨왔는데 이게 뭐야. 다 필요 없어. 다 헛소리야' 하면서 완전히 포기하고 싶더라구요. 감사하며 살아왔다고 생각했지만, 강령으로 삼을 만큼 감사의 태도가 견고하지는 않았던가 봐요. 그래서 인생 3막에서는 감사를 첫 번째 강령으로 삼으려구요. 그런데 예약 이혼 기간을 버틸 수 있었던 건 다른 이유도 있어요. '이혼 1000일 플래너'에 따라 생활을 정리하던 중 새로운 깨달음이 왔어요. 저는 마음을 위로해줄 사람이 필요했고 그래서 남편에게 꽂혔던 것 같아요. 하지만 저 역시 살기 위해 남편을 이용했던 것 아닐까요? 남편 또한 누나같이 강하고 흔들림 없이 자신을 받쳐줄 사람을 찾았는데 제가 어수선하기만 하니 크게 실망했겠죠. 제 상처에만 연연해서 남편을 객관적으로 보지 못했던 부분은 엄연히 제 잘못인 거죠. 결혼 이후 실망과 분노를 일으켰던 남편의 언행은 사실 연애 시절에 충분히 감지할 수 있었던 거였거든요. 저의 아둔함과 미숙함에 대한 칫값과 반성의 시간으로 삼았습니다."

그녀는 한마디 말을 더 남기고 상담실을 떠났다.

"추석 연휴 때 소설을 하나 읽었어요. 읽을 때는 가슴 저리고 흥미로웠지만 다 읽고 나니 그냥 딱 한 글자, '끝'이더라구요. 그들은 그렇게 살았다, 끝. 제 인생을 돌아보면 그때그때는 죽을 만큼 힘들었는데 지금 요약해보면 딱 한 줄이더라구요. 사랑했다, 잘못 본 거였다, 괴로웠다, 버텼다, 헤어졌다, 끝. 다 읽은 책을 덮고 커피나 쿠키를 먹으러 가듯이 이제 인생 2막을 덮고 다른 재미있는 것들을 하러 가야죠. 이혼이나 하는 주제에 어떤 때는 이렇게 신나도 되나 할 정도로 앞날이 흥미진진해져요. 불안감이 하나도 없어요. 이런 시간이 올 줄은 몰랐어요. 예전에 이혼했다면, 아니 2년 전에 했더라도 여전히 슬퍼하고 낙담하고 저주하고 있었을 거예요. 이렇게 완벽하게 자유로운 이혼을 할 수 있다니 정말 감사합니다."

　나는 그녀가 다시는 상담을 하러 오지 않을 것임을 알았다. 다만 친구로서 가끔 만나, 누군가를 다시 사랑하는지 꽃만 사랑하는지 보게 될 것이라는 예감이 들었다.

　선경 씨는 '마지막 처방'으로 생각하며 한 번 더 '감사'하며 이겨냈지만, 3장에 나왔던 정우 씨와 마찬가지로 감사 테라피의 1단계를 본능적으로 실행하고 있었다. 고통을 견뎌낸 사람들은 근본적으로 감사의 태도를 갖고 있다. 다만 이들이 한 번씩 넘어진 것은 감사 테라피의 2단계를 제대로 하지 못했기 때문이다. 즉 편도체를 달래며 하루하루 연명했지만, 전두엽을 가동하여 자신의 과거로부터의 배움을 토대로 새로운 삶을 차분하게 준비해나가는 사고의 힘은 부족했던 것이다. 그래서 나는 그녀에게 예약 이혼을 제의하며 전두엽을 가동시키게 했던 것이다. 그녀는 "남편에게 아직 좋은 점이 남아 있다는 것을 알았다"라고 말했는데, 이는 감정의 소용돌이에서 벗어나 '생각'을 하기 시작했다는 확실한 증거이다.

일단 '생각'을 하면 일은 훨씬 좋게 풀리게 되어 있다. 그 결과 그녀는 과거를 딱 한 줄로 끝내고 흥미진진한 인생 3막을 멋지게 맞이하게 되었다. 이렇게 대범하게 한 줄로 끝내는 일은 오직 전두엽만이 할 수 있다. 이 한 줄을 만들지 못하고 이혼하거나 재혼한다면 인생은 그냥 도돌이표가 될 뿐이다.

젊은 날 우리가 그 사람을 선택했던 것은 아둔해서가 아니었다. 그때의 정신 수준으로서는 최상의 선택이었다. 다시 그 시절로 돌아간다 해도 우리는 똑같이 그를 선택할 것이다. 100번 시계를 돌려 타임머신을 타도, 똑같은 곳에 떨어져 똑같은 체크남방을 입은 그를 만나 운명처럼 사랑하고 또 미워하게 될 것이다. 운명을 바꾸려면 시계를 돌릴 것이 아니라 마음을 바꾸어야 한다. 감사는 굉장히 단순해 보이지만 정신 세계의 차원을 한 단계 높이는 강력한 힘이 있다.

이혼 같은 상황에서만큼 감사가 제 몫을 하는 경우도 없다. 이혼은 결코 행복한 것이 아니기 때문이다. 사람들이 딱한 눈으로 쳐다봐서 행복하지 않다는 말이 아니다. 이혼은 최선을 다해 찾아왔던 나의 '답'이 결국은 '오답'이었음을 인정해야 하는 것이기 때문이다. 삶의 한순간 가장 치열하게 온몸을 내던져 겁도 없이 달렸던 그 빛나는 시절이 송두리째 없어지는 것이기 때문이다. 봄날의 꽃잎같이 고왔던 나와 그의 성정은 까마득하게 잊었고, 한겨울의 매서운 바람 같은 거친 말들로 피폐해진 상처의 기억만 강렬하게 남아 있을 뿐이다.

그렇다면, 다시 좋은 기억을 가지면 된다. 감사는 그것을 할 수 있다.

오직 감사만이 그것을 할 수 있다. 감사를 하면 '젊은 날 그에게서 보았던 반짝임'을 다시 기억할 수 있다. 그러면 적어도 완전한 오답은 아니었다는 것, 그러나 오류가 있었으며 그 오류의 원인에 내 잘못도 있었다는 것을 알게 된다. 나아가 그런 모습을 깊이 반성하고, 이번에야말로 정신 차리고 정말 멋지게 살아볼 수 있다는 희망을 가질 수 있다. 그러면 이혼은 행복한 것이 된다.

최선을 다해 살아왔던 상황을 정리해야 할 때일수록 반드시 감사 테라피를 실행해야 한다. 죽음을 앞에 둔 상황보다 더 적극적으로 해야 한다. 죽음은 죽음으로써 끝이지만, 헤어짐 이후에는 다시 새롭게 시작해야 하기 때문이다. 감사로 마무리할 수만 있다면 헤어짐은 선물이 된다. 헤어질 수밖에 없는 고통스러운 상황을 단순히 회피함으로써 종료하는 것이 아니라, 한 단계 성장할 수 있는 새로운 출발로 삼을 수 있다면 앞으로 그보다 더 고통스러운 상황은 없다는 선물 말이다. 이 선물은 정말 세상에 무서운 게 하나도 없게 만드는 엄청난 힘을 가지고 있다. 앞으로 어떻게 살든 그때까지 살아왔던 것보다는 분명히 행복하게 살 수 있다.

어렸을 때 흙 놀이를 하면서 불렀던 노래가 있다.

"두껍아, 두껍아, 헌 집 줄게, 새집 다오."

새집을 얻으려면 헌 집을 온전한 상태로 주어야 한다. 헌 집을 망가뜨리거나 불살라서는 두꺼비는 절대 새집을 내 놓지 않는다. 거울 앞에 선 당신이 빛나는 눈으로 "그래. 헌 집에서 사느라 수고했어. 참 장해. 여기까지네. 이렇게 또 성장하게 되어 정말 고마워. 이제 새집으로 가자"라고 스스로에게 말할 수 있다면, 비로소 아름다운 모험이 끝나고 보물을 갖게 된다.

．
．
．

깜깜한 밤에 길을 잃으면 우리는 습관적으로 하늘에서 북두칠성을 찾곤 한다.

우리 마음속에도 감사라는 북두칠성이 있다.

마음의 북두칠성을 바라보는 한 인생에서 길을 잃을 일은 없다.

인생이 생각대로 풀리지 않는다면, 이것저것 다 해봐도 변화가 없다면,

지금 감사하고 있는지를 살펴보라. 그러면 선명하게 길이 보일 것이다.

Part 5

골든 땡큐로의 초대

이제는 내가 답이다

골   든   땡   큐

봉인을 풀고
스스로를 사랑으로 채우라

　　　　　　　1장에서 소개했던 "부모님 때문에 이렇게 힘들게 되었는데 왜 내가 문제를 해결해야 하느냐"고 반문했던 30대 남성은 외국 주재원으로 나가게 되어 상담이 중단되었다. 한국에 있었어도, 자신의 책임을 인정할 수 없다는 마음이 너무 커 진도를 나가기 힘들었을 것이라 생각한다. 그의 말은 분명 맞다. 우리가 지금 힘든 것은 부모 때문이다. 더 정확하게 말하면, 내가 처음 만난 세상이 친절하지 않아서 힘든 것이며, 부모는 우연히, 그리고 당연히, 그 처음 세상이었다. 따라서 나의 첫 세상인 부모가 무심코 했던 말과 행동들은 약하고 무력했던 어린 나의 마음에 스펀지처럼 스며들어 평생의 봉인으로 남겨진다. 물론 무의식적인 봉인이 훨씬 더 많다. 형만 아끼는 부모에게서 소년이 받았던 메시지는 '너는 그리 소중하지 않아'였다. 연약하고 무능했던 어린 소년은 그 메시지를 그대로 받아들일 수밖에 없었고, 자신이 '소중한 사람'일 수도 있다는 생각을 단 한 번도 해보지 못했다. 그러니 '소중한 사람'이 하는 말과 행동을 아예 할 수 없었다.

성공한 한 변호사는 365일 가방 속에 우산을 넣어 다닌다. 초등학교 1학년 때 하교 시간에 갑자기 큰비가 쏟아져 다른 친구들은 엄마가 우산을 갖고 와 데리고 갔지만 자기는 비를 홀딱 맞고 집에 온 적이 있었는데, 그 후로 우산을 꼭 챙기는 습관이 생겼다고 한다. 생애 딱 하루만 그런 일이 있어도 그런 습관이 생길 수 있다. 하지만 대체로는 그렇지 않다. 평소에도 엄마가 자신을 잘 챙겨주지 않는다는 불만이 비를 맞고 혼자 돌아온 날 선명하게 마음의 도랑을 팠던 것이다. 초등학교 1학년 아이가 무섭게 쏟아지는 빗속을 뚫고 집으로 돌아오는 길에 어떤 감정을 느꼈을지 짐작이 되지 않는가? 분노일 수도 있고 우울일 수도 있다. 이 소년은 직접 분노를 표출하는 대신 스스로 우산을 챙기는 쪽으로 해결을 했지만 마음속에는 아직도 늘 비가 오고 있다. 이 소년은 장성하여 지금은 언제 비가 와도 그따위 우산 100개는 그 자리에서 살 수 있고 아예 비를 맞을 필요가 없는 고급 자동차를 타고 다니며 백화점 한 코너에 우산 매장을 만들 정도의 재력을 갖고 있지만, '아무도 날 보호해주지 않는다'는 어린 시절에 형성된 봉인은 여전히 그를 누르고 있다.

엄마가 아이의 눈을 맞추며 웃어주고 볼을 꼬집어주고 배가 탱탱하도록 먹여주고 숨이 막히도록 껴안아주면, 이 모든 사건은 아이의 뇌 속에 흔적을 만든다. 즉 아이의 뇌에서 긍정적인 변화가 일어난다. 세로토닌, 도파민 등의 신경화학물질이 마구마구 분비되어 뉴런의 성장을 촉진시키고, 뇌를 튼튼하게 만들며, 행복 호르몬인 엔도르핀과 사랑의 호르몬인 옥시토신을 쉴 새 없이 분출해 행복감을 느끼게 한다. 아이는 '와우, 엄마 참 좋구나. 세상 살 만하네. 자, 그럼 오늘도 열심히 살아보자. 뒤집어볼까? 앉아볼까?'라고 생각하며 순조롭게 발달을 해나간다. 한번은 쉬를 해서 기저귀가 축축하고 배가 고파 어지러워 죽겠는데 아무도 나를 봐주지 않는다. 아이는 너무 불쾌하고 두려워 스트레스 호르몬이 왕창 분비되기 시작한다. 뇌는 경보를 울리기 시작하고 온몸이 달아오른다. 압력을 견디다 못해 "으앙" 하고 우는 순간 엄마가 득달같이 달려와 "아이고, 우리 사랑이, 엄마가 몰랐네. 미안해" 하면서 안아주고 기저귀를 갈아주고 밥을 준다. 아이의 뇌 속에서는 언제 그랬냐는 듯 스트레스 호르몬이 싹 가시고 다시 행복과 긍정의 호르몬이 분비된다.

인생의 1단계에서 부모는 정녕 아이의 답이다. 하지만 '답'이었어야할 부모가 '문제'였다면, 엔도르핀과 세로토닌이 결핍된 바로 그 상태가 몇 년 후 혹은 몇십 년 후 발생하는 것은 불가피하다. 부모가 내게 슬픔을 심었으니 슬픈 나무로 자랄 수밖에 없는 것이다.

뒤늦게 심리치료 등을 통해 내 문제의 원인이 부모라는 것을 알았다고 치자. 원인을 알았다면 해결은 쉽지 않겠는가. 부모가 내게 사과를 하고 다시 사랑을 주면 되는 것 아닌가. 그런데 '놀랍게도' 부모는 내게 사과할 마음이 없다. 심지어 이미 세상에 없기도 하다. 그러면 나는 죽어야 하는가, 아니면 그저 운명을 비관하고 평생 슬피 울기만 해야 하는가.

아니다. 당신에게는 살 방법이 있다. 자신이 이제 아이가 아님을 깨닫고 얍! 하며 봉인을 깨서 어린 시절의 상처를 떠나보내는 것이다. 과연 그럴 수 있을까? 당연하다. 우리는 이미 어른이 되어 스스로 전두엽을 쓸 수 있기 때문이다. 혹시라도 부모로부터 사랑을 받지 못하는 재앙이 닥칠까 봐 신은 이미 2단계 서바이벌 프로그램을 각자의 전두엽에 심어놓으셨다.

디팩 초프라Deepack Chopra는 참으로 멋진 말을 했다.

"두 살 때 우리 몸은 죽었다. 두 살 때 생각도 죽었다. 두 살 때 감정도 죽었다. 두 살 때 인격도 죽었다. 우리는 두 살 때의 몸으로 죽어서 세 살 때의 몸으로 살아났다."

마흔 살의 변호사는 여섯 살의 몸이 죽은 지 34년이나 지났다. 그런데도 여전히 여섯 살의 생각과 감정으로 사는 이유는, 그것을 고스란히 기억하고 '내 것'이라고 생각하기 때문이다. 여섯 살의 일을 기억하지 않아도 되고 기억할 필요도 없는, 너무도 멋진 자신이 지금 여기 있는데도 말이다.

3장에 나왔던 아영 씨도 봉인이 세게 찍힌 경우이다. 그녀는 남편이 애 옆에서 텔레비전을 보고 있더라도 너무 앞서 걱정하지 말고 그냥 '티비 보는구나'라고 생각하라고 했을 때 이런 질문을 했다.

"그러다가 남편이 내가 걱정하는 그런 믿을 수 없는 사람으로 밝혀진다면요? 내가 배신을 당하면요?"

"정말 그런 사람이라면 그렇게 될 겁니다. 아영 씨가 걱정을 하든 말든요. 걱정하고 그런 일이 벌어지는 것과 예상치 못하게 그런 일이 벌어지는 것의 마음 고생은 앞의 경우가 훨씬 길죠. 단 한순간도 마음 편할 날이 없으니까요. 뒤의 경우는 충격은 더 클지 몰라도 그 전까지는 편하게 지낼 수 있습니다. 게다가 마음 관리를 잘하면 충격도 빠른 시간 내에 해결할 수 있습니다. 이미 배운 감사라는 방법이 있으니까요."

그녀는 "휴…"하면서 한숨을 쉬었다.

"사는 게 참 어렵네요. 저는 배신당하는 게 싫어요. 버림받는 게 너무 무서워요."

"예전에 버림받았다고 느꼈던 적이 있으시죠?"

"수도 없이 많았죠. 엄마에게서 매일 버림받는다는 느낌이 들었어요. 유치원 사건도 그렇고 동생이 다쳤을 때도 그랬구요. 《신데렐라》를 보았던 때가 기억나요. 다섯 살인가 여섯 살쯤에 그 책을 보면서 '아니, 누가 우리 집에서 벌어지는 일을 그대로 썼지?' 하면서 깜짝 놀랐던 기억이 나요. 엄마는 계모 같았고, 늘 예쁜 옷을 입었던 동생은 엄마의 친딸 같았고, 저는 재투성이 아가씨같이 느껴졌거든요."

"배신이 두려운 사람들은 아영 씨처럼 어렸을 때 부모와의 관계에서 버림받았다는 느낌을 받은 적이 많아요. 어릴 때는 부모가 나를 좋아하지 않는 것 같을 때 버림받는다는 느낌이 들어 너무도 무섭죠. 스스로 할 수 있는 일이 하나도 없으니까요. 그런 시기에 부모가 내게 했던 행동이나 말은 선명하게 도장이 찍혀요. '나는 나쁜 사람이구나' '나는 매력이 없구나' '나는 화려한 옷이 어울리지 않는구나' '내가 조금이라도 잘못하면 엄마는 화를 내면서 밥을 안 주겠구나' 하는 식으로요. 하지만 성인이 되었다면, 누가 나를 좋아하지 않는다 해도 어릴 때처럼 무서운 것은 아니에요. 기분은 당연히 나쁘지만 '그와 내가 안 맞는 것'이라고 생각하면 되지 두려울 정도는 아닙니다. 그런데도 다짜고짜 두려워하는 것은 어릴 때 느꼈던 감정이 습관적으로 올라오기 때문입니다. 그런 습관적인 흐름을 '스탑!' 하면 두려움도 많이 가라앉게 됩니다."

"무슨 말씀인지 알 것 같아요. 하지만 시간이 좀 걸릴 것 같아요. 당장은 남편을 어떤 마음으로 봐야 할지 모르겠어요. 늘 미덥지가 않거든요."

"배신이 너무 두렵다면, 말장난 같지만, 믿지 않으면 됩니다. 믿지 않는데 배신당할 것도 없죠."

그녀는 화들짝 놀라는 표정을 지었다.

"예? 뭐라 하셨죠? 믿지 말라구요? 정말이세요?"

"믿음이 고귀하고 아름답다는 것은 굳이 말할 필요도 없습니다. 하지만 종교적인 의미나 가치 판단의 측면에서가 아니라 감정의 측면에서 봤을 때는 그 아름답고 강한 믿음도 누군가에게는 큰 굴레가 될 수 있습니다. 믿음은 하늘의 해같이 우리를 따뜻하게 해주지만, 배신을 당할까 봐 두려운 사람에게는 따뜻한 해가 아니라 40℃의 한여름에 작렬하는 해처럼 너무도 버거운 것입니다. 배신을 두려워한다면 애당초

'믿었다'는 말 자체가 성립이 되지 않는데도, 두려움으로 인해 괴로워하는 사람들이 너무 많다 보니 생각을 해보게 되었습니다. 배신을 두려워할 바에야 믿지를 말자구요."

"그래도 믿지 않고 어떻게 살아요?"

"제가 믿지 말란다고 정말 그러지도 못할 겁니다. 사람은 다른 사람을 비롯하여 무엇이든 믿어야 합니다. 종교는 말할 것도 없고, 복권, 책, 돌, 금, 돈도 믿죠. 심지어 어떤 넥타이만 매고 나가면 일이 잘 풀린다며 넥타이를 믿기도 하구요. 제 말은, 마치 떼를 쓰듯이 믿음을 달라고 하면 상처만 더 커지니 그럴 바에야 차라리 그 굴레를 벗자는 뜻입니다. 배신당했다는 말을 많이 쓰는데, 과연 우리는 배신을 당한 것이 맞을까요? 내 믿음을 저버린 사람이 정말 그일까요? 완전한 믿음이라면 그가 무슨 행동을 하든 끝까지 믿어주어야 하는 것인데 그의 사소한 행동에 내가 스스로 믿음을 버리는 것은 아닐까요?"

"그래도 믿음이 강한 사람들이 칭송받잖아요."

"신에 대한 믿음이 강한 사람은 칭송받죠. 하지만 사람에 대한 믿음은, 좀 과하게 표현하자면 믿음을 빙자한 협박일 때도 있어요. 나는 그저 믿기만 할 테니 넌 밥을 줘, 돈을 벌어와, 날 즐겁게 해, 내가 믿는 것 알지? 이런 식이죠. 사실 남편분이 무슨 대단한 죄가 있겠습니까? 그저 텔레비전을 곁눈질했을 뿐인데 졸지에 배신자가 되었잖아요. 돈도 벌어와, 아내에게 진주목걸이노 사줘, 애 기저귀도 갈아줘, 나름 최선을 다하는데도요."

그녀는 무안하다는 듯이 혀를 살짝 내밀고 킥킥거렸지만 잠시 후 다시 질문을 이어갔다.

"믿지도 않으면 그럼 무슨 재미로 살 수 있을까요?"

"믿지 말고 사랑하세요. '배신'을 두려워하지 말고 그냥 사랑하면서 사는 겁니다. 꽤 재미있습니다."

"그게 그거 아닐까요? 사랑하니까 믿는 거구요."

"많이 다릅니다. 배신이라는 단어는 있어도 '배애背愛'라는 단어는 없잖아요. 변심했다는 말이 그나마 비슷한 뜻일 텐데, 변심은 그냥 '변심했다'라고 하지만 배신은 보통 '배신당했다'라고 하죠. 훨씬 피해의식적이에요. 변심이나 배신이나 둘 다 부정적인 단어지만 배신이 훨씬 기분 나쁘고 후유증도 큽니다. 당하는 입장의 무력감이 무척 심하죠. 내가 할 수 있는 것이 하나도 없다는 생각을 하게 되구요."

"내가 할 수 있다는 것이 중요한가요?"

"굉장히 중요합니다. 내가 누구를 사랑하는 것은 나의 내면체험이므로 시작과 끝을 정확하게 알 수 있습니다. '우리가 사랑하는구나, (7년 후) 그의 요즘 행동을 보니 날 예전만큼 사랑하지 않는 것 같다, 가만 있어보자, 나는 어떤가? 나도 이제는 사랑이 좀 식었구나, 그러면 어떻게 할까? 헤어질까? 둘 사이의 사랑은 식었지만 부모로서 아이에 대한 사랑을 지킬 수는 있잖아, 세상에 한 가지 사랑만 있는 것은 아니잖아, 내가 꼭 받는 사랑만 해야 하는 것은 아니잖아, 식었던 사랑이 다시 따뜻해질 수도 있잖아…' 이렇게 하나씩 짚어가며 마음의 갈등을 풀어갈 수 있습니다. 하지만 누군가를 믿는 것은 '그가' 나에게 신뢰를 '주어야' 한다는 것을 깔고 있기 때문에, 나의 전적인 내면체험이 되지 못

합니다. 게다가 배신까지 당하면 그의 내면체험을 내가 100% 알지 못하고, 그가 내게 이해시키려고 하지도 않기 때문에 갈등을 풀어내기가 매우 힘들죠. 그가 정말 배신을 한 것인지, 사랑은 하는데 배신한 것인지, 사랑하지 않으니까 배신한 것인지, 하나도 정확하게 알 수 없으니 온갖 추측과 억측이 난무합니다."

"네, 무슨 뜻인지는 어렴풋이 알 것 같아요. 생각할 게 많아지네요. 그래서 성경에도 믿음, 소망, 사랑 중에 사랑이 제일이라고 했을까요? 갑자기 남편과의 관계에서 무언가 중요한 게 떠올랐는데 정확하게 말을 못하겠어요. 생각해보고 말씀드릴게요."

"믿음은 사랑받을 것을 믿고, 소망은 사랑받을 것을 소망하지만, 사랑은 그냥 사랑하기 때문에 제일인 것 같아요. 가장 심플하죠. 사랑하거나 하지 않거나 둘 중 하나이니 투명하고 맑습니다. 흐르는 물에 이끼가 끼지 않듯이 생각이 투명하고 맑아야 마음의 이끼인 우울증도 생기지 않습니다."

그녀는 다시는 우울해지고 싶지 않기 때문에, 남편을 믿는 문제는 잠시 내려놓고 우선 사랑에 대해 생각해보겠다고 했다. 그리고 그다음 주에 그녀는 의미심장한 얼굴로 나타났다.

"1주일 동안 스스로를 돌이켜보는 중에 어떤 강렬한 깨달음이 오면서 너무도 창피하다는 생각이 들었어요. 제가 남편을 사랑할 생각은 한 번도 하지 않았던 것 같아요. 저를 배신하지 않을 사람을 결혼 상대로 골랐다는 것을 알게 됐어요. 막상 결혼 후 남편이 애도 잘 안 봐주고 티비만 보고 있으니 '네가 훌륭해서가 아니라 날 떠나지 않을 것 같아 선심 쓰고 결혼해주었는데, 날 배신해?' 하는 마음이 들었던 것 같아요. 처음부터 끝까지 제 생각만 했고, 제 마음대로 희망을 갖고 제 풀에 화를 내고 있더라구요. 한편으로는 '나는 엄마에게서 상처를 받은 피해자니까 나도 보상받을 권리가 있다'라고 하면서 늘 사랑을 요구하기만 했던 것 같아요. 그러니 배신당하지 않을까 더 두려웠구요."

"존경스러울 정도로 훌륭하세요. 다른 사람은 3개월에 걸쳐 찾을 것을 1주일 만에 찾았을 뿐 아니라 그것을 용기 있게 직면하여 솔직하게 말한다는 건 아무나 할 수 있는 일이 아닙니다."

"아뇨, 그런 말 들을 자격도 없는 것 같아요. 더 깊은 얘기가 또 있어요. 저는 항상 엄마를 절대악으로 봤기 때문에 스스로는 당연히 선한 사람이라고 생각했어요. 실제로 너무도 고통스러운 적이 많았구요. 하지만 엄마로 인해 세상을 믿지 못하게 되니, 제게 믿음을 줄 만한 사람을 옆에 두기 위해 오히려 그를 이용하는 악한 사람이 되어 있더라구요. 나는 하나도 사랑하지 않으면서 '너는 왜 그 모양이냐. 왜 나를 안심시켜주지 못하느냐' 하며 어린애같이 매일 툴툴거리고 있더라구요. 차라리 어렸을 때 엄마에게서 매일 꾸중을 들을 때는 분명히 천사였던 것 같아요. 하지만 어느 순간 남의 영혼 따위는 안중에도 없는 지독히 이기적인 사람이 되어버렸어요."

"수년간 심리학 공부를 하고 상담도 받으셨다더니 통찰의 속도가 정말 빠르세요. 아영 씨가 자신을 어떻게 생각하든 저는 정말 훌륭하고 아름답다고 생각해요. 과거의 상처에서 자유롭기는 고사하고 그 상처로 인해 변질된 자신의 모습을 보는 것조차 어려운 것이 대부분이거든요. 아영 씨가 이기적이 되고 배신당하는 것에 그토록 예민해진 것은 어렸을 때 어머니로부터 충분한 사랑을 느끼지 못한 결과 '더 이상 당하지 않겠다'는 도장을 스스로 찍었기 때문입니다. 당연히 당하면 안 됩니다. 그리고 앞으로 절대 당하지도 않을 겁니다. 아영 씨는 이제 힘 있는 어른이기 때문입니다. 그러니 당하지 않으려고 배신을 두려워하여 사소한 행동에도 움찔움찔 놀랄 필요가 없어요. 배신이든 분노든 모든 감정은 대부분 과거의 경험에 뿌리를 두고 있기 때문에 과거를 감사의 자루에 묶어서 한 번에 정리했듯이, 수많은 부정적인 감정 역시 감사로 마무리하고 그동안 엉망이 된 생활을 하나씩 정리해가면, 선하고 자유로우며 담대한 아영 씨의 원래 모습이 나타날 겁니다. 봉인이 해제되는 것이지요."

"지금의 내 모습에 감사한 것이 있다면 거기에서 시작하라는 말씀이죠?"

"네, 분명히 아영 씨는 슬펐어요. 고통스러웠죠. 그럼에도 불구하고 이렇게 잘 자랐습니다. 눈, 코, 입, 손가락 하나 상하지 않은 채 자랐을 뿐 아니라 남들이 부러워하는 학교를 나와 최고의 직장에 다니고 있죠. 결혼 복은 일단 제쳐놓고라도 여기까지만 봐도 너무 좋고 감사한 일입니다. 그러지 못한 사람들이 너무 많으니까요. 자신이 재투성이 아가씨 같다고 느꼈다고 했죠? 신데렐라는 요정의 도움으로 아름다운 드레스를 입게 되었을 때 요정에게 '왜 이제 왔느냐, 왜 날 고생시켰으냐' 하며 과거를 따져 묻지 않았어요. 그냥 요정에게 감사하고 드레스를 입고 무도회에 가서 즐겼습니다. 그 결과, 꿈에 그리던 것들이 현실이 되고 또 미래가 되었습니다. 신데렐라처럼, 그냥 과거의 모든 감정을 감사로 묶고, 왜냐하면 나는 지금 이렇게 예쁘게 살아 있으니까, 아영 씨의 꿈을 이루는 더 가치 있는 일을 하세요."

"네, 하나씩 정리되는 것 같아요. 하지만 정말 엄마가 왜 그랬는지는 제 평생의 과제일 것 같아요."

"어머님이 아영 씨에게 왜 그랬는지는 어머님만의 사정이 있었겠지요. 위에 이모님이 계시다고 들었는데, 아마도 둘째로서 언니에게 느꼈던 서운함을 자신도 모르게 첫째 딸인 아영 씨에게 표출했는지도 모르죠. 지금 앞에 아영 씨가 앉아 있으니 아영 씨의 슬픔에 대해 얘기하고 저도 같이 안타까워합니다만, 만약 어머님이 앉아 계시다면 어머님에게도 안타까움을 느낄 것입니다. 많은 사람이 엄마 때문에 슬퍼합니다. 하지만 엄마는 또 엄마의 엄마 때문에, 또 엄마의 엄마는 엄마의 엄마의 엄마 때문에 슬픔이 시작되었죠. 과거에서 원인을 찾는다면 끝이 없습니다. 지금 내가 누리는 것에 감사함으로써 충분히 새로운 시작이 가능하고, 그것 말고 더 빠른 방법은 없습니다."

"쉽진 않겠지만 그렇게 마음먹어볼게요. 제 자신에 대해서는 그리할 수 있겠는데… 지금부터라도 남편을 사랑할 수 있을까요? 이미 잘못된 만남으로 시작되었는데요."

"배신에 대한 두려움을 내려놓고 남편을 보신다면, 당연히 사랑할 거라고 생각합니다. 오늘부터 남편에게 감사한 것에만 집중해보세요. 무엇보다도, 아영 씨 남편은 선하신 분 같아요. 그저 텔레비전을 좋아할 뿐이죠. '나쁜 남자에게 끌리네'라고 말하는 사람도 잠깐 매력을 느끼는 것뿐이지, 맑은 눈으로 세상을 본다면 온화하고 선한 사람에게야말로 질리지 않는 사랑을 느끼게 되어 있습니다."

아영 씨는 그날 호수같이 맑은 눈으로 상담실을 나섰다. 사실 그녀는 예전에 자신의 봉인을 어렴풋이 인식하긴 했다. 그러니 자취방을 얻어 계모(?)에게서 탈출을 감행했던 것이다. 그러나 완전한 탈출을 시켜줄 것으로 생각했던 백마 탄 왕자가 텔레비전만 끼고 사니, 하늘이 무너지는 기분이었을 것이다. 심한 산후우울증이 온 것도 당연했다. 이제 아영 씨는 '텔레비전을 좋아하는 왕자를 사랑한 공주'로 제목을 바꾸어 이야기를 새로 짜야 한다. 주인공은 당연히 능동적으로 사랑하며 운명을 끌고가는 아영 씨 자신이다. 나는 이 서사시가 아름답게 완결될 것을 강력하게 확신한다. 그녀가 어렸을 때 겪었던 고통이 결국은 골든 땡큐를 이루기 위한 조각들이었음을 알게 될 것이다.

이미 아영 씨는 부단한 노력으로 많은 봉인을 해제했다. 그런데 아영 씨가 상담 종료 후 구입한 새 가디건이 하늘색이라는 것은 왠지 신데렐라의 에메랄드빛 드레스를 연상시킨다. 그녀의 봉인은 어쩌면 완전히 해제되지 않을지도 모른다. 완전한 해제는 어쩌면 불가능하다. 완전함을 목표로 삼을 필요도 없다. 다시 생각해보면 봉인이라는 것은 분통을 터뜨릴 것만이 아니고 고마워해야 할 것이기도 하다. 봉인이 없었다면 무슨 색 가디건을 사야 할지 한참 고민할 것이다. 무엇보다도, 그 봉인이 있었기에 당신은 봉인의 괴로움에서 벗어나고자 몸부림을 쳤고, 그 결과 오늘의 당신이, 아주 멋진 당신이 된 것이다.

어렸을 때 지극한 관심과 사랑을 받는다면 봉인이 없을까? 훨씬 적긴 하겠지만 전혀 없는 것은 아니다. '천사같이 착한 아이'라는 봉인이 붙은 아이는 부당한 상황에서도 사람들에게 화를 전혀 내지 못한다. '예쁜 아이'라는 봉인이 붙은 아이는 자신에게 예쁘다는 말을 하지 않는 사람에게 서운해하고 화를 낸다. 봉인이라는 것이 아예 없어 보였던 아영 씨의 동생은 오히려 너무 과도한 보살핌을 받아 매우 의존적이고 충동적인 삶을 살고 있다. 아영 씨의 어머니가 왜 애정도 없었던 큰딸에게 뒤늦게 붙어서 서성대는지 이해가 될 것이다.

자신이 삶을 결정하고 책임져야 한다는 것을 모르는 이상, 어렸을 때 미움을 받았든 사랑을 받았든 그때 형성된 자기 이미지는 모두 봉인일 뿐이다. 어른인 우리는 어렸을 때 들었던 '말'의 의미와 그것이 지금의 내게 미치는 영향을 깊이 생각해보고, 그 '말'이 계속 갖고 갈 만한 가치가 있는 것인지 버려야 할 것인지를 결정해야 한다. 그래야 봉인에서 풀려나 비로소 자유롭게 살 수 있다.

우리가 과거의 봉인에 갇혀 괴로움의 굴을 계속 파는 이유는 현재의 생활이 불만스럽기 때문이다. 지금까지는 만족할 수 있는 상황을 만들기 위해 죽을힘을 다해 살아왔다면, 오늘부터는 먼저 감사해보자. 그러면 만족스러운 삶이 빨리 이루어진다. 오늘 하루 최대한 감사하면서 즐겁게 살아보고, 또 주어진 하루를 감사함으로 맞이하는 것만으로도 당신은 이제 '그 후로 영원토록 행복하게 살았다'는 소설의 매력적인 주인공이 될 수 있다. 〈신데렐라〉 동화만 보고 자랐던 다섯 살 어린아이의 생각과 감정은 예전에 죽었다. 이제는 스스로 사람들이 부러워하는 스토리의 주인공이 될 어른인 당신이 여기 있다.

어렸을 때 부모로부터 충분한 사랑을 받았다면 우리는 애착이 잘 되어 큰 어려움 없이 컸을 것이다. 애착은 인생의 첫 단계를 수월하게 넘기도록 도와주는 부모의 큰 유산이다. 이 유산 덕분에 남부러울 것 없는 인생이 펼쳐질 참이었다. 부모라면 애착의 결정적 시기인 아이의 어린 시절을 목숨같이 사수하며 사랑을 퍼부어주어야 한다. 온종일 옆에서 지켜주지는 못하더라도, 하루 일정한 시간은 부모 중 한 사람이 반드시 같이 있어주면서 이 유산을 남겨주어야 한다. 이 유산은 돈과 달리 죽기 전에 한꺼번에 주는 것이 아니라 매일 주어야 하기 때문이다. 부모에게는 매우 힘든 시간이지만 이 시기에 부모로부터 사랑의 감정을 느껴보지 못한 아이가 평생 얼마나 힘들게 사는지 알게 된다면, 그 아이의 절절한 눈물을 딱 한 번만이라도 진심으로 보게 된다면, 왜 목숨같이 지켜야 한다는 것인지 이해할 것이다.

아영 씨와 4장에 나왔던 선경 씨는 둘 다 힘들게 살아왔다. 하지만 오랜 기간 심리상담을 받고 우울증 약도 먹으며 급기야 극심한 산후우울증을 겪을 정도로 훨씬 고통스러웠던 아영 씨와 달리, 선경 씨가 그래도 꿋꿋하게 버텨낼 수 있었던 것은 엄마에게서 받은 유산이 있었기 때문이다. 지혜와 사랑이 가득한 어머니 덕분에 이 자산은 어머니가 돌아가시기 전까지 날마다 불어나고 있었다. 선경 씨는 이미 마음만은 부자였기 때문에 이후 삶이 팍팍해졌어도 나름 늠름하게 헤쳐나갈 수 있었던 것이다.

안타깝게 유산을 받지 못했다고 해도 걱정할 것 없다. 아영 씨가 그랬듯이 감사로 자수성가하면 된다. '마음의 자수성가'라는 것은 더 많이 사랑하고 베풀어야 한다는 의미이다. 사랑을 받아본 적이 없어서 주는 방법을 모른다면, 일단 감사하는 것부터 시작해보자. 감사에서 출발하면 긍정 감정의 최고봉인 사랑에도 넉넉히 다다를 수 있다. 하다못해 전두엽에 '누군가를 사랑하는 방법을 찾으라' 혹은 '사랑에 대해 생각하라'는 명령이라도 내려보라. 시간은 좀 걸리겠지만 전두엽은 반드시 그 방법을 찾아낸다. 선경 씨 남편이 비록 사랑이라는 단어가 낯설더라도, 아내가 처음 울었을 때 '이건 뭐지? 내가 모르는 감정인데? 어쨌든 이 사람은 사랑을 달라는 것이구나' 하며, 알 듯 모를 듯 확신은 없지만 '전두엽! 어떻게 해봐!' 하고 명령만 내렸어도 15년이라는 긴 시간 동안 아내의 마음을 다시 얻을 기회는 수도 없이 있었다. 세상 모든 관계에서 전두엽에게 명령을 내릴 수는 없더라도 최소한 가족에게만큼은 그럴 가치가 있었다. 선경 씨 남편이 그렇게 했다면, 자신의 것을 내놓지 않게 된 근본적인 원인이었던 '결핍된 사랑'을 아내와 함께 묵직하게 채울 수 있었으리라. 그의 아내는 그렇게 할 수 있는 자산도 있었고 마음도 있었다.

부모가 내게 옥시토신을 충분히 주지 못했다면, 스스로를 사랑하며 가득 채우라. 감사를 하면 자신이 멋지고 사랑스러우며 소중한 사람이라는 걸 알게 된다. 매일 부모의 눈치를 보며 사느라 엔도르핀이 부족하게 되었다면, 즐거운 일을 하면서 스스로를 가득 채우라. 아이도 할 수 있지만 어른이라면 더 확실하게 할 수 있다. 처음에는 스스로 하는 것이 불편하고 억울할 수도 있다. 하지만 이내 어른만의 달콤한 자유를 만끽하게 될 것이다. 어릴 때는 엄마의 사랑을 받는 대신 이쪽에서도 주는 것이 있어야 했다. 먹기 싫은 콩, 당근, 호박 등을 먹어야 했다. 어른이라면, 콩이 먹기 싫으면 집에 들이지도 말고 당근이 싫으면 산책길에 만나는 토끼에게 주고 호박이 지겨우면 신나는 음악을 틀어놓고 난타 공연을 하면 된다. 다 내 마음대로이다. 나만의 맞춤형 옥시토신과 엔도르핀을 제조할 수 있다.

3장에 나왔던 정우 씨는 아버지와 등산을 다니면서 그토록 원했던 부모의 옥시토신을 만끽했다. 등산을 하면서 아들의 얼굴이 밝아지자 아버지가 매주 산에 데리고 다녔기 때문이다. 사실 정우 씨의 사례는 매우 특별하다. 자신을 힘들게 만들었던 당사자가 20년이나 지난 시점에 "미안했다, 다시 잘 해보자"며 즐거운 일을 같이 하는 경우는 대단히 드물다. 그럼에도 정우 씨는 딱 6개월 만에 싫증이 났다. 여자친구가 생겼고, 행글라이더 취미도 생겼기 때문이다. 하지만 기껏 얻게 된 옥시토신이 끊어질까 봐 아버지에게 등산을 그만하자는 말을 못한 채 전전긍긍하기만 했다. 마침 아버지가 큰 프로젝트를 맡게 되어 '미안한 표정으로' 당분간 등산을 같이 못 갈 것 같다는 말을 했을 때 내심 얼마나 반가웠는지 모른다. 이게 바로 전두엽이 다 자란 사람의 본색이다. 좋게 말하면 단순하지 않고, 나쁘게 말하면 영악하다. 순수하고 선량한 정우 씨가 이 정도라면 일반 사람은 더 할 것이다. 우리가 그토록 원했던 부모의 관심과 사랑, 충분히 받기만 했다면 지금 요 모양 요 꼴로 살지 않을 것 같은 그것은, 막상 지금 받으면 '신 포도'일 수도 있다.

주재원으로 나간 청년은 '부모가 자신에게 무릎 꿇고 용서를 비는 것'을 원했다. 그런 일이 일어나서도 안 되거니와 행여 일어난다 해도 싱싱한 청포도가 아니라 그저 시어빠진 포도에 불과하다는 것을 그도 알게 될 것이다. 당연히 받았어야 할 유산을 못 받았다면 미련과 분노가 엄청 클 수밖에 없겠지만, 어른이 되었다면 날아가버린 유산에 집착하고 슬퍼하기보다는 감사로 새로운 부를 쌓는 것이 훨씬 빠르고 품격에도 맞다.

인생이라는 마라톤에서 부모의 냉대나 부재로 다른 아이들보다 100미터 처져서 달리기 시작했더라도, 감사의 운동화를 신는다면 이제 다시 똑같은 선에 나란히 설 수 있다. 아니, 인생의 시작 단계에서 받았던 복에 취해 감사의 필요성을 느끼지도 못하는 그들을 반환점을 돌면서 치고 나갈 것이다. 부모로부터 애착이라는 예쁜 왕관을 받아 썼던 그들의 우아함을 따라가지는 못하겠지만 스스로 머리에 얹게 되는 월계관은 비장할 정도로 아름답다. 고통스러운 일이 많았을수록 월계관은 더 눈부시다. 고통이 심했을수록 밥 한 숟가락 먹을 힘만 있어도 감사할 수 있기 때문이다.

같은 시기에 상담을 시작한 30대 후반의 두 여성이 있었다. 둘 다 남자친구로부터 실연 당한 후 자살을 시도했다. 여기서는 김 양, 이 양으로 부르기도 하겠다. 김 양은 수면제를 바로 게워 다행히 큰 문제가 남지 않았지만, 이 양은 중환자실에 입원을 해야 할 정도로 후유증이 컸다. 김 양은 부유한 환경에서 성장했지만 잘 알려지지 않은 대학에 가게 되면서 명문대를 나와 교수와 변호사로 있는 형제들에 비해 열등감을 크게 느꼈다. 운 좋게도 수도권 종합병원의 물리치료사로 취직을 하고 10년 넘게 장기 근속을 하면서 팀장급의 위치가 되어 어느새 연봉이 4,500만 원이 넘어 있었지만, 늘 자신의 모습에 불만족스러워하며 서울의 대학병원으로 가고 싶어 했고, 여의치 않게 되자 치과대학원 준비를 했다. 부모가 사준 아파트에서 부족함 없이 살고 있었음에도 그녀는 자신의 직장을 부끄러워하며 집에서든 직장에서든 늘 짜증만 냈다.

반면 이 양은 부모와 형제들로부터 항상 바보천치라는 말을 들으며 집에서 온갖 허드렛일을 하면서 고등학교를 겨우 졸업했고, 사회에서 처음 만난 남자로부터 버림받은 것도 모자라 사기를 당해 남자가 사용한 카드빚까지 갚아야 하자, 가족들은 아예 그녀를 정신병자 취급을 했다. 그녀는 자살 시도로 장기가 심하게 손상되어 밥도 제대로 못 먹을 정도였지만 집에서는 "넌 더 이상 우리 가족이 아니다"라며 구타하고 쫓아냈기 때문에 모든 생활을 스스로 해야 했다. 친구에게 돈을 빌려 싸구려 월세방을 전전했고, 겨우 인쇄소에 취직했지만 실수할 때마다 월급에서 몇만 원씩 차감하는 악덕 사장으로 인해 빚이 점점 늘어가고 있었다.

그들이 상담 첫날 자신이 우울증을 앓고 있다고 말했을 때 나는 두 사람에게 똑같이 말했다.

"맞습니다. 우울하시네요. 그런데 더 근본적인 병은, 자신이 얼마나 멋진 사람인지 모르고 다른 사람의 말만 귀담아들으며 인생을 망치려 했다는 거예요. 아주 중증의 병이죠."

이 말을 들었을 때 후회와 희망이 섞인 폭풍 같은 눈물을 흘린 사람은 이 양이었다. 그녀는 살아오면서 한 번도 자신이 멋진 사람이라고 생각해본 적이 없었다고 했다. 아무도 그것을 가르쳐준 사람이 없었다. 그녀는 감사 테라피를 시작한 후 몇 주가 지났을 때 모처럼 밥이 식도로 넘어갔다면서 "말할 수 없이 감사하고 행복하다"고 했다. 밥을 삼킬 수 있으니 앞으로는 기운을 내서 제대로 일할 수 있을 것이며, 그러면 실수도 줄어서 월급을 제대로 받을 수 있을 거라고 좋아했다. 그야말로 '밥 한 숟가락 먹을 힘'을 감사할 수 있게 된 것이다.

이 양이 감사하기 시작하자, 그토록 그녀에게 냉정한 듯이 보였던 운명이 그녀의 편으로 돌아섰다. 가장 먼저 일어난 변화는 직장에서였다. 그녀가 실수를 하지 않을 뿐 아니라 아주 능숙하게 일을 할 수 있게 되었는데도 월급을 더 많이 주는 곳으로 옮기지 않자, 사장은 그동안 뗐던 돈을 내놓으면서 일을 그만 둘 때 줄 생각이었다고 말했다. 자신이 사실은 선한 사장님 곁에 있었음을 알게 된 그날, 그녀는 또 한 번 크게 울었다. 그렇게 그녀는 일어나서 지금은 빚을 차곡차곡 갚아나가고 있고 주말에는 햇빛이 잘 드는 방에서 느지막이 일어나 영화를 보러 간다. 요새 그녀의 유일한 고민은, 그녀가 버는 돈을 받아내려는 가족들을 어떻게 대할지에 관한 것이다.

반면 이 양에 비해 객관적으로 몇 배나 더 멋진 조건을 갖추고 있었던 김 양은 아직도 감사를 어렵게 생각하면서 여전히 지지부진하게 살고 있기에, 앞으로도 과연 행복을 느낄 날이 올지 불확실하다. 그녀가 자살을 시도했을 때조차도 한결같이 그녀의 편이었던 운명이 그녀로부터 감사의 말 한 마디 듣지 못해도 계속 그녀의 편을 들어줄지 늘 마음이 조마조마하다.

이 양은 많이 배우지 못해서, 직업이 변변치 못해서, 돈이 없어서, 가족의 사랑을 받지 못해서 자신은 결코 행복해지지 못할 거라고 생각했는데, 이렇게 쉬운 방법이 있다니 놀랍기도 하고 너무 감사하다고 했다. 그녀는 자신이 삶의 비밀을 하나 알게 된 것 같다고, 이것을 알기 위해 그렇게 힘들게 살아왔는가 보다, 라고 말하며 햇살같이 환한 미소를 지었다.

확실히 감사는 고통을 심하게 겪은 사람에게는 세상에서 가장 쉬운 행복의 방법이다. 영성가들 사이에 회자되는 '영혼의 어두운 밤'이라는 것이 있다. 신과 조우하기 전에 반드시 통과해야 할 고통의 시간을 의미한다. 하지만 심리학적으로는 단순한 고통의 시간이 아니라 신을 부정하기까지 하는 극단적인 좌절의 의미가 있다고 여겨진다. '영혼의 어두운 밤'을 겪었다는, 신앙심이 투철했던 한 산악인의 사례를 생각해보자. 그는 등반을 했다가 심한 눈보라로 인해 3일 내내 산에 갇혔다. 우리가 그 사람이라면 그 밤들을 어떻게 보낼 것 같은가. '설마' '혹시나' 하며 3일까지 버텨냈는데도 실낱같은 희망조차 사라질 때, 신이 있다면 왜 나를 구하러 오지 않으며, 성밀로 신이 있다면 처음부터 나를 이곳에 보내지 말았어야 하는게 아니냐며 울부짖고 분노하며 절망할 것이다. 이런 상황에서 기적같이 구조된 사람들은 하나같이 삶이 달라졌다고 고백한다. 아주 사소한 것에서도 행복을 느끼며 감사하게 된다고 한다. 예전과 똑같은 상황인데도 마음이 달라진 것이다. 이들은 모두 '고통이 축복'이라는 말을 하곤 한다. 확실히, 고통을 겪으면 감사하기가 참 쉽다.

하지만 나는 당신이, 감사가 세상에서 가장 쉬운 행복의 방법이라는 것을 알기 위해 굳이 고통이 축복임을 경험해보기를 바라지 않는다. 고통은 이겨내기만 하면 분명 당신을 성장시키겠지만, 나는 당신이 다른 방법으로 성장했으면 좋겠다. 감사로 말이다.

깜깜한 밤에 길을 잃으면 우리는 습관적으로 하늘에서 북두칠성을 찾곤 한다. 우리 마음속에도 감사라는 북두칠성이 있다. 마음의 북두칠성을 바라보는 한 인생에서 길을 잃을 일은 없을 것이다. 인생이 생각대로 풀리지 않는다면, 이것저것 다 해봐도 변화가 없다면, 지금 감사하고 있는지를 살펴보라. 그러면 선명하게 길이 보일 것이다. 우리가 진심으로 밥 한술 먹을 수 있음을 감사한다면 삶에서 무엇이 아쉽겠는가. 삶에서 아쉬움이 없다면 지금 내 옆에서 반짝이고 있는 행복을 보지 못할 수가 없다. 그러면 반드시 드레스를 입고 왕궁에 가지 않아도 행복할 수 있다는 것을, 12시를 알리는 종이 울려도 행복의 마법에서 깨지 않을까 불안해할 필요가 없다는 것을 알게 될 것이다.

행복하기 위해 고군분투하는 당신은 참으로 아름답다. 계속 꿈을 좇아 열심히 노력하자. 목표를 갖고 노력하는 것은 행복의 비결 중 하나이다. 하지만 여기, 훨씬 쉽고 빠르게 행복해지는 방법이 있다. 미래에 행복해지려 하지 말고 감사함으로 오늘 먼저 행복해지는 것이다. 오늘 당장 행복감을 느낀다면 내가 바라는 것을 이룰 때 행복은 '따블' '따따블'이 된다. 설령 바라는 것이 이루어지지 못했다 해도 이미 나는 행복하기에 감정적으로 힘들 일이 전혀 없다. 결과가 안 좋다고 해서 내가 멋진 사람이라는 진실이 변하는 것은 아니며, 그저 다시 도전하거나 다른 길을 찾아 행복의 색깔만 바꾸면 될 뿐이다.

당신은 지금 어느 집 앞에 서 있다. 아쉽게도 당신이 꿈꿔왔던 집이 아니다. 당신이 갖고자 했던 휘황찬란한 집은 그 옆에 다른 사람의 소유로 있다. 눈물이 나려 한다.

'왜 내 인생은 이것밖에 안 되지?'

눈물을 감추려고 뒤도는 순간 황금빛으로 넘실대는, 지평선이 보이지 않을 정도로 광활한 가을 들판이 펼쳐져 있다. 모든 사람이 바라는 행복이 내 앞에 보이지 않아 실의에 잠겨 있었을 때도 내 등 뒤에서는 다른 빛깔의, 그리고 더 큰 행복이 한없이 정겹게 나를 지켜보고 있던 것이다. 숨이 멎을 만큼 아름다운 광경에 가슴이 먹먹해져 다시 뒤돌아보니, 그토록 부끄러워했던 내 집은 황금 들판에 아주 잘 어울려 100년, 200년 물려주어도 될 만큼 기품이 있고, 그토록 부러워했던 화려한 집은 혼자만 튀어 오래갈 것 같지가 않다.

'왜 이걸 놓쳤지?'

우리가 하나의 행복에만 집착하며 안절부절못하고 있을 때 신은 보다 높은 차원에서 더 고귀하고 단단한 행복을 준비해놓으셨다는 것을 알게 되는 순간, 우리는 눈시울이 뜨거워져 울어도 모자랄 판이지만 좋은 날이니 웃도록 하자. 이쪽을 봐도 저쪽을 봐도, 앞으로 나아가도 뒤돌아가도 온통 감사할 것 천지이니 이제 우리는 감사의 들녘에서 신명나게 놀 일만 남았다. 덩덩덩더쿵! 덩덩덩더쿵! 신나게 어깨춤을 추며 머금는 그 싱그럽고 담대한 미소를 이제 당신에게서도 볼 생각에 정말 마음이 설렌다.

자, 마지막 초대장을 드리겠다. 열어보니 금빛 테두리를 두른 거울이 들어 있다. 거울을 들여다보니 반짝이는 내 눈이 보인다. 이어서 글이 뜬다.

오늘부터는 당신이 답입니다.
골든 땡큐를 이루셨음을 축하합니다.
사랑합니다. 너무도 멋진 그대.

골든 땡큐를
이루셨음을
축하합니다

· · · · ·

모두가 바라는 행복이 내 앞에 보이지 않아

실의에 잠겨 있을 때도,

내 등 뒤에서는 더 큰 행복이

정겹게 나를 지켜보고 있다.

그러니, 웃도록 하자.

감사함으로 오늘 먼저 행복해지자.

· · · · ·